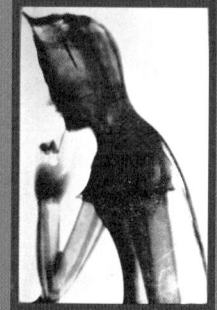

문화재
보존과학

Conservation Science
for Cultural Heritage

이오희 지음

주류성

문화재 보존과학

지은이 | 이오희
펴낸이 | 최병식
펴낸날 | 2021년 8월 30일 (개정증보판5쇄)
펴낸곳 | 주류성출판사 www.juluesung.co.kr
서울특별시 서초구 강남대로 435 주류성빌딩 15층
TEL | 02-3481-1024(대표전화) · FAX | 02-3482-0656
e-mail | juluesung@daum.net

값 20,000원

잘못된 책은 교환해 드립니다.

ISBN 978-89-6246-024-7 93900

Conservation Science
for Cultural Heritage

국보 78호 금동미륵보살반가사유상 　　　　감마선 촬영에 의한 내부구조 조사

 → 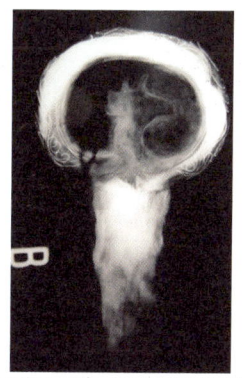 →

지산동 32NE-1 출토 은상감당초문 환두대도

고령 지산동 32호 석실분 유물 노출 상태

황남대총 출토 금동투조 옥충안교 글리세린용액에서 보관 중

고령 지산동 32호 석실 출토 금동관

고령 지산동 32호 석실 출토 금동관 보존처리 후 상태

철제투구와 갑옷 보존처리 후 상태

은상감조두수신

황룡사지 외곽 출토 금동이존불 처리 전과 처리 후

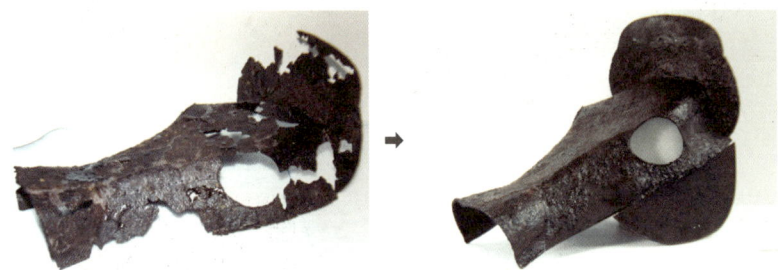

철제마주(馬冑) 복원 전과 복원 후

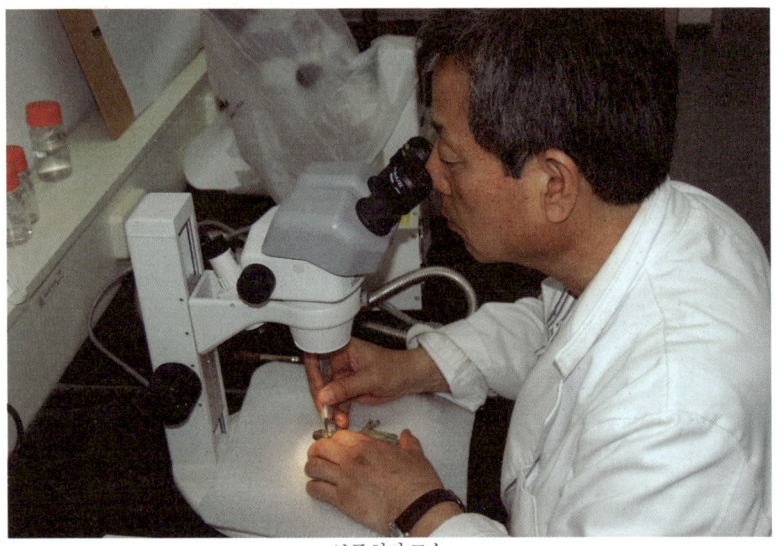

보존처리 모습

백자 항아리 파손 상태

백자 항아리 복원 후 상태

광주 분원리 조선백자요지 토층전사

토층전사면 정리 과정

1차 수지도포 후 상태

3차 수지도포 후 상태

2차 수지도포 과정

전사면 분리 후 상태

전사면 강화 처리

토층전사 완료

문화재 보존과학

Conservation Science
for Cultural Heritage

머리말

문화재는 선조들이 물려준 가장 값진 선물로, 한 민족의 역사와 문화를 올바르게 이해하는 데 없어서는 안될 문화적 자산이며, 민족의 정체성에 대한 인식과 미래 문화 발전의 근원이 되는 물질적 자산이다. 따라서 문화재를 소중히 여기고 보존해야 하는 필요성에 대해서는 재론의 여지가 있을 수 없다.

우리 문화재에 대한 초기 과학적 보존은 정부가 경주 석굴암(석불사) 훼손의 심각성을 인식하고 1958년부터 1961년까지 각 분야 과학자들을 참여시켜 보존의 문제점과 기본대책 방법을 조사(1958년 3회, 1960년 1회, 1961년 2회)한 것이 시작이다.

그 후 공주 무령왕릉(1971년), 경주 천마총(1973년), 황남대총(1973년~1975년), 신안해저발굴(1977년~1984년) 조사 등을 통해 보존의 중요성이 한층 더 깊게 인식되면서 출토유물에 대한 과학적 보존 처리가 본격적으로 실시된다.

1970년대 초, 우리나라 문화재보존과학 실태는 문화재관리국 산하 문화재연구소와 국립중앙박물관의 보존처리실 두 기관이 고작이었으며, 더구나 보존전문 인력도 몇 명 되지 않는 힘겨운 환경 속에서 출발하였다. 하지만 1991년 한국문화재보존과학회의 설립과 아울러 보존연구에 대한 끊임없는 노력으로 말미암아 현재의 모습으로 발전하게 되었다. 특히 2007년 11월에는 '한·중·일 동아시아문화유산국제심포지엄'을 개최하였다. 400

여 명(중국 78명, 일본 98명)의 연구진이 참가하여 100여 편의 논문을 발표하는 등 각국 문화재보존을 이해하고 교류하는 최대 규모의 서울대회를 성공적으로 치렀다. 아울러 "동아시아 문화유산 보존학회"를 창립하는 큰 성과도 올렸다.

필자는 1975년 동경국립문화재연구소(현 독립행정법인 국립문화재기구 동경문화재연구소)와 1984년 영국 Ancient Monument Lab, DOE, London 에서 문화재 보존과학에 대한 보존처리기술을 체계적으로 교육받게 되면서 보존과학이란 새로운 학문과 인연을 맺어 30년의 세월이 흘렀다.

1976년 국립중앙박물관 보존처리실(현 국립민속박물관)은 보존과학을 시작하는 첫 직장으로 보존과학의 동반자였던 故 이상수 학형과 함께 고고과에서 유물정리실로 사용하려고 점찍어 둔 사무실을 상사의 승낙도 받지 않고 무조건 책상을 옮겨 보존처리실로 사용해 눈총을 받던 일이 생각난다. 후에 故 최순우 관장님의 남다른 관심으로 특별 예산을 지원받아 현재 보존과학팀이 탄생하게 되었다.

1979년 계명대학교 박물관에 보존처리실을 만들어 고령지산동고분군에서 출토된 철제갑옷과 투구(32호 석실 출토), 은상감당초문환두대도(32NE-1석곽 출토), 금동관(32호 석실 출토) 등 다수의 출토유물을 필자 혼자서 보존처리해야 하는 어렵고 힘든 시기도 보냈다. 이때까지만 해도 출토된 철제유물을 중심으로 연구하는 학자는 거의 없었다. 또 당시는 유물을 보관하는 수장고의 보존환경이 너무 열악하여, 계절에 따른 온·습도 변화로 인하여 출토된 금속유물이 대부분 2~3년 안에 형태를 알 수 없을 정도로 부식되어 파손되고 마는 실정이었다. 손으로 만지면 푸석푸석 떨어지는 이러한 철제유물을 대상으로 연구한다는 것은 결코 쉬운 일이 아니었다.

　고령 지산동 고분군 출토유물은 발굴과 동시에 과학적 조사와 보존처리를 함께 실시한 첫 번째 사례인 까닭에 원형을 최대한으로 살릴 수 있었으며, 금속유물에 대한 고고학적 자료의 가치를 높여 줌으로 철제유물의 연구에 활력을 불어 넣는 계기가 마련되었다. 이로 인해 고고학계에서도 보존과학의 필요성을 중요하게 생각하고 각 대학교 박물관마다 보존처리 시설을 갖추는 곳이 늘어났다.

　은상감당초문환두대도는 우리나라에서 출토된 유물 중 처음으로 비파괴 X선 투과촬영조사를 시도한 유물이다. 천 사백여 년 동안 철 녹 속에 감추어져 있던 상감문양을 발견했던 것은 학계에 신선한 충격이었으며 이 결과를 바탕으로 새로운 자료를 만들게 되었다. 이 유물은 고령 지산동 32NE-1 석곽에서 출토된 77.5㎝의 녹 슬은 환두대도(鐶頭大刀)인데, 환두 부분에 은실(銀絲)로 당초문양을 새긴 삼국시대에 해당하는 상감유물로서 고고학과 미술사학계에 귀중한 자료를 제공했다. 특히 이 유물 이후에 모든 철제유물에 X선 촬영을 실시하여 철 녹으로 덮여 보이지 않던 상감문양과 명문을 발견하여 새로운 연구 자료를 찾아내는데 중요한 계기가 되었다. 이로 인해 최근에는 모든 유물의 보존처리에 있어 X선 촬영조사는 없어서는 안 되는 필수 과정이 되었다.

고령 32호 석실에서 출토된 철제투구와 갑옷은 대가야 문화를 연구하는 데 중요한 자료로, 당시만 해도 우리나라에 가야시대 갑옷은 부산 동래구 연산동 갑옷과 1972년 경남 함안군 수동면 상백리 출토유물 단 2점뿐이었다. 특히 상백리 출토갑옷에 대해 일부 일본학자들은 任那라는 통치부를 두어 지배했다는 任那日本府說을 증명하는 자료로 사용하였다. 이러한 잘못된 역사연구에 대응하여 보존처리로 얻어진 새로운 연구 자료를 제시하게 된 것이 고령 지산동 제32호 석실분 갑옷이다.

아무리 좋은 유물이 출토되어도 녹슬어 파편이 된 상태로는 연구의 자료가 될 수 없다. 그래서 고고학이나 미술사 연구를 위해서는 살아 숨 쉬고 생명력이 있는 자료를 제공해 주는 것이 필요한데 이를 위해서는 반드시 보존처리를 해주어야 한다. 그러나 보존이라는 미명하에 잘못된 처리로 오히려 연구 자료로서의 본질을 왜곡시키거나 가치를 상실하게 하는 경우가 있다. 유물의 생명력은 전체원형과 부분적 구조를 가식없이 살려야 한다. 보통 전체의 원형은 잘 살릴 수 있으나 유물에 대한 지식이 부족하면 세부적 구조형태를 무시하는 경우가 많다.

그래서 유물을 보존처리할 때 가져야 할 마음가짐에 대해 후배나 학생들에게 머리와 가슴, 손에 대한 얘기를 자주 한다. 머리는 보존처리(과학)와 유물(고고·미술)에 대한 지식을 말하며, 가슴은 유물을 사랑하고 애정을 느끼는 마음을 말하며, 손은 두 가지를 합쳐서 우러나는 기술을 말한다. 이 세 가지 중에 어느 하나라도 부족하면 좋은 보존처리는 될 수가 없다. 보존과 유물에 대한 지식을 가졌다 해도 유물을 사랑하는 마음과 애정이 미흡하면 손 기술이 나올 수가 없으며, 손 기술은 좋은데 지식과 사랑이 부족하면 최상의 보존처리를 할 수 없다. 따라서 머리, 가슴, 손이 삼위일체가 되었을 때 비로소 생명력 있는 보존처리가 가능한 것이다.

1989년에는 삼성문화재단 호암미술관에 입사하여 보존처리실을 만들어 고고·현대미술품을 과학적이고 체계적인 방법으로 관리하였다. 당시 만 해도 우리 보다 앞선 일본마저도 사립 미술관이나 박물관에 소장품의 체계적 보존을 위해 전문 인력을 두고 보존처리실을 운영하는 곳은 없었다. 당시 일본의 보존과학자 澤田正昭(현 國士館大學 敎授) 씨는 모 전문지에 다음과 같은 글을 실었다. "이웃 한국에 삼성그룹이 운영하는 호암미술관이 있는데 소장품의 효율적 보존관리를 위해 보존과학실을 설치하여 과학적 시스템으로 소장품을 관리하고 있다. 사립기관으로서 결정하기 힘든 훌륭한 판단이다. 일본에도 세계적으로 이름난 재벌그룹이 운영하고 있는 미술관이 많은데 보존전문가를 채용한 미술관은 한 곳도 없다."고 했다.

국립문화재연구소에서 호암미술관으로 옮기게 된 동기는 당시 호암미술관 이종선 부관장과의 인연 때문이었다. 그는 호암미술관에 대해 각별한

애정을 갖고 있었으며, 미술관의 균형 발전을 위해서는 무엇보다 보존과
학이 절대적으로 필요하다는 생각을 하고 있었다. 그러한 그의 철학적 사
고에 이끌려 의기투합하게 되었다. 그 당시 보존전문가들이 제대로 활동
할 수 있는 공간을 마련하고 세계적인 Getty Conservation Institute에 버금
가는 호암문화재보존연구소를 만들어 보고 싶은 것이 우리의 열망이었다.

　그 후 필자는 보존처리업무 이외에 대고려국보전(1995년)과 조선전기국
보전(1996년)의 전시를 위해 일본에 있는 한국 문화재를 대여해 오는 역할
을 담당하였다. 특히 조선전기국보전을 전시할 때는 까다롭기로 이름난 일
본 천리대학 중앙도서관 소장품인 "夢遊桃源圖"를 전 전시기간(2개월) 동
안 대여받아 전시할 수 있었던 것이 지금도 잊을 수 없는 기억으로 남는다.
이 유물은 여러 선생님들의 끈질긴 섭외에도 불구하고 이루지 못해 포기
한 것이었다. 그 시기에 소설가 김진명씨는 "몽유도원도"를 반환해 줄 것
을 천리교 교주에게 서신을 보낸 즈음이다. 이러한 상황 속에서 뜻하지 않
게 전시 승낙 연락을 받고 지성이면 감천이라는 말을 진정 실감할 수 있었
다. 이 유물이 한국에 오기까지는 첫 번째로 필자의 지인이 큰 역할을 해
주었고 두 번째로는 전시환경에 대한 온·습도, 조명, 보안 등 제반 문제
를 보존과학적으로 설명을 하여 안심시킨 것이 성공의 이유였다.

　필자는 현재 한국전통문화학교에서 미래 한국의 문화재보존을 책임져야
할 전문가 양성을 위해 강의와 실습지도를 해오면서 적당한 교재가 없어

많은 불편을 느껴왔다. 2년 동안 학생들을 지도하면서 과연 내가 학생들에게 얼마나 도움을 주었는지를 반문해 보면 부끄럽기 짝이 없고, 한편 적당한 교재 하나 없는 현실에 책임감을 느끼지 않을 수 없었다. 이러던 차에 후배들의 성화와 압력에 밀려 보존과학 초년기에 노트한 내용을 발췌 정리하여 보존처리의 입문서를 만들겠다는 용기를 갖게 되었다.

주지하는 바와 같이 보존과학이란 학문은, 폭이 넓고 대상도 다양하여 혼자서 모든 것을 다 다룰 수 있는 것이 아니다. 따라서 필자의 전공인 출토유물의 보존처리에 국한하여 책을 내게 된 것을 양해해 주기 바란다. 그리고 이 책 속의 내용은 일본과 영국에서 배운 노트를 정리한 것임을 밝혀둔다.

이 책이 학생들에게 얼마나 도움이 될 수 있을지 걱정이 되나, 보존과학을 이해하는데 밑거름이 된다면 필자로서는 더 이상의 보람은 없겠다.

끝으로 이 책을 내면서 나의 보존과학의 길을 사랑과 채찍으로 이끌어주시고, 일본유학의 길을 열어주신 이난영 선생님께 두 손 모아 고마움을 표한다. 그리고 일본 하네다(羽田)공항까지 직접 마중 나와 맞아주신 恩師 樋口淸治 선생님과 귀국할 때 공항에서 분에 넘치게 환송해 주신 西川杏太郎(수복기술부장 1975) 선생님, 그리고 30여 년 넘게 보존과학에 대한 새로운 자료와 기술을 교류하고 있는 靑木繁夫, 澤田正昭, 平尾良光, 肥塚隆保, 西山要一, 高妻洋成, 神谷正弘氏 등과 1970년대 말 청동기유물 보존처리기술을 지도해 준 영국의 Louise Bacon, 1984년 영국유학에 도움주신 김동현 (당시 문화재연구소 보존과학실 실장)선생님, 이미 故人이 된 백승길 선생님 그리고 필자를 계명대학으로 불러 지산동 고분 출토유물을 보존처리하게 한 김종철 선생님 모두에게 머리 숙여 감사의 마음을 전한다.

아울러 졸고를 정리하는데 도움을 준 김수기, 위광철, 김규호 교수와 양필승 과장, 이용희 연구관 그리고 수필가 조헌 선생, 사진자료를 제공해 준 후배 보존전문가에게도 고마움을 표한다.

또 출판에 앞서 발간서문을 흔쾌히 써주신 조유전 박사님, 그리고 여러 권의 노트에 지저분하게 기록된 내용을 알기 쉽게 한 권의 책이 되도록 꾸며주신 주류성출판사 최병식 사장님과 직원 여러분의 노고에도 깊이 감사드린다.

2008년 2월

이 오 희

증보판을
내면서

　초판으로 발행한 『문화재 보존과학』이 문화재 보존에 관심 있는 일반 독자님들, 그리고 보존과학이라는 학문에 막 입문한 학생 여러분의 성원에 힘입어 증보판을 출간하게 됨을 감사드린다.

　이번 재판 출간을 기회로 삼아 "중국 문화재 보존의 역사"와 "일본 문화재 보존의 역사" 그리고 "청동유물의 보존방법" 등의 내용을 알기 쉽게 보완하고 수정하였다.

　앞으로 문화재 보존과학에 새롭게 입문하는 대학생과 연구자, 문화재 보존 관련 업무에 종사하는 기술자들, 그리고 문화재를 사랑하는 일반 독자들이 쉽게 이해할 수 있도록 기초 교과서로도 쓰일 수 있게 하였다.

　초판 머리말에 필자가 재직했던 직장에서 일어났던 뒷얘기를 피력하였으나, 문화재관리국 국립문화재연구소 보존과학실에서 근무한 내용이 빠져 간략히 언급하고자 한다.

　필자는 국립문화재연소 보존과학실로 옮기기 전 계명대학교 박물관에 근무하고 있었다. 당시 문화재관리국장 유운소 국장님(작고)이 고령 고분군을 시찰한 다음 아무 연락도 없이 학교 박물관 보존처리실을 방문하였다. 필자는 당시 부산대학교에서 발굴하는 동래 복천동 발굴현장에서 철제마주를 수습하고 있었다. 이후부터 약 3개월간 끈질긴 교섭 끝에 문화재연구소로 자리를 옮기게 되었다.

당시 국립문화재연구소 보존과학실은 몇 분의 보존전문가들로 운영되고 있었다. 유운소 국장님은 이 보존과학실을 더욱 키워 확대 발전시키겠다는 확고한 마음으로 직접 찾아 오셨던 것을 나중에야 알게 되었다. 당시 행정 최고책임자로서 문화재 보존의 중요성을 인식한 국장님은 많은 예산과 인력을 지원해 줌으로써 문화재 보존과학이라는 큰 틀을 잡게 해주었다. 이 뿌리가 자라 오늘의 국립문화재연구소 문화재보존과학센터로 발전하게 되었다고 생각한다.

늦게나마 故 유운소 국장님께 진정한 마음으로 감사드린다.

끝으로 초판에 많은 성원을 보내 주신 독자님들과 증보판이 나오도록 도움을 주신 한국전통문화학교, 한서대학교, 용인대학교, 경주대학교, 국립공주대학교, 예원예술대학교 보존과학과 교수님, 국공립 연구소 및 사립연구소 관계자님, 그리고 주류성출판사 최병식 사장님과 담당자님들께 다시 한번 감사의 말씀을 드린다.

폭서 8월 분당에서

이 오 희

추천의 글

　이 책은 문화재보존을 위한 기초적인 입문서나 다름없는 저술이다. 비록 늦은 감이 없지는 않으나, 출간 소식이 너무 반가워, 먼저 저자에게 축하의 뜻을 전한다.

　저자가 머리말에서 밝힌 것처럼 문화재는 우리의 선조들이 물려준 가장 값진 선물이다. 한 민족의 역사와 문화를 올바르게 이해하는데 없어서는 안 될 문화적 자산이자, 민족의 정체성을 인식하는 가운데 미래 문화발전의 근원이 되는 물질적 자산이 문화재다. 그러나 문화재는 한번 망가지면, 회복이 영원히 불가능한 속성을 가지고 있다. 이 때문에 예방이 무엇보다도 필요하다. 특히 땅 속에 매장되었다가 발굴조사를 거쳐 출토된 유물은 출토 순간부터 공기를 만나게 마련이다. 더구나 금속유물은 급속하게 산화되어 마지막에는 형체를 알아볼 수 없게 변한다. 이 지경에 이르면, 문화재로서의 가치를 잃어버리고 만다. 이를 막기 위해 탄생한 학문이 바로 보존과학인 것이다.

　우리나라도 이제 보존과학이란 학문이 자리매김한 지도 어언 40여 년에 이른다. 저자는 황무지나 다름없는 우리나라 보존과학 1세대 연구자로서 일본, 영국 등 선진 보존처리 기술국에서 보존처리기술을 체계적으로 배운 전문 학자다. 이를 바탕으로 전국에서 출토된 수많은 유물의 보존처리를 혼자 힘으로 처리해 왔다. 보존처리가 필요한 자리라면, 어느 지역을 가리지 않고 달려갔다. 이같은 저자의 손을 거쳐 고령 지산동 출토 철제 갑옷과 투구, 금동관 등 전국에서 출토된 수많은 고고유물이 보존처리되어 문화재로 재탄생 했다. 특히 가야무덤에서 출토된 녹슬고 형체조차 보잘 것없는 철제 칼을 파괴하지 않고, 투과할 수 있는 소위 비파괴 X선 투과촬영을 처음 시도한 이도 바로 저자였다. 그 결과 이 칼에 은실로 상감한 당초문을 새겼다는 사실을 알게 되었다. 이는 우리나라 삼국시대 발달된 상감기법의 기술을 밝히는 계기가 되었고, 보존과학의 수준을 한 단계 높이는 결과를 가져왔다. 이렇듯 저자는 마치 연금술사의 손처럼, 아니 마이다스의 손처럼 만지는 유물 모두를 새롭게 탄생시켰던 것이다.

이러한 과정의 생생한 기록은 물론 하나의 유물이 보존처리를 거쳐 어떻게 재탄생 되는가를 알기 쉽게 설명한 기록이 바로 이 책이다. 지금까지 우리 손으로 마련한 보존과학 지침서로서의 저술이 단 한 권도 없었다는 것은 불행한 일이었다. 그래서 몇몇 외국에서 간행한 보존과학 서적 번역본에 의지할 수밖에 없었다. 그래서 저자의 실험과 체험을 바탕으로 저술한 이 책은 어느 입문서보다 값지다고 하지 않을 수 없다.

저자는 현재 한국전통문화학교 보존과학 석좌교수로 재직하면서, 후학들을 가르쳐 기르고 있다. 그리고 한국보존과학연구회 회장을 맡아 한·중·일본을 중심으로 한 「동아시아문화유산 보존학회」를 창립하는 산파역

할까지 마다하지 않았다. 명실공히 한국의 문화재보존과학 위상을 높인 저자의 노고에도 박수를 보낸다. 이러한 저자의 약력이 말하듯이 이 책에는 저자가 보존과학이란 학문과 평생을 동반자로 살아온 내용이 녹아 흐른다. 무엇보다도 이 책은 저자가 우리의 문화유산을 어떻게 다루어 보존하고, 또 후손에게 온전하게 물려주어야 하는가를 경험을 빌려 생생하게 전달하고 있다. 일독을 권하면서, 거의 같은 길을 걷는 고고학자의 한 사람으로 추천서에 가름하는 글을 여러분께 올린다.

2008년 1월
전 국립문화재연구소장, 현 한국토지박물관장
조 유 전

차례 CONTENTS

　어느 국가나 민족을 막론하고 숱한 어려움을 극복하면서 독특한 문화를 창조해 왔다. 문화재는 문화의 바탕에서 독립된 국가를 지키려는 자주 정신과 새로운 것을 만들어 내려는 창조 정신이 생산한 국가 문화재산을 의미한다. 우리나라도 반만년 유구한 역사 속에 찬란한 민족문화를 이룩하였고 보배로운 문화재를 많이 생산했다. 선조(先祖)가 후세(後世)에 남기는 가장 큰 선물이라고 할 수 있는 이 문화재는 민족의 역사와 문화를 바르게 이해하는데 없어서는 안되는 중요한 문화적 자산이자 문화를 발전시키는 원천이기 때문에 소중히 보존되어야 할 필요가 있다.

　문화재를 보존하는 과정에서 행해지는 제작기술의 조사는 그 민족의 성격, 예술성, 발전성을 가늠할 수 있게 해준다. 이러한 이유로 자국(自國)의 문화재를 보존하기 위한 연구는 고대사 및 미술사를 연구하는 목적 외에도 암시적으로 민족문화에 대한 우월성을 과시하고자 하는 점도 없지 않다.

　고대로부터 동물과 달리 인류의 문명이 발전한 데는 도구와 언어 그리고 불의 사용을 들 수 있다. 인류는 더 행복한 생활을 영위하기 위해 새로운 기술을 끊임없이 발전시켜 왔다. 도구를 만들 때 사용되는 재료는 유기물과 무기물을 기본으로 한 순수재료(純粹材料)에서 복합재료(複合材料)로 변천하여 왔다. 이를 테면 인류는 돌과 뼈, 목재 등 자연의 재료로 도구를 만들어 사용하다가 50만년 전에는 불의 사용을 알게 되면서 차례로 토기와 도자기를 만들었다. 또 그 후에는 금속의 사용을 통해 새로운 문명의 장으로 도약적인 발전을 이루었다.

즉, 문화재(문화유산 또는 유물)는 선조들이 사용하다가 남긴 물적 재산일 뿐만 아니라 그 민족의 정기와 얼이 스며있는 정신적 재산으로 민족의 정체성과 과거에 대한 역사적 · 사회적 · 종교적 · 예술적 배경을 담고 있는 정신 · 문화 · 과학기술이 집결된 고부가가치를 가지는 자산이다.

선진 문화국가의 문화재 보존에 대한 관심과 연구, 끊임없는 노력과 투자는 모두 민족문화의 근간인 정체성을 찾기 위해서이다. 문화재를 보존 · 보호해야 하는 필요성은 인류가 발전해 오면서 사용했던 당대(當代)의 최고(最高) Hi-Tech 기술개발품(문화재)을 과학적 · 인문학적으로 조사 · 연구하여 미래사회 발전의 밑거름이 되는 활동의 소산물로, 또 과거와 현재 그리고 미래를 연결하는 Message로서 정보를 정확히 보유한다면 과거와의 교신이 가능해지고 이때 얻은 정보는 다음 세대로 이어질 수 있다는 사실에 있다. 그리고 그 문화재에서 창조적 정신을 얻어 새로운 문화를 끊임없이 창조하기 위해 문화재는 특히 잘 보존되어야 한다.

세계 각 국가의 독자적 문화는 그 민족의 특이성을 지니고 있는 문화재로 서로 대등한 상황 속에서 존경과 이해를 바탕으로 세계 평화에 기여해야 한다. 또한 문화재는 각 민족의 문화유산인 동시에 세계의 문화유산이기에 국제연맹 교육과학문화기관인 유네스코(UNESCO)에서는 세계의 문화재를 중요시하여 민족의 역사를 세계 민족의 문화적 소산으로 보호하고 후세에 전한다. 이러한 세계 문화유산에 대한 보존의 중요성을 인식하고 세계문화유산을 보존관리하기 위해 국제정부조직(IGO) 기구는 1945년 11월 런던에서 37개국이 참가하여 UNESCO 헌장을 채택하였다. 그리고 1946년 11월에는 20개국이 비준하여 헌장을 발효해 UNESCO를 발족시켰다.

　문화재 보존과학이란 학문이 근자에 들어 세인의 관심과 이목을 끌고 있지만 아직도 대부분 사람들은 문화재 보존과학을 낯설어 하고 있고, 어떤 일을 하고 있는지 잘 모르고 있는 것이 현실이다.

　일반적으로 문화재가 우리에게 전해지는 경로를 살펴보면, 예로부터 내려오는 전세품과 고고학적 발굴조사로 출토되는 경우가 있다. 이들 문화재는 각각 놓여 있는 주변 환경과 오랜 세월 속에서 자연적(물리·화학·생물학적 피해), 환경적(대기오염에 의한 피해), 인적(인간에 의한 피해)인 피해를 받게 된다. 손상된 문화재에 새로운 생명력을 불어 넣기 위해서는 전통기술과 현대 과학기술을 잘 조화시켜 본래 모습으로 되돌려 놓아야 하는데, 이를 연구·조사·보존(보존환경과 수복)하는 것이 문화재 보존과학이다. 다시 말해 문화재 보존과학은 무엇을(병든 문화재), 누가(보존과학자), 어떻게(과학적·전통적 방법), 치료(처리)하고 간호(관리)해 현재에서 미래로 잘 전달하는 것을 다루는 학문인 것이다.

　문화재 보존과학은 인류가 남긴 유형문화재 그 자체가 보존의 대상이 된다. 여러 환경에서 손상되고 파손된 문화재를 전통기술과 현대과학을 응용하여 본래의 모습으로 회복시키고, 민족의 문화재로서 물적·정신적 가치를 높여 후손에게 물려주는 것이 우리가 해야 할 과업 중 하나이다. 그리고 각 시대의 투철한 장인정신으로 만들어진 작품에서 그 시대 기술의 우수성을 과학적으로 밝혀 미래 문화 창조의 기반이 될 수 있는 물적 자료를 정비하는데 의미를 두고 연구하는 것도 문화재 보존과학이 다루는 영역이다.

　따라서 문화재 보존과학이란 단순한 수리기술에만 의존하는 것이 아니라 인문과학과 자연과학을 접목한 종합학문으로서 자리를 잡고 있다.

　보존과학의 기본 연구로는,

○ 문화재 보존처리와 복원기술 및 재료에 관한 조사연구,

○ 문화재 재질 및 구조에 관한 과학적 조사연구,

○ 과학적 조사연구를 통한 과학 기술사 규명,

○ 문화재 보존환경 조사연구,

등이 있다.

인류가 남긴 문화재는 비슷한 것은 있으나 똑같은 것은 없다. 따라서 잘못된 보존은 오히려 문화재를 파괴하는 행위가 될 수 있으므로 보존처리 방법에 신중을 기해야 한다. 예를 들어 우리들이 현재 보편적으로 행하고 있는 과학적 보존처리에서 문화재를 깨끗하게 세척(Cleaning)을 했다고 해서 문화재가 영원히 안정된 상태로 보존되는 것이 아니라는 것을 명심해야 한다. 보존처리가 잘되고 잘못되는 판정은 당장 확인되는 것이 아니고 수 년 후 또는 몇 십 년 후에 평가를 받게 되는 경우가 대부분이다. 그 이유는 우리가 사용한 보존약품이 몇 년, 몇 십 년이 지나 더 나쁜 영향을 줄 수 있을지도 모르기 때문이다. 따라서 실제 문화재에 보존처리 재료(약품 등)를 사용하기 전에 충분한 실험을 통해 안정성이 인정된다고 판단되었을 때 신중하게 적용해야 한다. 그러나 연구와 실험으로 얻은 방법으로 보존처리를 했어도 생각하지 못한 뜻밖의 문제가 발생되는 일도 있기 때문에 항상 주의를 늦추어서는 안된다. 또한 보존과학자는 문화재에 대한 해박한 지식과 보존에 대한 심도있는 철학을 가지고 있어야 한다. 만약 이러한 인식도 없이 문화재를 일반 산업물질과 동일하게 생각하고, 단순히 보존처리에 대한 자기만족의 욕심으로 '잘 되면 좋고(충신), 아니면 그만(역적)'이라는 식의 단순 논리로 보존처리가 행해진다면, 이것은 문화재의 올바른 보존이라고 할 수 없다.

우리 정부는 문화재 보호 관리를 위해 1962년 1월 10일 법률 제961호로

문화재보호법을 제정·공포한 이래 여러 차례 개정을 거듭해 왔다. 문화재보호법의 제1조는 문화재 보존의 목적에 관한 것으로 문화재를 보존하여 민족문화를 계승하고, 이를 활용할 수 있도록 함으로써 국민의 문화적 향상을 도모함과 아울러 인류문화 전반에 기여하는데 그 목적을 둔다는 내용이다. 그리고 제2조는 문화재의 정의로 문화재는 인적, 자연적으로 형성된 국가적, 민족적, 세계적 유산으로서 역사적, 예술적, 학술적, 경관(景觀)적 가치가 큰 것을 말하며 크게 유형문화재, 무형문화재, 기념물, 민속자료로 분류하고 있다. 다음은 문화재의 분류에 관한 세부적 내용이다.[1]

① 유형문화재는 건조물, 전적, 서적, 고문서, 조각, 공예품 등 유형의 문화적 소산으로서 역사적, 예술적, 학술적 가치가 크고 이에 준하는 고고자료로 구성된다.

② 무형문화재는 연극, 음악, 무용, 공예기술 등 무형의 문화적 소산으로서 역사적, 예술적, 학술적 가치가 큰 것으로 구성된다.

③ 기념물은 사지, 고분, 패총, 성지, 궁지, 요지, 유물 포함층의 사적지와 기념이 될 만한 시설물로서 역사적, 학술적 가치가 큰 것으로 예술적, 경관적 가치가 큰 경승지와 동물(그 서식처, 번식지, 도래지를 포함), 식물(그 자생지를 포함), 광물, 동굴, 지질, 생물학적 생성물 및 특이한 자연현상으로서 역사적, 경관적 또는 학술적 가치가 큰 것으로 구성된다.

④ 민속자료는 의식주, 생업, 신앙, 연중행사 등에 관한 풍속·습관과 이에 이용되는 의복, 기구, 가옥 등으로서 국민생활의 추이를 이해함에 불가결한 것으로 구성된다.

---

1) 문화재청, 2007, 「문화재보호법」, 문화재관계법령집, pp.17~18.

 문화재 보호법에서 분류한 유형문화재, 무형문화재, 기념물, 민속자료 중
에서 무형문화재를 제외한 모든 문화재는 과학적 연구 · 조사 · 보존 · 수복
의 연구대상이 되는데, 물론 이 연구는 인접학문인 고고학 · 미술사 · 공예
사 · 건축학 · 민속학 등과 깊은 관계 하에서 이루어져야 한다. 보존과학적
조사로 얻어진 재료학적 · 기술사적 새로운 자료는 인문 · 사회과학에서 해
석하지 못하는 문제점의 해답을 제공함으로써 다른 분야의 학문들과 유기
적 관계를 갖는 학제연구로 발전하고 있다.

 보존과학의 영문표기는 처음에 science for conservation을 사용하다가 언
제부터인가 conservation science로 사용되고 있다. 이 영어 표기법에 대한
기원은 정확하지는 않지만 1952년 일본 동경 국립문화재연구소에 보존과
학부가 설립되면서 일본의 보존과학자들이 science for conservation을 그대
로 영역(英譯)하여 "보존과학"이란 명칭을 사용한 것이 세계로 역수출되면
서, 지금은 conservation science가 국제적으로 통용되고 있다고 한다.[2] 실
제로 보존과학의 영문표기는 후자를 사용하고 있다. 그러면 보존에 대한
용어의 개념을 알아보자.

> Conservation은 오랜 기간이 흐른 뒤에도 작품이 그 원형을 지킬 수 있도록
> 적절한 환경을 제공하고 작품의 원형을 보존하는 목적으로, 원래의 상태를 훼손
> 하지 않고 복원되거나 수리하는 새로운 물질을 최소화하는데 노력한다.

 Dr. Oddy(前 대영박물관 보존연구소 소장)는 그의 저서 *The Art of
Conservator*에서 Conservation을 위와 같이 정의하고, 이것을 능동적

---

2) 澤田正昭, 1997, 『文化財保存科學ノート』, pp.13~14.

(Active)·수동적(Passive)인 두 가지 형태의 보존활동으로 나누어 보았다. 능동적 보존활동은 작품의 상태를 과학적으로 평가한 후, 더 이상의 손상을 억제하기 위한 처리과정으로 세척, 수복, 그리고 필요에 따른 여러 가지 복잡한 과정을 포함시켰다. 수동적인 보존활동으로는 올바른 보관과 전시환경의 조성을 통하여 작품의 생명을 연장시키는 과학적 연구(Preservation)를 포함시켰는데, 우리는 이것을 보존환경이라 말한다.

Conservation은 미술품 보존에 있어 광의적 의미로 폭 넓게 이용되고 있다. Oxford 영어 사전에서는 Restoration을 이전의 상태나 위치로 돌리는 행위라고 정의하고 있는데, 이것은 클리닝, 안정화, 복원으로 이루어지는 conservation의 세가지 단계 중 하나의 과정이라 말할 수 있다. 여기서 복원은 파편접합, 없어진 부분의 메움, 색 맞춤을 포함하며, 안정화 작업은 진행 중인 문제점을 해결하고 그것들의 재발을 막는 일로, 문제의 발생 원인이 되는 물질을 제거하는 것뿐만 아니라 적절한 환경조건을 만들어 주는 것을 말한다.

최근에는 Restoration보다 Conservation을 올바른 용어로 보고 있으며, Restoration은 Conservation 과정의 일부분으로 보고 있다. 또한 Preservation은 미술품의 주변 환경에 대한 조사연구와 미술품의 노화를 예방하는 것으로 직접 손으로 처리하지 않고 보존하는 것을 말한다.

제2장 보존과학의 발달과정

1. 세계 보존과학의 발달

미술품의 과학적 조사연구는 18세기 말 독일 화학자 M.H Klaproth가 그리스·로마시대의 고대화폐를 화학 분석한 것을 시작으로, 1815년 영국의 유명한 화학자 Sir Humphry—Davy가 이탈리아·폼페이 벽화의 안료를 조사하고, 1839년에는 에스토니아의 화학자 Gobal이 발트해(Balt海)지역에서 채취한 금속을 화학적으로 분석하였다. 이후 문화재에 대한 과학적 보존처리의 필요성은 19세기 중엽 Faraday와 Pasteur 등 유명한 과학자들이 문화재의 손상을 염려하여 과학적 방법을 문화재의 보존에 적용할 것을 제안한 데서 비롯되었다.

1853년 런던국립미술관(London National Gallery)에 소장(所藏)되어 있는 회화가 손상되어 있는 것을 발견한 영국정부는 왕립연구소(Royal Institute)의 소장(所長), Faraday에게 다음과 같은 질문을 하였다. "회화표면을 보호하기 위해 칠한 '바니시(Varnish)'가 황색으로 변화하는 것에 대해 자연과학적 연구는 가능한가?" 이에 대하여 Faraday는 "회화에 대한 다소의 지식과 과학에 대한 깊은 지식을 겸비한 인력을 채용하여 지속적으로 연구조사를 하게 한다면 그러한 문제는 해결될 것이다."라고 답변하였다. 그러나 Faraday는 이러한 답변이 있기 이전인 1850년에 이미 런던국립미술관 소장의 회화 상태를 조사하기 위하여 런던국립미술관 관리자인 Eastlake경과 Russel을 조사위원으로 임명하였다. 위원으로 임명된 Eastlake경은 유화표

면에 칠해진 '바니시'가 미술관에서 황변(黃變) 되고 있다는 것을 확인한
후 이것을 제거하는 것이 바람직하다는 의견을 제시하였을 뿐만 아니라 런
던국립미술관에 보존과학부를 설립할 것을 건의하였다. 그러나 그의 의견
은 미술관 관계자들에 의해 받아 들여지지 않았고 보존과학부의 설립도 이
루어지지 못했다. 앞에서 나온 정부의 질문은 이와 관련된 것으로 Faraday
의 답변은 상당히 신중하였음을 엿볼 수 있다. 그 후 1855년, Eastlake경은
런던국립미술관 관장으로 추대되었으나 안타깝게도 보존과학부의 발족은
물론 Faraday의 말처럼 과학자 채용도 이루어지지 않았다.[1]

아래는 서양의 각 국가에서 최초로 설립된 보존과학연구실 또는 연구소
를 나타낸 표이다.

서양의 보존과학 연구기관

도 시 명	연 구 기 관 명	설립연도
런 던	Royal Institute	1853년
베 를 린	State Museum	1888년
런 던	British Museum	1922년
메사추세츠주	Fogg Art Museum	1930년
보 스 톤	Museum of Fine Art	1930년
뉴 욕	Metropolitan Museum of Art	1931년
파 리	Louvre Museum	1931년 (Louvre미술연구소)
런 던	National Gallery	1934년
브 뤼 셀	Royal Institute	1935년 (벨기에미술관 중앙연구소)
로 마	Rome Centre for Restoration Institute(ICCROM)	1958년

2. 한국 문화재 보존과학의 역사

1) 보존과학 발달사

1946년 경상북도 경주시 노서동에 위치한 신라고분 호우총은 최초로 우리나라 고고학자의 손에 의한 발굴이었고, 이것으로 우리의 반세기 발굴역사가 시작되었다.

우리나라의 문화재에 과학자들이 직접 참여한 것은 1958년 石佛寺(石窟庵) 보존조사가 처음이고, 문화재 보존과학의 용어를 사용한 것은 1968년 조상들이 남긴 귀중한 문화유산을 과학적 방법으로 잘 보존하여 온전한 상태로 후손에게 전해

석굴암 전실과 본존불(1912)

주기 위해 과학기술처가 주관하고 문화재관리국이 협조하여 「문화재의 과학적 보존관리에 관한 조사연구」가 시작되면서부터이다.

1913년 10월부터 1915년 8월까지 이루어진 1차 보수공사는 석굴전체를 해체하여 파손된 석재를 신재로 보충하고 돔을 콘크리트로 덮어 그 위에 모르타르(Mortar)로 성토하는 단계로 이루어졌다. 또한 석굴 후면에서 나오는 지하수를 처리하기 위해 자연암반에 두 군데 수조를 만들고 납관(鉛管)으로 두 수조를 연결하는 배수공사도 하였다. 그러나 석굴주위를 콘크리트로 덮고 전면을 개방하면서 내부로 안개가 유입되어 습기가 차며 청태(靑苔)가 발생하게 되었다. 게다가 세월이 지나면서 콘크리트에 균열이

1) 登石健三, 昭和45年, 『古美術品保存の知識』, pp.1~3.

사진 2-1. 석굴암 해체 모습

사진 2-2. 해체 복원 후 모습

사진 2-3. 현재의 모습

사진 2-4. 목조 건물 설치(1963년)

생기게 되었고, 지하수의 양이 두 개의 수조로는 감당할 수 없게 되어 새로운 문제점이 발생되었다.[2] 이 보수공사에는 세키노 타다시(關野貞) 박사도 직접 관여했고, 주로 이이지마겐노스케(飯島源之助)기사의 감독으로 공사가 진행되었다.

당시 일본인 미술평론가 야나기 무네요시(柳宗悅)는 일차 공사가 끝난 약 일 년 후 2주간 한국에 머물면서 3번이나 석불사를 찾아 면밀히 관찰하고 다음과 같은 소감을 남겼다.

---

2) 秦弘燮, 1990, 『石窟庵保存의 經緯』, 石窟庵의 科學的 保存(資料編), 文化財管理局 文化財研究所.

'나는 이것을 보고 그 몰취미한 행위에 크게 놀라지 않을 수 없었다. 무슨 생각으로 터널의 입구로 오인될 수 밖에 없는 담을 만들었던 것일까. 나는 이것이 굴원의 수리가 아니라 새로운 훼손이라고 생각한다. 기사가 과학적인 수리는 할 수 있었지만 예술적 수리는 전혀 할 줄 몰랐던 것 같다. 굴 안의 여러 불상과 추가된 돌담을 비교할 때 그 사이에 어떤 예술의 통일이 있겠는가. 나는 특히 이 같은 걸작의 수리에는 예술적 수법을 근본으로 삼아야 한다고 생각한다. 가능하다면 그 돌담을 허물고 그 중수를 직접 조선 사람에게 맡겼으면 좋겠다. 조선에서 이들 조각만큼 나를 기쁘게 한 것도 없었거니와 그 돌담만큼 나를 불쾌하게 한 것 또한 없었다. 석불 예술의 아름다움과 과학의 추함이 함께 자리하고 있다. 옛날 사람들은 아무런 과학도 갖고 있지 않았으나, 석불사와 같은 건축에서 자연의 이법(理法)을 놀랄 만큼 아름다움과 결부시켰던 것이다. 굴원은 다행히 왜구의 난을 면했다. 그러나 오늘날 수리라는 이름 아래 새로운 모독을 받는 것이다. 나는 전체에 통일이 있는 그 굴원이 추한 중수에 의해 새로운 불순이 추가된 사실을 한탄하지 않을 수 없다. 만약 그 수리가 천개를 덮고 각 석벽의 위치를 바로잡는데 그쳤더라면 얼마나 아름다웠을까. 나는 파손된 채로 있던 당시의 사진과 수리 뒤의 사진을 보고 예술을 모르는 죄 많은 과학의 행위를 증오하지 않을 수 없다.' ³⁾

이러한 결과에도 불구하고 총독부에서는 1917년 굴 상부 봉토면에 대한 응급조치만을 실시(2차 공사)하였고, 1920년에서 1923년 사이에 다시 대대적인 3차 공사를 벌이게 되었다. 이 공사에서는 석굴 주위 전면에 균열된 콘크리트를 보수하고 부분적으로 철근을 박는 작업이 이루어졌다. 또한 지하수 처리를 위하여 석굴 후면의 수조를 4배로 확장하고 토관(土管)을 외

---

3) 야나기 무네요시(柳宗悅), 이길진옮김,1994, 『조선과 그 예술』, pp.122~123.

부로 배출하도록 하였다.

그러나 전문가의 사전조사와 보수계획의 미비로 3차에 걸친 공사로도 석굴 전면의 변형과 청태는 시정할 수 없었다. 따라서 1933년에는 석굴 내부에 발생하는 청태를 뜨거운 증기로 막고자 보일러를 설치하고 1941년, 1947년, 1953년, 1957년에 걸쳐 청태 제거작업을 실시하였으나 근본적인 해결책을 얻지 못하고 석굴암의 훼손을 더욱 심화시키는 결과만을 초래하였다.

이와 같은 불완전한 공사와 무모한 청태 제거작업으로 제상(諸相)의 풍화·탈락은 점차 심해져 갔으며, 또 다시 누수(漏水)와 지하수에 의한 청태·먼지·쇠 녹물·석회분들의 오염물질이 더해져 석굴암의 손상은 최악에 달하게 되었다. 이에 해방 이후 처음으로 석불사(석굴암) 수리보존을 위한 근본적인 대책을 수립하기 위해 처음으로 과학자들로 구성된 조사단이 파견되어 6차에 걸친 조사가 이루어졌다. 다음은 1차에서 6차에 걸쳐 조사에 참여한 조사단의 인적 구성에 관한 내용이다.

- ▶ 제1차 조사 1958년 1월 14일 지질학자, 문화재관계자 참여.
- ▶ 제2차 조사 1958년 8월 13일 조각가, 기상학자, 토목 관계자, 문화재관계자 참여.
- ▶ 제3차 조사 1958년 12월 10일 화학자, 생물학자, 물리학자 참여.
- ▶ 제4차 조사 1960년 1월 24일 건축기술사, 공대교수, 문화재관계자 참여.
- ▶ 제5차 조사 1961년 건축가, 식물전문가 참여.
- ▶ 제6차 조사 1961년 4월 2일부터 4월 25일 국립건설연구소의 석굴암 부근 암반상태 파악을 위한 7개소 보오링 시험 실시.

이처럼 해방 이후뿐만 아니라 일정시대까지 통틀어 문화재의 수리공사에 과학자가 참여한 예는 석불사의 수리보존이 처음이며 이것은 건축가와 문화재 전문가 등 관련분야의 전문가를 파견하여 여러 문제들을 다각도로 고찰하고 근본적인 해결책을 찾으려는 첫 시도라는 점에서 그 의의가 있다.

석불사 조사 보고서에서는 누수와 지하수 같은 물의 문제, 굴 내외 온·
습도 변화와 벽체의 석회성분의 분비 등에서 오는 석상 자체의 풍화문제
와 같은 여러가지 현상을 들어 근본적인 중수의 필요성이 강조되었다. 또
1961년 8월에 유네스코 문화재보존전문가 Dr. Harold J. Plenderlith(1959~
1971, Director of the International Centre for the Study of the Conservation and
Restoration of Cultural Property, Rome. created by UNESCO)가 내한하여 조
사 보고서를 제출한 바 있다.

같은 해(1961년) 9월 13일부터 1963년 6월 30일까지 조사작업과 예비공
사가 착수되었고, 이를 바탕으로 1963년 7월 1일부터 1964년 6월 10일까지
본 공사를 실시하였다. 공사의 주요 내용은 외기(外氣)의 침투를 막고 내부
의 공기를 조성하기 위하여 철근 콘크리트의 외피와 환기구멍을 증설했으
며, 기능을 잃은 방수층을 깨끗이 걷어내고 새로운 액체방수법으로 방수
층을 신설하였다. 하수구도는 종전의 연관배수방식에서 용적이 상당히 큰
규모의 암거(暗渠)를 철근 콘크리트로 만들어 이중 돔 기초로도 사용할 수
있게 하였다. 또한 전실(前室)에 설치된 조명기구는 높은 봉토로부터 가중
되는 토압을 견고하게 지탱하도록 설비했으며 이것이 여러 구조물의 아름
다움을 손상시키지 않도록 하기 위해 여러 가지 난점을 안고 공사가 진행
되었다. 그 외에도 외부로부터의 영향에서 석굴암을 보호하기 위하여 전
실을 개석으로 덮고 문을 설치하였는데, 그 형태는 발굴 조사와 문헌 조사
를 통하여 밝혀진 내용으로 복원·재현하는데 주안점을 맞추었다.

그 이후에는 별다른 보수 공사가 없었으나 1996~1997년 대한건축학회
가 구조 안전진단을 벌여 내·외부 돔 균열부위 등에 대한 보강작업의 필
요성이 지적되었다. 이에 따라 1998년 문화재관리국 주도하에 오래된 서
까래와 기와를 교체하고 베니어합판으로 만든 송풍관을 스테인레스 스틸
로 교체하였으며, 균열이 간 부분을 수축되지 않는 콘크리트로 보강하는

등의 보수 작업을 마쳐 오늘과 같은 상태에 이르고 있다.

석불사는 1995년에 세계문화유산으로 등록되어 세계인이 주목하게 되었으나 보존적인 측면에서는 아직도 문제점을 안고 있다. 그러나 이에 대한 해결방안과 대책은 단 시간에 이루어질 수 없고 따라서 장기적 계획을 수립하여 내·외환경과 구조조사를 정밀하게 다시 하여 근본적인 보존방안을 마련하는 것이 바람직하다. 이를 위해 각 분야 전문가로 구성한 석불사 보존위원회를 만들어 장기적인 조사연구를 함으로써 문제점을 하나씩 해결해 나가야 한다.

문화재에 직접적으로 과학적 비파괴조사 연구를 시작한 것은 1963년 국보 제78호 금동미륵보살반가사유상(塔形冠)과 국보 제83호 금동미륵보살반가사유상(三山冠) 등 60여 점에 대해 감마선〔코발트-60(530mc), 세슘-137〕

사진 2-5. 국보 제78호
금동미륵보살반가사유상

사진 2-6. 감마선 사진

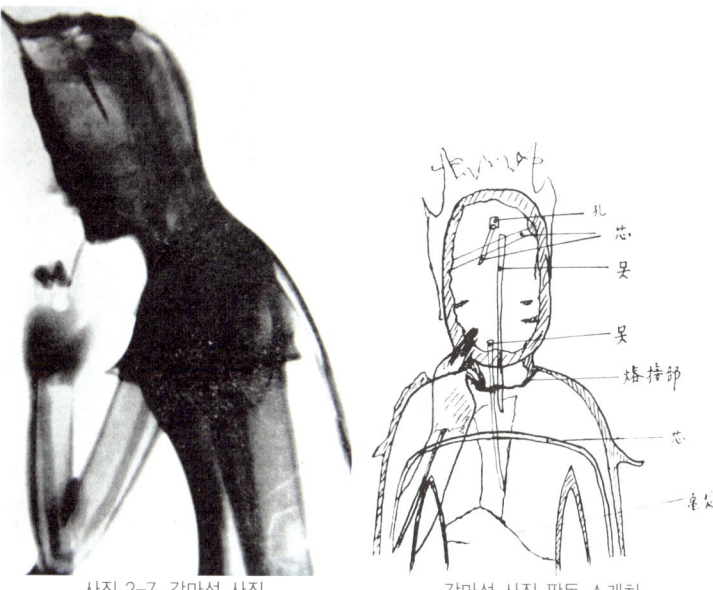

사진 2-7. 감마선 사진
(오른손 바닥에 구멍이 뚫려 있음)

감마선 사진 판독 스케치

사진 2-8. 국보 제83호
금동미륵보살반가사유상

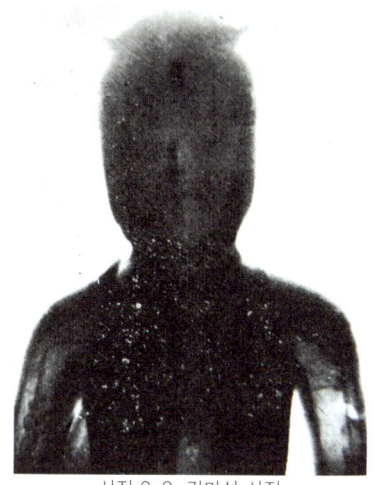

사진 2-9. 감마선 사진
(가슴부분에 많은 기포가 보임)

사진 2-10. 김마선 사진 세부
(오른손 바닥에 구멍이 뚫려 있음)

을 사용해 조사한 것이다.[4][5] 이보다 앞서 1962년 국립박물관 의뢰로 국립
공업연구소에서 신라시대 동종(銅鐘)에 대해 화학분석을 실시하였다고 하
나 분석결과에 대한 자세한 내용은 알 수 없다.

발굴 고고금속유물의 X선 투과 촬영조사는 1979년 8월 경상북도 고령군
지산동 산에 위치한 사적 제79호 대가야 시대 고분 중 제32~35호 발굴 중
에 32NE-1에서 출토된 철제환두대도의 환두부분에서 우리나라 처음으로
은상감당초문의 문양을 발견한 것이다. 그 후 1980년 12월에 신라시대 고
분 황남대총 출토 철제유물 일괄을 조사하였으나 상감문양은 발견되지 않
았다.

1968년 대통령의 특별지시로 과학자와 고고학자들의 공동관심 속에서 문
화재 관리국 협조와 과학기술처 주관으로 관계전문가가 참여한 가운데 문

---

4) 高鍾健 · 咸仁英, 1963, 『放射線 透過法에 依한 古美術品의 調査(一)』, 美術資料 第
   8號, 國立博物館.
5) 고종건 · 함인영, 1964, 『放射線 透過法에 依한 古美術品의 調査(二)』, 美術資料
   제9호, 국립박물관.

화재 전반에 관한 과학적 보존의
연구가 이루어졌는데, 그 결과물로
1968년『문화재의 과학적 보존관리
에 관한 조사 연구』와 1972년『문
화재의 과학적 보존에 관한 연구
(1)』보고서가 발간되었다. 이로
인하여 유형문화재의 과학적 보존
에 대한 새로운 연구 분야의 장이
열리는 계기가 마련되었다.

사진 2-11. 최초 문화재보존 관련
조사연구서

　이후 문화재보존의 중요성을 인
식한 정부는 문화재관리국 지원으
로 재단법인 한국과학기술연구소
가 조사 연구한 1970년『다보탑의 과학적 보존에 관한 연구』, 1971년『석
굴암ㆍ다보탑 및 석가탑의 세척과 보존에 관한 연구』등의 보고서를 간행
하였다.

　아울러 문화재 관계 당국은 문화재보존의 국제화를 위해 1969년 세계적
인 보존과학자 H.J Plenderlith박사, 1972년 일본 동경국립문화재연구 소장
關野克 박사(건축전문), 1973년 프랑스 국립고고학연구소장 B-Rh Groslier
박사와 영국, 일본, 미국, 독일, 이탈리아, 호주, 프랑스, 중국 등 각 분야
의 전문가를 초청하여 상호 의견 교환 및 기술 지도를 받는 가운데 문화재
보존과학이란 새로운 학문이 열리는 분위기가 조성되었다.

　한편, 국내보존기술의 전문가 양성을 위해 1970년대부터 선진(일본, 미
국, 영국 등) 전문연구기관에 관련분야 종사자를 파견하여 기술습득, 자료
수집, 정보교류를 기본원칙으로 한 인력 양성도 이루어졌다.

　실제 출토유물의 보존처리는 무령왕릉(武寧王陵, 1971년)과 천마총(天馬

塚, 155호분, 1973년), 황남대총(皇南大塚, 98호분, 1974~1975년)의 대형 발굴조사로 출토된 유물, 그리고 신안 해저발굴조사(新安 海底發掘調査, 1977~1984년)로 인양된 유물들이 우리나라 초창기의 보존처리 유물들로 금속, 목재(水浸木材 중심), 도자기가 주류를 이루었다.

　무령왕릉은 1971년 공주시 금성동 송산리의 남쪽 경사면에 백제 왕족의 무덤으로 알려진 사적지 5호 석실분과 6호 전축분에 물이 스며드는 것을 막기 위해 배수로 공사를 하던 중 전돌 일부가 발견되어 긴급 구제 발굴을 하였다. 이곳에서는 광복 후 우리나라 고고학 발굴 역사에 길이 남을 획기적인 유물들이 출토되었는데, 무덤의 주인을 기록한 지석(誌石)을 비롯해 금제관식(金製冠飾), 금동제신발(金銅製飾履) 등 108종 2,906점이 출토되었다. 그 중 왕과 왕비의 채색된 두침과 족좌는 지금까지 출토된 예가 없는 귀한 출토품으로 왕의 것은 흑칠(黑漆)이고 왕비의 것은 주칠(朱漆)바탕에 귀갑문(龜甲文) 금띠를 두르고 그 안쪽에 봉황

사진 2-12. 무령왕릉 연도 입구

사진 2-13. 무령왕릉 출토 두침(頭枕)

사진 2-14. 무령왕릉 출토 족좌(足座)

이 그려져 있다. 이것은 아주 정교한 목공예품으로 보존처리가 매우 힘든 작품의 하나이다.

천마총과 황남대총은 경주종합 개발계획에 따른 미추왕릉지구 정화사업의 일환으로, 미추왕릉지구 에서 가장 소형 고분인 155호분(천마총)을 발굴조사한 결과를 가지고 이 지구의 고분 중 가장 거대한 표형분(길이 120m, 높이 22.5m)인

사진 2-15. 황남대총

98호분(황남대총)을 발굴하여 내부를 전시실로 꾸며 국내외 관광객에게 공개한다는 국가적 시책으로 진행되었다. 그러나 대형고분인 황남대총에서 출토된 유물보다 소형고분인 천마총에서 더욱 더 다양한 유물이 출토되어 오히려 천마총이 고분 전시관으로 변경되었다.

황남대총은 남분(南墳)과 북분(北墳)으로 되어 있는데 남분에서는 금동관(金銅冠), 금제목걸이, 금·은제 허리띠, 금 귀걸이, 금·은반지, 금동신발 등의 장신구와 금·은장환두대도(金·銀裝鐶頭大刀), 은제 경갑 등의 무구류(武具類)와 용무늬로 투조(透彫)된 금동판에 비단벌레(玉蟲)로 장식한 각종 마구류(馬具類) 등 3만2천여 점이 출토되었다. 이에 반해 북분은 금관(金冠), 금구슬, 목걸이, 금제 허리띠, 금반지, 금팔찌 등의 장신구를 비롯하여 타출(打出)잔, 유리잔 등 35,648점의 유물이 출토되었다.

사진 2-16. 천마도

천마총에서는 금관, 금제허리띠, 팔찌, 반지, 목걸이 등 장신구와 금제조익형장식(金製鳥翼形裝飾), 금

사진 2-17. 옥충금동안교

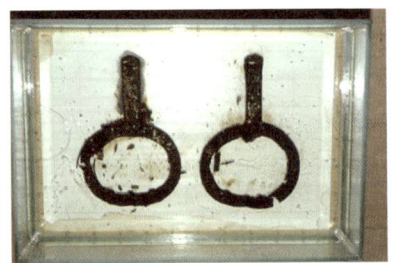

사진 2-18. 옥충금동등자

사진 2-19. 옥충(玉蟲, 비단벌레)

제접형관식(金製蝶形冠飾), 금동제 정강이가리개(脛甲) 등 11,526점이 출토
되었으며 이 외, 자작나무외피로 만들어 진 채색 천마도와 채색 칠공예제
품들도 출토되었다. 더 놀라운 사실은 황남대총에서 출토된 수천 마리의
비단벌레 날개로 화려하게 장식한 옥충금동안교(玉蟲金銅鞍橋) 등 일괄 출
토유물이다. 이 유물들은 학술적, 예술적, 기술적 가치가 매우 뛰어난 유
물들로 발굴 후, 급작스런 환경변화에서 올 수 있는 변색과 변형의 손상을
최소화 하기 위해 발굴한지 30년이 지난 현재까지도 글리세린 용액에 보
관되어 있다.

　옥충금동안교 등의 일괄유물 보존을 위해서는 하루 빨리 각 분야전문가
들로 구성된 과학적 보존처리 조사연구팀이 구성되어 재질조사와 보존처
리 방법을 연구 개발하여 학술자료와 전시유물로 활용가치를 높이는 과학
적 보존처리가 시급히 실시되어야 할 것이다.

한편, 신안해저발굴(1976~1984년)로 9년 동안 11차에 걸쳐 도자기 및 기타유물 22,007점, 동전(銅錢) 28톤, 자단목(紫檀木) 1017본, 선체편(船體片) 445편의 방대한 유물이 인양되었다. 이 중에 최대의 크기를 자랑하는 목선(木船)이 출토됨으로써 세간(世間)의 주목을 받으며 수침목재(Waterlogged Wood)의 보존처리는 급성장하게 되었다.

우리나라에서 수침(水浸)목재 보존처리는 1970년 경주 안압지 출토 목선

사진 2-20. 신안해저 출토 도자기

사진 2-21. 신안해저 유물 인양 작업

사진 2-22. 신안해저 침몰선 용골 인양

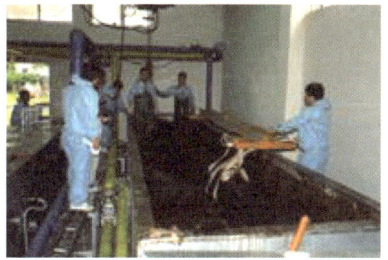

사진 2-23. 약화된 수침목재 PEG 강화처리

사진 2-24. 신안 해저선 복원

(木船)을 시작으로 1977~1984년 신안해저 침몰선, 1983년에 발굴한 완도선(11~12세기), 1995년 목포 달리도선(14세기), 2003년 군산 십이동파도선(11세기), 2005년 3월 전남 신안군 안좌면 금산리에서 출토된 안좌도선(14세기 말) 등과 부여 궁남지, 광주 신창동, 익산 미륵사지 수침목재유물들이 대표적이다.

2) 초창기 출토유물 보존처리

공주 무령왕릉 보고서 「과학적 보존을 위한 연구」에 기술된 내용에 기초하면, 무령왕의 두침(頭枕)과 그 파편은 1971년 7월 국립박물관 서관 지하실(현 덕수궁 미술관)에서 Polyvinyl acetate 5% Benzene용액과 10% Toluene 용액으로 강화하는 보존처리가 이루어졌다. 왕의 족좌(足座), 그리고 왕비의 두침(頭枕)과 족좌(足座)는 비교적 원형을 잘 유지하고 있어서 특별히 강화처리는 이루어지지 않았지만, 왕의 족좌에서 옻칠이 박리(剝離)되는 현상과 채색(彩色)되어 있는 왕비의 두침이 퇴색되는 등의 손상을 방지하기 위해 온·습도를 조절하여 환경을 일정하게 유지시켜 주는 보존방법을 채택하였다. 습도 조절은 습도 조정시약 질산나트륨(NaNO$_3$: 75~80%)을 비이커에 포화용액(飽和溶液)으로 만들어 아크릴 밀폐상자 내에서 2개월간 보존하다가 질산마그네슘(Magnesium nitrate, 60%) 포화용액으로 교체하는 방법을 사용하여 장기적 보존방법을 마련했다.(내부온도 24~25℃, 밀폐상자 외부 상대습도 60~70% 유지)

이 보존방법은 1973년에 이루어진 천마총 출토 천마도 보존처리에도 이용되었다. 천마도는 목재에 천마(天馬)를 채색한 말 다래(障泥)로 복합재질 유물이기 때문에 다른 재질의 유물보다 보존처리가 어렵고 환경변화에 매우 민감했다. 따라서 이와 유사한 유물의 보존처리 사례도 없었던 당시에 습도조정시약을 이용하여 밀폐용기 내에서 일정한 온·습도를 유지하는 것은 적절한 보존방법이었다.

다음의 표는 습도를 조정할 수 있는 시약을 나타낸 것이다.

습도 조정 시약

시 약 명	농 도	상대습도(21℃)
질산칼륨(KNO_3)	포화용액	94%
염화칼륨(KCl)	포화용액	86%
염화나트륨(NaCl)	포화용액	76%
질산나트륨($NaNO_3$)	포화용액	66%
질산마그네슘($MgNO_3$)	포화용액	53%

출토 유물 중 철산화물로 이루어진 철전 40점은 10% NaOH용액을 전해액으로 하고 양극은 오스테나이트 스테인리스강(鋼)을 사용하여, 철전을 음극으로 해서 전해환원처리를 했다. 초기 전압은 14~15V로 높여 30분간 방치하고, 반응이 일어나면 전압을 5~8V로 내린 상태에서 3~5시간 처리하여 산화피막을 제거하였다. 산화피막을 제거한 후에는 증류수로 여러 번 수세(水洗)하여 아세톤에 넣었다가 건조시켰다. 건조된 유물은 10% 크롬산 용액에 5~10분간 넣어 표면을 부동태화(不動態化)시키는데, 이것은 환원처리시의 수소취성(水素脆性)을 막아 주는 동시에 공기 중에서의 산화반응을 억제해 주는 기능을 한다.

관못 및 관고리의 처리는 먼저 관못에 부착되어 있는 썩은 나무 등과 같은 유기물질을 기계적인 방법으로 제거한 뒤, 10% 칼곤(Calgon)용액에 30분간 담궈 남아 있는 유기물을 연화(軟化)시켜 증류수로 씻어 주었다. 표면의 산화피막 제거는 위와 같은 방법으로 처리를 한 다음 10% 크롬산 용액에 5~10분간 침적시켜 부동태화(不動態化)시켰다.

출토 청동유물의 경우, 청동잔은 알칼리 로셀염(Rochelle salt) 용액에 약

10분간 침적시켰다. 이 용액은 가성소다와 로셀염, 증류수를 각각 1 : 3 : 20으로 혼합하여 제조한 것으로, L-타르타르산나트륨칼륨사수화물 ($KNaC_4H_4O_6 \cdot 4H_2O$)을 말한다. 알칼리 로셀염에 침적하여 어느 정도 피막이 제거된 유물은 10% $NaOH$ 용액을 전해액으로 한 환원처리로 피막을 완전히 제거하였다. 그리고 증류수로 수세(水洗)한 다음 아세톤에 넣었다가 꺼내어 건조시켰다. 환원처리 시간은 1시간 정도이며 전압은 약 2~6V로 적절히 조절하였다. 청동숟가락은 10% $NaOH$ 용액을 전해액으로 환원처리를 하여 푸석푸석한 악성 녹을 제거하였다. 그리고 청동잔과 마찬가지로 증류수로 수세(水洗)한 다음 아세톤에 넣었다가 꺼내어 건조시켰다.

그 외의 출토 유물 중 은제화형장식(銀製花形裝飾)의 보존처리는 먼저 유물의 표면에 고착된 나무뿌리, 흙 등의 유기물질을 기계적인 방법으로 제거하였다. 그리고 10% $NaOH$ 용액을 전해액으로 하여 약 5분간 환원처리하였는데, 환원처리로 표면이 검게 되면 5% 묽은 황산에 넣었다 꺼내어 증

사진 2-25. 전해환원방법을 이용한 녹제거의 예

류수로 수세(水洗)하고 탈지면으로 닦아준다. 단단하게 부착된 피막의 경우에는 소형나무칼을 이용하여 물리적으로 제거해 주었으며 전체적으로 피막을 제거한 다음 아세톤에 넣었다 꺼내어 건조시켰다. 건조 후에는 파손된 부분을 Epoxy계 접착제로 접합하고 파티나의 분말을 채워주었다. 유물의 강화 및 코팅제로는 내산(耐酸)·내수성(耐水性)이 좋고 피막이 투명한 Epoxy 수지를 사용하였으며 침적법으로 피복하였다. 이 과정을 자세히 살펴보면 먼저, 피복할 유물을 사전 처리하여 완전히 깨끗하게 한 다음 Epoxy 수지를 용매로 희석한 용액에 침적시켰다. 다음으로 침적한 유물을 꺼내어 건조기에 넣고 70~80℃에서 약 5시간 건조시켰는데, 이와 동일한 방법을 3회 반복하였다. 마지막으로 광택을 없애기 위해서 섬유소 도료를 입혀주는 작업으로 마무리하였다.

신안해저유물의 경우는 금속제품이 729건 출토되었는데, 1978년 1차에서 3차까지 인양한 금속유물을 한국원자력연구소(사업 책임자 : 김유선)가 문화재관리국으로부터 보존처리 용역사업을 의뢰받아 보존처리하였으며 부식진행 억제를 위해 약 1년간 비활성 가스인 Helium gas(비닐밀봉)로 응급보관하였다. 2차 보존처리는 1979년 비활성 가스인 Helium gas로 응급보관 중에 있던 금속유물을 문화재관리국이 홍익공업전문대학부설 산업기술연구소에 의뢰하여 이루어졌다.

보존처리 방법은 염분, 유기물, 해토(海土) 등을 용해하여 제거하고 연화(軟化)시키기 위해 40~60℃의 물에 보통은 2~3일, 긴 것은 10일간 침적하였다. 이와 병행하여 청동유물은 Benzotriazole, 철제유물은 dicyclohexyle ammonium nitrate, 주석제품은 mercaptobenzotriazol을 각각 1ℓ 당 10g씩 첨가하여 사용하였다. 일반적으로 은제품은 증류수만을 사용하여 Cleaning하였고, 청동제품과 은제품 가운데 금속심이 남아있는 경우에는 전해환원처리법(電解還元處理法)으로 고착된 이물질을 제거하였다. 철제품은 25,000

rpm의 회전 에어드릴에 금강석(金鋼石)을 부착시켜 이물질을 연마(研磨)하여 제거하였다. 유물의 강화처리는 폴리에스테르수지와 밀랍을 사용하였고, 접합은 Cyanoacrylate 접착제를 사용하였다.

앞에서 기술한 바와 같이, 금속유물에 대한 우리나라의 초창기 보존처리는 일반적으로 표면에 생성된 부식생성물을 제거하기 위해 강력한 전해환원(電解還元)방법을 이용하였으며, 표면코팅 강화제로 비가역적(非可逆的) 재료인 Epoxy계 수지를 사용하였다. 유럽에서도 초창기에는 전해환원방법을 사용하였다. 그러나 이 방법을 사용하여 금속의 녹을 제거하는 것은 유물의 형태가 손상될 우려가 매우 크다. 왜냐하면 출토된 고고 금속유물은 대개 금속 산화물인 녹으로 형성되어 있어 녹 자체가 유물의 형태를 유지하고 있기 때문이다. 또 전해환원방법의 사용은 역사적으로 귀중한 자료가 되는 명문이나 금・은상감문양(金銀象嵌紋樣)을 잃어버릴 수 있는 큰 위험성을 가지고 있으며, 은제유물에 적용할 경우 염화은(鹽化銀)이라고 하는 부식물이 제거되어 은제합(銀製盒)과 같은 얇은 그릇은 표면에 요철이 생기거나 구멍이 뚫리게 된다. 또한 청동유물의 경우에는 소지 금속을 보호하기 때문에 보존해야 할 필요가 있는 치밀한 청동녹(Patina)마저 모두 벗겨낼 뿐만 아니라 청동녹을 제거함으로써 고격(古格)의 미(美)를 잃어버리는 상태가 된다. 따라서 청동유물의 보존에 대한 기본 개념은 특히 형태 보존과 색상 보존에 비중을 두어야 한다.

현재 유물의 접합・복원과 강화처리에는 다양한 합성수지가 사용되고 있기 때문에 보존처리에 사용되는 재료의 선택은 매우 신중하게 이루어져야 하는 중요한 문제이다. 기본적으로 합성수지의 선택은 가역성(可逆性)이 좋은 재료를 선택하여 사용하는 것을 원칙으로 한다. 그리고 재료라는 것은 언제나 새롭게 개발될 수 있는 무한한 가능성을 가지기 때문에 현재 사용하고 있는 재료는 최고의 재료가 아니라 최선의 재료라고 생각하는 자세를 지니도록 한다.

3. 중국 문화재 보존과학의 역사

1) 보존과학의 시작

　중국의 문화재 수리에 관한 전통적 기술은 19세기경에 이미 성숙한 단계에 도달하여 어느 정도의 규모를 이루고 있었다. 춘추시대(春秋時代)부터 복제품(Replica)을 만들기 시작한 것이 청동기의 수리기술로 탄생하게 되었고, 이 기술은 북송시대(北宋時代)에 들어와 절정기를 맞이하였다. 19세기 말에 이르러서는 청동기 수리 공방(靑銅器 修理 工房)이 지방별로 특징을 나타내면서 北京(북경 Beijing)派, 蘇州(소주 Suzhou)派, 洛陽(낙양 Luoyang)派, 濰坊(유방 Weifang)派 그리고 西安(서안 Xian)派 등을 형성하게 되었다.

　근세(近世)에 들어 와서 북방지역은 北京(북경)派, 남방지역은 蘇州(소주)派, 揚州(양주)派, 上海(상해)派 등으로 나누어졌다. 특히 청조(淸朝) 末에는 내무부(內務府)에서 궁정(宮廷)의 진상품(珍藏品)을 수리하던 전문가 우씨(于氏 Yu)가 자금성(紫禁城)에서 나와 北京에 최초로 민간수리공방(民間修理工房)인 『만룡합고동국(万龍合古銅局)』을 개설하여 청동기(靑銅器), 금은기(金銀器), 도자기(陶磁器), 옥석기(玉石器) 등을 수리하면서 기술자를 양성하였다. 이 공방이 북경파(北京派)의 대표적 공방으로 인정받고 있으며, 지금도 중국의 문화재수복(文化財修復)에 상당한 영향력을 가지고 있다.

　회화 등의 수복(修復)에 대해서는 전국시대(戰國時代)에 출토품인 견회(絹繪)를 통해 장황기술(裝潢技術)이 이미 전국시대(戰國時代)에 발생되었다고 보고 있다.

2) 문화재 보존의 발아(發芽) 시기(20세기 초반)

20세기 초반 중국의 중요한 고고학적 발굴 성과 및 문화재 보존을 위한 움직임을 살펴보면 아래와 같다.

1921년 조우커디엔 북경인 유적발굴(周口店 北京人 遺跡發掘)

1928년 허난성 안양 인쉬발굴(河南省 安陽 殷墟發掘)

1930년 「중국영조학사(中國營造學社)」설립

1930년 국민정부(民國政府)《고물보존법(古物保存法)》발포(發布)

특히 1930년은 근대 과학적인 방법으로 연구하는 단체「中國營造學社」가 설립됨으로 인해 고건축(古建築)이 보존과학의 중심 역할을 담당하게 되었고 여기에서 중국의 근대적 보존수복 이념과 방법이 발생하였다.

3) 현대 과학기술의 도입(1950-1965년)

〈万龍合古銅局 系譜〉

于氏　万龍合古銅局

張 泰 銀

王 德 山

王長靑　王榮達　賈玉波

趙振茂　高英　王存計

賈氏家族

文超　文熙　文珊　文忠　文進

　1950년대 이후에는 중국의 전통문화수복사(傳統文化修復師)들은 각 지역 박물관 또는 문화재기구(文化財機構)로 편입되면서 각 유파(流波)간의 기술 교류가 가능하게 되었다. 이들이야말로 전통수복기술의 계승자이자 중국 문화재보존기술의 개척자라고 할 수 있다. 1952년에 설립된 중국 초기의 문화재 보존수복 기구인 북경역사박물관(北京歷史博物館: 現 國家博物館) 문물수복실(文物修復室)과 고궁박물원(故宮博物院) 문물수복실(文物修復室)의 인원은 주로 전통수복사(傳統修復師)로 구성되었다.

　1950년대부터는 대규모 건설공사로 인해 고고유적의 발굴조사가 이루어 지면서 수많은 유물들이 출토되었고, 이들 유물에 대한 보존수복이 사회 적인 중요한 과제로 인식되면서 전통적인 수복(修復)방법 이외에도 근대적 인 과학적 수복방법의 필요성이 대두되었다.

　이러한 흐름 속에서 1950년대부터 1966년 문화대혁명이 시작하기 전까 지 중국에서는 건설공사와 동시에 고고발굴이 이루어져 대량의 출토유물 이 발굴되었으며 이를 보호하기 위한 과학적 수복의 수요가 급증하기 시 작했다. 이에 따라 현대 과학을 활용하여 발굴유물을 보존하고자 하는 제 안들이 나오게 되었고 아울러 기존의 전통적 공예보존기술과 과학적 보존 의 융합도 이루어지게 되었다. 이 시기에 선진 東유럽의 문화재 보존기술 이 중국에 소개되기도 했다(1956년 폴란드로 보존관련 유학생 파견).

　1956년 중국에서 처음으로 전문 문물보호과학기구인 문화부 고대건축 수 리소(文化部 古代建築 修理所)가 설립되었고 1959년에는 화학실험실도 설치 되었다. 1960년 초에는 중국역사박물관(中國歷史博物館), 구궁박물관(故宮 博物館), 상하이박물관(上海博物館), 깐수성박물관(甘肅省博物館) 등에 문화 재보호실험실이 설치되었다.

4) 문화재 보존의 특수시기(1966-1977년)

1966년부터 1976년까지는 문화대혁명이라는 특수 비상시기로 모든 문화활동이 기본적으로 정지되었다. 그러나 1972년에 후난성(湖南省) 창사(長沙)에서 마왕퇴(馬王堆)라는 한(漢)나라 고분(古墳)의 발견으로 인해 특수 비상시기로 전국 각지에 정체하고 있던 문물의 고고 발굴 작업이 다시 시작되었다. 아울러 출토유물 보존의 특수성을 감안하여 전국 각지에서 보존팀을 재구성하여 전면적으로 출토 유물의 보존처리작업이 이루어지게 되었다.

이러한 보존처리작업 중 특히 유골, 실크제품 및 물에 잠긴 옻칠 목제품의 보존처리분야는 현재도 상당히 높은 수준의 기술로 평가를 받고 있다. 마왕퇴(馬王堆) 출토 문화재의 보존은 지금까지도 계속 진행되고 있다.

1973년 9월 프랑스 전 대통령 퐁피두(POMPIDOU)가 윈강석굴(雲崗石窟)을 방문할 때 조은라이(周恩來) 주석(主席)도 동행하였는데 이때 윈강석굴(雲崗石窟)의 현상을 보고 시급히 수리할 것을 지시하였다. 이 일로 인해 일부 연구자들은 농사일을 하다가 문화재보존으로 다시 돌아오게 되었다.

5) 문화재 보존의 발전 시기(1978-20세기)

1978년 이후 중국은 급속하게 경제가 발전하는 시기로 들어간다. 이에 정체되었던 문화재 보존복원작업이 다시 중요시되는 분위기로 돌아가기 시작했다. 문화혁명으로부터 국가해방(國家解放)은 문화재 보호측면에서 국제협력의 증가로 이어져 문화재 보존을 위한 전문연구와 기술, 인력도 크게 증가하였다. 이러한 움직임을 통해 둔황(敦煌), 샨시(山西), 샨시(陝西), 난징(南京) 등지에서 문화재 과학적 보수사업의 연구가 진행되었다. 또한 문화재 보호를 위해 전국 또는 지방에 전문협회가 결성되어 지역적 특성에 맞는 세미나도 개최되었다. 또한 각지에서 문화재의 건축보수보호(建築

補修保護), 청동유물수복(靑銅遺物修復), 도자기수복(陶磁器修復), 서화표장(書畫表裝), 금속문화재의 과학적 조사등 문화재 재질의 특성과 외부 환경으로부터 오는 문화재 파손원인의 연구가 진행됨으로 인해 중국 문화재 보존의 과학화는 진일보(進一步)하게 되었다.

1986년 4월에 유네스코는 중국문물보호기술협회(中國文物保護技術協會)에 위탁하여 둔황(敦煌)과 시안(西安)이 중심이 된 「아시아地域文化財保存討論會」를 개최하였으며 태국, 북한, 미얀마, 네팔, 파키스탄, 일본, 중국 등이 참가하였다.

6) 문화재 보호(보존)의 신 시대(21세기 –)

21세기 들어 중국 문화재 보존기술은 더욱 전면적으로 발전 도약하는 시기에 들어서게 되었다. 국가가 문화재 보존에 투입하는 예산이 증가함에 따라 국가, 성(省), 시(市)의 일급 문화재보존 기구에는 첨단 분석 장비와 보존처리를 위한 설비가 마련되었다. 그리고 새로운 보존 재료와 고유의 공예품 보존개발을 위해 전통적인 수리 기술이 중요시되어 이를 현대 과학기술과 융합시켜 실제 문화재 보존사업에 응용하게 되었다.

한편 중국은 문화재 보호기술의 발전을 위해 해외와 폭 넓은 교류를 하면서 기술적인 면만이 아니라 보존의 이념(理念)과 철학(哲學)도 함께 중요시하게 되었다.

7) 문화재 보호(보존)을 위한 법률 · 규범 및 표준 개선

1982년 11월 19일 전국인민대표회 상무위원회에서 「중화인민공화국문물보호법(中華人民共和國文物保護法)」이 통과하여 문물보호를 위한 법제화가 이루어지게 되었다. 1992년에는 「중화인민공화국문물보호법실시세칙(中華人民共和國文物保護法實施細則)」이 공포되었고, 그 후 문물보호의 구체적인 문제에 대해 국가문물국(國家文物局)이 「문물보호과학기술관리방법(文物保護科學技術管理方法)」과 「문물보호과학기술성과응용용안내(文物保護科學技術成果應用案內)」 등을 정하여 중국 문화재보호기술의 발전에 기본적 법적 보장을 제공해 주었다.

최근에 국가문물국의 조직산하 기구인 국제고적유적이사회(國際古跡遺跡理事會: ICOMOS) 중국위원회(中國委員會)에서 제정한 「중국문물고적보호준칙(中國文物古跡保護準則)」을 통해 중국의 문화보존기술의 과학화와 규범화되어 한 단계 높은 수준으로 궤도에 오른 것을 알 수 있다.

2006년 11월7일 국가문물국(國家文物局)에서 공포한 「문물유산보호과학(文物遺産保護科學)과 기술발전(技術發展) 11개(個) 5개년 계획 2006~2010년」은 중국의 문화재 보존기술 발전을 기본목표로 정하고 있다. 계획 중의 문화유산에는 「문화유산은 이동 가능 문물(동산 문화재)과 이동 불가능한 문물(부동산 문화재), 그리고 눈에 보이지 않는 문물(무형문화재)을 포함 한다」고 정하고 있다. 문화유산의 보존은 문화유산의 역사, 예술적 가치에 대한 조사 · 평가 · 인정, 연구 · 전시를 포함한 문화유산 자체의 보존, 보전과 수복 또는 문화유산과 관련환경의 제어와 정비에 대한 것도 포함되어 있다.

문화유산의 보존과학과 예술은 인문사회과학, 자연과학 과정과 기술과학 등 소위 문화유산에 대한 과학과 기술이 포함되고 있다. 이 계획은 중국문물보호계가 문화재보존에 대한 확고한 인식을 가지고 있다는 것을 보여주고 있다. 계획 중에는 구체적으로 발전목표를 제시하여, 2100년까지 전면적으로 문화유산보존의 과학기술을 새로운 수준으로 상승시켜 전체적으로 중국의 혁신능력을 높이고 이를 바탕으로 모든 분야에서 혁신형 보존사업의 발전을 목표로 하고 있다.

문화재보존과 수복의 특수성이라는 점에선 이에 대한 표준과 규범을 정하는 것이 중요한 일이다. 이에 중국에서는 전국문물보호표준화위원회(National Technical 289 on Cultural Heritage of China)를 설립하였고 또한 중국문화유산연구원(전 중국문물연구소)에 표준화위원회 비서처를 둠으로써 여러 방면의 힘을 모아 문화재 보존의 표준을 설정하였다. 그 중에 이동 불가능한 문화재(부동산), 이동 가능한 문화재(동산)의 조사와 고고 발굴, 박물관, 문화재 보호, 박물관의 정보화 영역 등에 있어 표준화 작업 및 수정을 수행하고 있다. 이를 통해 관련 명칭, 부호, 용어 및 분류 등의 기초표준을 중점사업으로 하여 업무관리의 규범과 품질의 컨트롤 그리고 문화유산보호수복 파일기록 등의 업무를 추진함과 동시에 문화재 보존을 위한 실험방법, Hi-Tech, 신제품 및 전통 보호공예와 품질공정 등의 기술에 대한 표준도 마련하고 있다. 현재 이러한 과정에서 만들어진 일부 표준이 시험적으로 사용되고 있다.

8) 문화재 보존을 위한 인재육성

현재 중국은 문화재보존수복에 대한 전문기술인원이 상당히 부족한 실정에 있다. 국가문물국은 교육연수원(培訓處)을 설립해 전국의 문물관리 및 기술인원 교육 등과 같은 전문가 양성 연수교육을 실시하고 있다. 2001년부터 국가문물국은 매년 베이징대학(北京大學, 北京), 난카이대학(南開大學, 南京), 푸단대학(復旦大學, 上海), 시베이대학(西北大學, 西安) 등에서 정기적으로 서로 다른 유형의 교육과정으로 문화재보존관리 및 기술교육을 개최하여 전국 각지의 보존담당자를 교육시키고 있다. 그리고 중국문화유산연구원에 설립된 문물보존교육센터에서는 국가문물국의 교육계획을 담당함과 동시에 이탈리아정부와 공동으로 문화재보존연수센터를 창립하였다. 2002년 2월에 중국과 이탈리아 양국 정부는 중(中)·이(伊)합작「중국문물연구소수복연수센터의 지지와 강화에 대하여」라는 프로젝트를 위해 146만

유로의 연구기금을 제공하였다. 중국문물연구소는 중국 측의 프로젝트 실행 담당기관이 되었고 국가문물국은 이를 위해 740만위엔의 자금을 제공했다. 2004년 2월~12월 기간에는 전국 23성(省), 자치구(自治區), 직할시(直轄市)에서 67명의 학생들이 10개월간의 교육과정을 이수하였다. 강사진은 28명의 이탈리아 전문가와 18명의 중국 국내 전문 학자들로 구성되어 도자기, 금속, 석조, 고건축 및 고고발굴현장의 보존 등의 분야와 현대적 문화재보존과 수복이론 그리고 보존이념에 대한 최신 교육을 실시하고 있다.

　　　* 이 내용은 杜 曉帆(중국 북경 유네스코)으로부터 받은 자료를 인용했다.

4. 일본 문화재 보존과학의 역사

　일본에 있는 동산문화재 중에 유명한 유물은 대부분 전세품이다. 이러한 6~7세기의 유물들이 현재까지 당시의 상태로 잘 보존되어 전해져 온 것은 세계에서도 드문 예라 할 수 있다. 유럽의 그리스나 로마 또는 중국의 경우, 일본과는 달리 당시의 상태로 잘 보존되고 있는 유물들은 거의가 출토품들이며 이외에도 17~18세기에 발굴한 유물들이 현재 미술관이나 박물관에 보존되어 있다.

　이 유물들이 전해져 오기까지는 많은 사람의 노력이 있었다. 이러한 노력 중에서도 일본 기후에 맞도록 보존환경을 적절하게 잘 이용한 것이 중요했다. 예를 들어 요즘에는 거의 사용하지 않지만 예전에 일반 가정에서 흔히 하던 방법인 포쇄(曝曬)작업, 즉 곰팡이 · 좀을 막기 위해 옷이나 책 등에 신선한 바람을 이용해 통풍작업을 했다. 소중한 유물들이 이러한 일반적 노력과 함께 오늘날까지 좋은 상태로 전해 오게 된 것은 수리가 지속적으로 이루어졌기 때문이다. 그런데 너무나 소중한 유물 중에 수리에 대한 기록이 보이지 않는 것이 있다. 대표적인 예로 동대사 대불(東大寺 大佛)은 9세기경에 목이 떨어 져 있던 것이 에도시대(江戸時代)에 와서 몇몇 전문가들의 힘으로 훌륭하게 수리된 것으로 유명하나 그 수리에 대한 정확한 기록이 남아있지 않다.

이와 같이 소중하게 전해져 오던 일본의 문화재는 1868년(明治元年)에 폐불훼석(廢佛毀釋)으로 위기를 맞게 된다. 이른바 「신불분리령(神佛分離令)」이 발령되어 전국 각지의 신사(神社)와 사찰(寺刹)이 파괴되고 그 안에 보관되어온 문화재가 유출되기 시작했다. 잘 알려진 것처럼 카마쿠라 대불(鎌倉大佛)도 미국으로 팔려 나갈 뻔한 위기도 있었다. 또 흥복사(興福寺)의 오중탑(五重塔)은 쓸모없는 물건으로 간주되어 여기에 사용된 동 못(銅釘)을 채집하기 위해 이를 해체하기도 하였다. 심지어 동 못을 채집하기 위해 탑을 불태우기로 하였으나 주변 민가의 반대로 중지되었다. 이와 같이 일본은 메이지유신(明治維新) 사조인 문물개화(文明開化)라는 물결의 흐름 속에 사회적으로 구물파괴주의(舊物破壞主義)적 생각이 만연하게 되어 많은 문화재를 훼손하는 심각한 상황에 이르게 된다.

귀중한 문화재들이 파괴되어 가는 현실을 극복하고자 1871년(明治4年)에 「古器·舊物保存의 届出」라는 태정관(太政官)의 포고 발령이 있었다. 이를 통해 집고관(集古館) 또는 징고관(徵古館)이라고 하는 박물관을 짓기 위해 전국에 있는 문물실태 조사가 이루어졌다. 안타까운 일이지만 그 기본 자료는 현재 거의 남아 있지 않다. 그러나 불과 얼마 남지 않은 일부 자료에서 당시 문화재를 현재와 비슷하게 31종류로 분류하였음을 알 수 있으며, 그 내용을 통해 보존을 위해 수리가 필요하다면 이를 위해 적극적으로 조사를 해야 한다는 자세를 엿볼 수 있다. 또한 메이지시대(明

治時期) 초기에 민속 문화재까지 보존대상으로 정했다는 점도 주목된다. 실제 일본에서 민속 문화재가 법률로 보호를 받게 되는 것은 2차 세계대전 이후이다. 당시 「신불분리령(神佛分離令)」으로 전국의 사원(寺院)이 황폐해 가는 과정에서 이와 같은 노력을 한 점은 중요한 일이라 할 것이다.

그리고 1880년(明治13年)에는 전국 39도(都), 도(道), 부(府), 현(縣)의 538개소의 신사(神社) 및 사원(寺院)에 대해 수리비로 당시 금액 121,000円이 고사사보존금(古社寺保存金)으로 교부되었다. 이 교부금에서 나오는 이자를 가지고 사원(寺院)의 지붕, 본당을 수리하기 위한 취지였다. 이 교부금은 현재의 문화재수리 보조금제도와 전혀 다르며 자금운영은 이자를 가지고 사용했다. 그러나 이와 같은 문화재 보존의 활동은 유형문화재 중 건조물을 제외하고 동산문화재인 미술공예품 수리에 보조금이 얼마나 지급되었는가에 대해서는 알 수 없다.

1884년(明治17年) 오카쿠라 텐신(岡倉天心), 페노로사(E. Fenollosa 미국인), 쿠키류이치(九鬼隆一) 등은 고미술품에 대해 정밀조사를 하기 시작하였다. 같은 해, 그 누구도 참관 할 수 없었던 법륭사 몽전 구세관음상(法隆寺 夢殿 救世觀音像)을 처음으로 쌓여있는 포대를 풀어 조사하였다. 이 불상은 예로부터 비불(秘佛)로 되어 있어 아무도 본 사람이 없었다. 그런데 고미술품의 조사를 위하여 오카쿠라 덴신, 페노로사 등이 입회하는 가운데 포대를 벗겨 냈다. 뿐만 아니라 당시 관보(官報) 「美術取調べに關する報告適用」의 내용에 의하면 전국적으로 17,000건을 조사한 것으로 하였고 조사결과에 따라 수리대상을 분류할 필요가 있다고 되어 있다. 당시 구체적으로 수리에 대한 조사가 어떻게 이루어 졌는지 알 수 없지만, 1884년에 시작한 미술품조사가 1888년 궁내청에 임시전국보물취조국(宮內廳 臨時全國寶物取調局)의 설치로 이어지고 이후 10년간에 걸쳐 문화재 조사를 촉진하는 요인이 되었다.

임시전국보물취조국(臨時全國寶物取調局)은 주로 미술공예품(서적, 전적, 고문서, 불상, 회화, 조각 등)을 대상으로 조사를 실시하였다. 10년간 215,091건의 미술품을 조사하여 8단계로 분류하였고 이 중 최상급 147건은 오늘 날 국보에 해당하는 수준급 유물들이다. 2번째 323건 중에 잘 알려진 법륭사 백제관음상이 이 범주에 해당된다. 제8단계 20,094건에 대해서는 단순히 조사를 마쳤다고만 되어 있다.

근대초기 문화재 보존의 활동 속에 현재 문화재 보존법에 영향을 준 것은 1897년「고사사보존법(古社寺保存法)」의 제정이다. 신사(神社)와 사찰(寺刹)이 황폐해 가고 있던 중인 1894~1895년(明治27~28年)에 일본은 청일전쟁(淸日戰爭)을 경험하게 된다. 이 청일전쟁은 사회적으로 여러 분야에 영향을 주었고, 이러한 와중에 일본인의 고양의식과 더불어 자신들의 문화재를 재검토해 보존하려는 움직임이 일어난다. 이「고사사보존법(古社寺保存法)」제정은 후일 일본의「문화재보호법(文化財保護法)」으로 계승 발전하게 된다.

이와 같이 약 102년 전「고사사보존법(古社寺保存法)」의 제정으로 이토우 추타(伊東忠太), 세키노 타다시(關野貞), 쯔카모토(塚本) 등 건축 관계자들이 활약을 하게되었고 페노로사는 직접적으로 관여를 하지 않았다.

이「고사사보존법(古社寺保存法)」의 특징은 수리를 제1조로 채택하고 있다는 점이다. 통상적으로 법률 1조는 목적 · 취지를 게재하는 것이 원칙이나「고사사보존법(古社寺保存法)法」제1조에는 문화재를 유지하기 위해 특히 수리부분을 강조하였고, 수리를 위해서 보존금(保存金)을 출원하도록 허가하고 있다. 이 때문인지는 알수 없지만 1899年(明治32年) 12월 22일에 국보 152건이 지정되어 처음으로 수리하였음을 알 수 있으나 기록에는「수리 실시(修理 實施)」라고만 적혀 있을 뿐이다. 그러나 중궁사(中宮寺)의「천수국수첩(天壽國繡帳)」등에는 대규모 수리기록이 남아있다. 여기서는 기술적인 면뿐만 아니라 자금 면에서도 80%가 보조금으로 수리하였다는 점에 주목할 가치가 있다. 이러한 수리가 현재 수리기술의 바탕이 된 부분이 상당히 있으며, 이때 실시한 수리가 현재의 보존처리 기술 중 전통기술로서 상당한 부분을 차지하고 있다.

근년 문화재의 지정형태와 보존방법이 다양화 되었다. 그 한 예가 한 점으로 지정하지 않고 일괄로 지정하는 경우가 많다는 점이다. 예를 들어 1건의 지정 유물이 1,000점 정도 문화재를 포함하고 있는 것이 있어 1건의 수리를 했다고 해도 실제는 1,000점을 수리한 사례가 불상이나 고문서에 상당수 있다. 오래된 예로 교토 묘법원(京都 妙法院) 삼십삼간당(三十三間堂)의 목조천수관음입상(木造千手觀音立像)은 전체 1,001구로, 이 불상들은 1936부터 1956년(昭和11年~31年)까지 약 20년간 걸쳐 모두를 수리하였다. 1944년, 1945년, 1946년은 태평양 전쟁 중인데도 불구하고 수리는 계속되었다. 예를 들면 1944년은 50구, 패전년도인 1945년에는 20구, 전후의 혼란기인 1946년에도 15구의 천수관음상(千手觀音像)을 수리하였다. 한편 이 어려운 시기에 오로지 문화재 수리에만 열정을 바친 사람이 있었으며, 그들은 열정뿐만 아니고 후세에 전해주기 위해 사명을 다해 문화재를 수리를 하였다. 참고로 물자(物資), 옻칠, 목공 등 수리에 종사한 사람들이 총 74,135명이고 사무를 보는 사람 10,479명이다. 이와 같이 戰前·戰後의 가혹한 환경 속에서 수리는 계속되었고 이것이 오늘날 일본 문화재 보존의 근간이 되었다.

유럽에서는 역사적 유산 또는 환경을 공공의 대상으로 국가적 차원에서 보호는 19세기 중엽부터 각국의 문화재에 대한 체재와 법률이 정비된다. 한편 일본정부는 1871년 태정관 포고(太政官 布告)로 동산문화재의 보존이 개시되었고 1897년에는 동산·부동산 문화재 보존을 위해 최초의 법률인 고사사보존법(古社寺保存法)이 제정되었다. 이 법이 계승 발전되어 1950년에 현재의 문화재보호법으로 제정 공포되었다.

〈三輪 嘉六, "文化財とその保存修復" 중에서 〉

일본은 작은 정부운영의 일환으로 2001년 동경국립문화재연구소와 나라국립문화재연구소를 통합해 하나의 독립행정법인 문화재연구소로 기구를 개편하였다. 따라서 동경국립문화재연구소와 나라국립문화재연구소는 독립행정법인 문화재연구소 동경문화재연구소, 독립행정법인 문화재연구소나라문화재연구소로 기관명을 변경하였다. 교육기관으로는 1964년 동경예술대학의 교육과정을 시작으로 여러 대학에서 실시되고 있으며, 현재 약 20여개의 교육코스가 있다. 다음은 대표적인 보존과학실을 설치·운영한 보존과학 연구기관과 문화재 보존 코스가 개설된 교육기관을 나타낸 표이다.

일본의 보존과학 연구기관

연 구 기 관 명	설립연도
東京國立博物館 保存修復課 保存技術研究室 (東京國立文化財研究所 保存科學部 前身)	1947년
東京國立文化財研究所 保存科學部	1952년
奈良國立文化財研究所 保存科學實驗室	1969년
東京國立文化財研究所 修復技術部	1973년
國立民族學博物館	1974년
國立歷史民俗博物館 情報資料研究部	1981년
獨立行政法人 文化財研究所	2001년
東京文化財研究所, 奈良文化財研究所	–
獨立行政法人 國立文化財機構 東京文化財研究所, 奈良文化財研究所	2007년

일본의 보존과학 교육기관(대학 및 대학원)

교 육 기 관 명 (대 학 및 대 학 원)	설립연도
東京藝術大學大學院 미술연구과 보존수복기술 강좌 (1966년 보존과학 강좌) (1995년 문화재보존학 전공)	1964년

교 육 기 관 명 (대 학 및 대 학 원)	설립연도
奈良大學 문학부 문화재학과 (2005년 통신교육부 문화재역사학과)	1979년
東京學藝大學 교육학부 정보환경과학과정 문화재학 전공 (2000년 환경교육과정 문화재과학 전공)	1988년
綜合硏究大學大學院 문화과학연구과	1989년
京都造形藝術大學 예술학부 예술학과 문화재과학 코스 (2000년 역사유산학과 문화재과학·보존수복 코스) (2002년 통신교육부 역사유산 코스)	1991년
東北藝術工科大學 예술학부 예술학과 문화재보존과학 코스 (2001년 미술사·문화재보존수복학과·역사유산학과)	1992년
昭和女子大學 문학부 일본문화사학과 (1993년 생활기구연구과 생활문화 전공)	1992년
京都大學大學院 인간환경학연구과, 문화지역환경학 전공 환경보전발전론 강좌	1994년
長岡造形大學 조형학부 환경디자인학과 문화재보존 코스	1994년
奈良教育大學 교육학부 종합교육과정 문화재 코스, 고문화재 과학 전수	1995년
別府大學 문학부 문화재학과	1997년
德島文理大學 문학부 문화재학과	1998년
鶴見大學 문학부 문화재학과	1998년
大谷女子大學 문학부 문화재학과	2000년
金沢學院大學 미술문화학부 문화재학과	2000년
京都市立藝術大學 대학원 보존수복 전공	2000년
立正大學(불교학부) 불교문화재 수복연구실·실습실	2000년
愛知県立藝術大學 미술학부 미술과 예술학 전공(문화재학)	2001년
大正大學 문학부 역사문화학과 문화재 코스	2003년
筑波大學大學院 예술연구과 세계유산 전공	2004년

교 육 기 관 명 (대 학 및 대 학 원)	설립연도
同志社大學 문화정보학부 문화정보학과	2005년
國士館大學 21세기 아시아학부	2002년
國士館大學大學院 글로벌 아시아연구과	2006년)

5. 문화재 보존 관련 단체

1) 국제 문화재 보존 관련 단체[6]

(1) 국제연합교육과학문화기구 (UNESCO, United Nations Educational Scientific and Cultural Organization)

UNESCO는 교육, 과학, 문화를 주요 활동으로 하는 UN산하기관으로, 1945년 11월 16일 런던에서 영국과 프랑스의 공동주체로 열린 유네스코 창립 준비위원회의 44개국 정부대표에 의해 UNESCO헌장이 채택되었고, 1946년 11월 4일 20개국이 헌장 비준서를 영국정부에 기탁함으로써 UNESCO가 발족하였다.

UNESCO의 주요 임무로는 문화유적의 보존 및 복원 지원, 세계 각국의 독자성 있는 전통문화 보존 지원, 세계 각국의 문학 및 사상에 관한 문헌의 번역·소개 등이 있다. 기구로는 총회, 집행위원회 및 사무국이 있는데 총회에서 선출한 집행위원은 58명으로 임기는 4년이다. 사무국 사무총장은 임기가 6년이며 집행위원회의 집결사항을 집행한다. 사무국은 파리에

---

6) 文化財科學の事典, 2003, 『文化財に關する機關·團體』에서 일부 인용.

있고 회원국은 188개국이며 6개의 준 회원국이 있다. 우리나라는 1950년
에 가입하였다.

UNESCO의 주요 임무 가운데 문화유산 보존사업의 주요업적을 살펴보
면 아스완 하이댐 건설로 수몰 위기에 몰렸던 이집트 누비아(Nubia) 유적
의 구제사업, 인도네시아 보로부두르(Borobudur 1972~1983), 파키스탄의
모헨조-다로(Mohenjo-Daro 1974~1983) 유적의 보존사업이 있다.

(2) 국제문화재보존 및 복원 연구센터 (ICCROM, The International Centre for the Study of the Preservation and Restoration of Cultural Property)

1956년 UNESCO에 의해 창설되어 1959년에 이태리 로마에서 시작한 정
부간조직기구(IGO)로 로마에 본부를 두고 있으며, 일명 Rome Centre라고
부르기도 한다. 또 세계 문화재보존을 위해 전문가를 양성하는 교육기관
으로 자료나 정보를 수집해 제공하기도 한다. 교육의 공용어는 영어와 프
랑스어 이다. 창설 가맹국은 오스트리아, 벨기에, 네덜란드, 스페인 등 17
개국이며, 그 후 이탈리아 1960년, 프랑스 · 독일 1964년, 일본 · 영국 1967
년, 미국 1971년, 캐나다 1978년, 한국은 1968년에 가입을 했다.

(3) 국제박물관협의회 (ICOM, The International Council of Museums)

1946년 11월 파리 루브르 미술관 G. Salles 등 약 30명의 제안으로 설립
하였다. 유네스코에서 보조금을 받으며 본부는 프랑스 파리 유네스코 사
무국 내에 있고 2002년 기준 회원국은 140국으로 국제비정부조직(NGO)이
다.

주요업무는 박물관 상호 간의 학술 및 기술관계 직원 교환, 전문가의 세

미나 개최, 국제회의 · 조사단 · 사절단의 조직, 박물관 자료의 국제교환 등을 하고 있다. 1951년 이후로 3년마다 1회씩 총회를 개최하는데 아시아에서 처음 갖는 박물관 올림픽대회로 2004년 10월에 한국 서울에서 개최하였다.

(4) 국제기념물유적회의 (ICOMOS, International Council on Monuments and Sites)

세계 문화유산을 보존하기 위해 유네스코 자문기관으로 국제비정부조직(NGO)이다. 1946년 이탈리아 베네치아에서 기념물 유적 복구와 보호를 위한 선언 후 1965년에 창설되었다.

ICOMOS의 조직은 총회, 집행위원회, 자문위원회, 각국 국내위원회, 국제 자문분과위원회, 사무국으로 이루어져 있고 본부는 프랑스 파리에 있다. 2001년 말 현재 110개국이 가입하고 있으며, 1999년에 ICOMOS 한국위원회가 발족하였다. 3년마다 총회를 열어 세계 여러 나라의 친화적 환경을 관리하고 유적과 기념물을 복구 보존하여 국제적 표준안을 만들어 공표하기도 한다. 그리고 유네스코의 의뢰를 받아 세계유산을 신청한 국가에 전문가를 파견하여 타당성을 조사한 내용을 가지고 유네스코 세계유산 총회에서 세계문화유산을 최종 결정한다.

(5) 국제문화재보존학회 (IIC, The International Institute for Conservation of Historic and Artistic Works)

IIC학회는 문화재보존 수리를 위해 만들어진 국제학회로 각국의 정부 및 정치와 관계가 없는 학회로 영국의 limited company이다. 1950년 런던에서 시작하였으며, 처음에는 The International Institute for Conservation of Museum Objects로 불리었다. 설립 발기인은 영국, 미국 박물관 · 미술관에 소속한 문화재보존연구 관계자들이다.

1952년에 창간한 학회지 Studies in Conservation이 년 4회, Bulletin은 년 6회로 회보, 회원의 소식, 국제회의 안내, 보존전문가 채용정보 등의 내용이 수록되어 있으며, Art and Archaeology Technical Abstracts(AATA)은 미국 Getty 보존연구소와 공동 발행하는 Abstracts, 그리고 IIC국제회의 발표 내용 Preprint 등의 내용을 담고있다.

IIC 국제회의는 2년마다 테마를 정해 개최하고 있는데, 회원은 2002년 까지 75개국, 개인회원 약 2,400명이며, 기관회원은 470기관이다. 개인회원은 Associate, Fellow, Honorary Fellow 3종류로 나뉘어지는데, Associate는 문화재보존분야에 관심이 있는 모두가 해당되며, Fellow는 문화재보존의 연구, 교육, 행정에 경험이 많은 Associate 중에 Fellow의 신임투표로 결정한다. Honorary Fellow는 문화재보존에 공적이 인정되는 사람으로 이사회에서 결정한다.

2) 한국의 문화재 보존관련 연구기관

우리나라 문화재 보존과학의 연구기관으로는 1969년 문화재관리국(文化財管理局, 現 文化財廳) 문화재연구실 내에 보존처리반이라는 담당부서가 설립되었고, 이어 1975년 문화재연구실이 문화재연구소로, 1995년에는 국립문화재연구소로 기관 명칭이 변경되었다. 신안 해저인양 침몰선 보존을 위해 문화재연구소 산하에 현장 임시기구로 목포해양유물처리소(木浦海洋遺物處理所)가 1981년에 설치되었다. 1994년에는 국립해양유물전시관으로 직제 개편되어 보존과 전시업무를 병행하고 있으며, 문화재관리국(문화재청) 직속기관으로 관할 변경되었다.

국립중앙박물관은 우리나라를 대표하는 박물관으로 선사시대부터 조선시대에 이르기까지 金屬製品, 陶・土製品, 玉石製品, 書畵類, 木竹草漆 등 20

여만점에 이르는 다양한 재질의 문화재를 소장하고 있다. 이러한 소장품의 과학적 보존처리와 관리를 위해 1976년에 보존처리실이 설치되어 병든 문화재에 새로운 생명을 불어 넣는 보존의 업무를 하고 있다.

사립기관으로는 삼성문화재단 호암미술관이 1989년 보존과학실로 출발하여 1999년에는 문화재보존연구소로 승격하였다. 이 연구소는 선사시대의 고미술에서 현대미술품에 이르기까지 다양한 장르의 보존분야를 운영하고 있으며 아시아지역에서는 유례가 없는 유일한 사립 문화재 보존과학 전문연구기관으로 자리매김하고 있다. 이 외에도 경주문화재연구소, 국립경주박물관, 경기도립박물관, 계명대학교박물관, 부산시립박물관 그리고 서양화 보존을 위해 국립현대미술관에 각각 보존처리실을 운영하고 있다. 국내 보존연구기관과 교육기관, 발굴전문 기관은 다음의 표와 같으며, 여

보존과학 연구기관

개설연도	보 존 연 구 기 관
1969년	문화재관리국 문화재연구실내 보존과학반
1975년	문화재관리국 문화재연구소 보존과학연구실
1976년	국립중앙박물관 보존처리실
1979년	계명대학교박물관 보존처리실
1981년	목포해양유물보존처리장(임시기구)
1982년	경주고적발굴조사단 보존처리실
1984년	국립경주박물관 보존처리실
1989년	삼성문화재단 호암미술관 보존처리연구실
1990년	· 국립경주문화재연구소 (경주고적발굴조사단이 모체) · 국립문화재연구소와 국립창원문화재연구소 개소 · 목포해양유물보존처리소
1994년	목포해양유물보존처리소, 국립해양유물전시관으로 확대
1999년	삼성문화재단 호암미술관 부설 문화재보존연구소

개설연도	보 존 연 구 기 관
2002년	서울역사박물관 보존처리과
2004년	국립민속박물관 보존과학실

교육기관

개설연도	학 교 명	학 과 명
1989년	목포대학교	사학과 보존과학개론 강좌
1992년	대전보건대학	박물관과(보존과학)
1997년	용인대학교	예술대학 문화재보존과학과
1998년	한서대학교	문화재보존학과
1999년	공주대학교	문화재보존과학과
2000년	경주대학교	문화재보존학과
2002년	예원대학교	문화재관리학과
2002년	한국전통문화학교	문화재보존학과

학회 및 연구단체

설립연도	학 회 및 연 구 단 체
1976년	국제박물관협의회 한국위원회 (ICOM Korea)
1968년	국제문화재보존수리연구센타 (ICCROM) International Centre for Preservation and the Restoration of Cultural Property)
1983년	불법취득문화재반환추진정부간위원회(ICPRCP)
1988년	세계유산위원회(World Heritage Committee)
1991년	한국문화재보존과학회
1999년	ICOMOS한국위원회 (International Council of Monuments and Sites)

러 발굴전문기관에서는 보존과학연구실 또는 보존처리실이 설치 운영되고
있다.

우리나라에는 국제 박물관협의회 한국위원회(ICOM Korea)를 필두로 여
러 단체가 생겨났으며, 1991년 학술단체로 한국문화재보존과학회가 이태
녕 박사를 회장으로 탄생하게 되었다.

발굴전문기관

1995년 한국문화재보호재단 발굴조사사업단

1997년 충청매장문화재연구원, 경남고고학연구소,

경상북도문화재연구원, 기전매장문화재연구원

1999년 영남문화재연구원, 충남역사문화원, 호남문화재연구원

2000년 경남발전연구원 역사문화센터, 전남문화재연구원,

울산발전연구원, 문화재센터, 제주문화예술재단 문화재연구소,

강원문화재단, 강원문화재연구소

2002년 중앙문화재연구원, 전북문화재연구원, 경남문화재연구원,

중원문화재연구원, 남도문화재연구원, 동아문화재연구원(경남)

2003년 성림문화재연구원(경주 불국사), 동북아지석묘연구소

2004년 고려문화재연구원, 충청문화재연구원, 충청남도 역사문화연구원, 우리문화

재연구원, 신라문화유산조사단

2005년 한국선사문화연구원, 한국문물연구원, 충청북도 문화재연구원, 대경문화재

연구원, 예맥문화재연구원, 백제문화재연구원, 동서문화재연구원

2006년 대동문화재연구원, 기호문화재연구원, 한국고고환경연구소, 한백문화재연구원

제3장 **보존처리의 규범**

문화재보존에 있어서 윤리는 실제적 · 철학적 측면에서 매우 중요하다. 따라서 이 윤리문제는 지금까지 많이 언급되었지만 아직까지도 이론의 여지가 많다. 어느 직종이든지 일을 수행하는데 있어 관행과 도덕적으로 지켜야 할 윤리와 규범이 많이 있지만, 특히 문화재를 수리하고 복원하는 윤리적 규범은 그 어느 것보다 엄정하게 지켜져야 한다.

우리나라의 문화재보존의 역사는 그리 오래되지 않아, 보존에 있어 규범을 따로 정하고 있지는 않으며, 국제기구나 학술단체에서 요구하는 문화재 보존에 관한 윤리규범을 따르고 있다.

유럽에서의 수복(修復)은 언제부터 시작되었는지 확실하게 알 수는 없지만 르네상스(14~16세기)시기와 바로크(16~18세기)시기의 화가들에 의해 수복처리가 이루어졌다고 한다. 그러나 이들은 너무 깨끗하게 수복하는 경향이 있어 오히려 본래의 그림이 변작(變作)되는 불행한 사태가 일어났다.

유럽에서 건축문화재 보수에 대한 지식과 이해 그리고 문화재의 수리에 관한 철학과 원칙을 갖고 올바른 보수를 주창한 사람은 영국의 William Morris(1834~1896)를 들 수 있다. 그는 1877년 4월 고대 건축물보호협회(Society for the Protection of Ancient Buildings), 일명 "긁어내기 반대단체(Anti-Scrape)"를 설립하였다. 이것은 나라의 문화재를 보호한다는 목적을 위해 만들어진 최초의 단체로 1990년까지 지속적인 활동을 펼쳤다. 모리스는 건축물도 하나의 유기체로서 생각하고 시간이 흐름에 따라 나타나는 건물의 연륜, 역사적 흔적도 보존되어야 한다고 말했는데, 만약 무작정 복원을 도입하여 모든 것을 닦아 버린다면 이것은 무모한 파괴나 덧붙이기와 다를 바가 없다고 생각했다.

이에 앞서 1830년 이후, 건축복원사에 커다란 영향을 남긴 두 명의 복원가가 있다. 프랑스의 Viollet-le-Duc와 영국의 John Ruskin이다. 프랑스의 비올레 르 뒤크(Viollet-le-Duc, 1814~1879)는 19세기의 가장 탁월한 건축물복원 이론가로 처음 그의 목표는 본래 양식으로 복원하는 것이었지만, 나중에는 종종 자신이 설계한 새로운 요소를 덧붙이기도 했다. 그에게 있어서 보수한다는 것은 건조물의 건축양식을 검토하여 손상부분과 결함부분을 재창조하는 것이었다. 20세기 고고학과 건축물 복원가들은 복원을 빙자하여 멋대로 상상해 복원하고 새로운 구조물을 첨가하는 것을 격렬히 비난했다. 그래서 후에 멋대로 하는 수리복원을 '비올레 르 뒤크' 이론이라고 불리고 있다. 이와 같은 사실은 문화재 복원의 역사적 관점으로 보면 엄청난 차이점을 느끼게 한다.

문화재는 새로이 만들 수 없는 유일한 창조물이며 이 창조물을 오랜 세월이 지나 보수를 할 때, 기술을 전수받은 기능인이 한다고 해도 처음 만든 장인의 정신과 혼까지 불어 넣을 수는 없다. 이에 대해 소묘가, 미술비평가였던 John Ruskin(1819~1900)은 수복(Restoration)은 가장 나쁜 파손행위로 규정하고 있다.

문화재 보존처리를 하는 데 있어 처리자는 미술적 위조나 역사적 가식을 범하지 말아야 하며 역사적 시간이 흐른 흔적을 지워 버리는 과오를 범하지 않는 범위 내에서 문화재가 간직한 전체적 조화를 살리는 것을 기본원칙으로 해야 한다. 양식주의적 보수는 "건조물이 입는 가장 완벽한 파괴"라고 하여 반대하는 입장을 취하였다. "창조의 일회성을 존중하며, 눈을 속이지 않는 복원은 존재하지 않는다"라고 주장하였다. 그의 보존이념은 제자 윌리암 모리스(William Morris)에 전승되어져 1877년 고대건축물보호협회의 설립으로 이어지게 된다.

　만일 보존상의 문제로 문화재를 현 상태에서 형태의 일부를 제거하거나 대체하는 것이 필수 불가결할 때는 역사적 증거에 따른 제작 당시의 형태와 일치되는 보존처리가 되어야 한다. 그리고 전통적인 기술을 중요시하여 수복(修復)을 위한 재료나 기술이 전승되어야 한다. 특히 일부 미술공예품이나 고건축은 전통적인 재료나 기술에 의존하지 않으면 안된다. 예를 들면 칠공예품의 수복에는 동일한 옻(漆)을 사용해야 하며 고건축은 건축기술(한식목공)을 습득한 목수(대목수와 소목수)들에 의해 지켜져야 한다.

　고고출토유물은 물리적, 화학적인 변화로 약화되거나 파손된 것이 많아 현대과학을 이용하여 보존처리가 이루어진다.

　대형물인 고건축에서 소형 철촉에 이르기까지, 그 물질을 형성하고 있는 재질에 관계없이 보존처리(수리복원)하는데 지켜야 할 규범의 대원칙을 앞에서 언급한 단체나 저명한 인사들의 권고사항을 참고하여 정리하면 첫째 원형존중, 둘째 영속성 보장, 셋째 정당성, 넷째 가치부여 등이다. 여기서 원형존중이라 함은 문화재를 훼손하거나 개형 및 위조를 금지하는 것이고, 영속성 보장은 최대한으로 수명을 연장하는 보존처리를 말하며, 또 정당성은 최소한의 필요성만으로 범위를 한정하는 보존처리를 의미하고, 끝으로 가치부여는 훼손된 문화재의 원형을 살려 학술적 가치를 부여하는 것을 말한다.

　보존처리 규범을 다시 살펴보면 먼저, 문화재를 보존처리하기 전에 처리 전의 상태와 처리 내용, 방법은 물론 문화재와 관련된 역사적 내용과 사용한 재료들에 관해 자세하고 꼼꼼하게 빠짐없이 기록하여 보존처리 정보를 유지해야 한다. 또 보존처리 할 때 문화재를 임의로 개형(改形)하거나 위조(僞造)하는 것은 물론이고 한조각 파편도 없애버리는 일이 없도록 한다. 그

리고 어떠한 보존처리에 있어서도 최소한에 머물러야 하며 처리의 필요성
이 정당화되는 범위 내에서, 또 기술적으로 허용되는 범위 내에서 필요에
따라 언제나 처리전의 상태로 환원시킬 수 있는 재료와 방법을 선택하는
한정된 작업이 이루어져야 한다. 그리고 이와 동시에 미적, 역사적 상태를
유지한다는 원칙에서 벗어나서는 안되며, 처리하고 있는 유물의 가치와 종
류에 대해 처리자가 평가하는 것도 옳지 않다. 왜냐하면 어떤 유물을 다루
느냐가 아니라 유물을 어떻게 다룰 것인지를 중요시해야 하기 때문이다.
따라서 보존처리자는 문화재의 종류와 가치를 떠나서 그것이 무엇이든 간
에 항상 조심스럽게 다루어야하며, 처리하는 양보다 처리하는 작업의 질
을 향상시키기 위해 노력하는 자세를 지녀야 한다. 그리고 보존처리 방법
과 보존처리 과정 중에 조사된 모든 사실들을 숨겨서는 안되며 오히려 훌
륭한 보존을 위해서 다른 연구자와 그 지식을 공유하여야 한다. 이러한 작
업을 수행하는 보존처리자는 숙련된 전문가이어야 하며, 만약 경험이 미
숙하거나 훈련을 받고 있는 초심자일 경우에는 전문가의 지도없이 보존처
리해서는 안된다. 그리고 만약 숙련된 전문가라 할지라도 보존처리의 선
례가 없는 특수한 문화재를 처리해야 하는 경우에는 사전에 다른 숙련된
전문가와 충분한 협의를 통해 문화재의 특성과 이해를 바탕으로 앞서 살
펴본 문화재 보존처리 원칙을 지키면서 처리해야 한다.

　실제 보존 실무자들을 위한 보존처리의 십계명을 Hanna Jedrzejewska박
사(바르샤바 국립박물관 고고학파트연구소에서 근무, UNESCO 자문위원
역임)는 다음과 같이 열거하고 있다.

- 자신의 능력을 인식하고, 적절한 능력없이 일을 수행하지 않는다.
- 모든 대상물을 똑같은 관심을 갖고 다루어야 한다.
- 최소의 가능성을 가지고 최대의 가능성을 실행한다.
- 무지가 그릇된 결과를 대신할 수 없다는 것을 기억한다.
- 자신의 작업에 대해서 항상 비평적 태도를 유지한다.
- 대상물의 문서화 가치에 대해 확고한 관점을 가져야 한다.
- 유물이 당신이란 개인보다 더 중요하다고 생각한다.
- 지속적인 학문연마와 개발을 해야만 한다고 생각한다.
- 보존전문가의 능력을 증명하는 것은 보존처리 과정이란 것을 명심한다.
- 유물에 발생하는 좋지 못한 모든 일들에 민감하게 느끼고 반응한다.

문화재의 보존처리는 단순한 보존처리 과정의 기술로 이루어지는 것이 아니고 종합적 문화재에 대한 지식, 과학적 지식, 보존처리에 대한 철학적 사고, 문화재에 대한 사랑 그리고 풍부한 경험, 많은 시간과 경제적 투자를 필요로 한다. 이렇게 보존처리 조건이 갖추어졌을 때 비로소 문화재가 새로운 생명력으로 다시 살아날 수 있을 것이다.

출토유물은 수천 년 전의 직물이나 벼이삭, 목질(숯 등)들이 부착되어 있는 경우도 있다. 이런 것들은 없어지는 물질들이나 철과 청동이 녹슬면서 유물에 부착된 녹의 도움으로 오늘날까지 전해오는 것이다. 이 하찮은 작은 물질들은 그 옛날의 생활사를 복원하는데 있어 꼭 필요한 귀중한 자료가 되기도 한다.

보존처리자는 보잘 것 없는 하나의 작은 파편도 소홀히 하지 않고 남겨 고대사의 연구 자료로 활용할 수 있도록 해야 한다.

제**4**장 유물 수습 및 응급처리

1. 발굴과 보존처리

우리 선조가 남긴 유형문화재(有形文化財) 중에서 지하에 매장되어 있는 것을 매장문화재(埋藏文化財)라 한다. 문화재조사는 조사방법에 따라 지표조사(地表調査)와 시굴조사(試掘調査), 발굴조사(發掘調査)로 구분되며 조사목적에 따라 학술조사와 구제조사로 구분된다. 발굴조사는 일반적으로 매장환경 속에 묻혀있는 과거의 역사적 유물·유적을 지상으로 드러내는 일로 고고학을 연구하는데 중요한 일부분을 차지한다고 할 수 있다. 특히 유물은 유적 안에 포함되어 있던 것으로 재질별로 금속류, 석기류, 도·토기류, 목재류 등이 있고, 다양한 형태의 각종 무기류, 장신구류, 생활용구류 등이 출토되고 있다. 이것은 수백 수천 년의 긴 세월 지하에 매장되었다가 발굴에 의해 출토된 유물로 학술적 조사연구를 실시하게 된다.

고고학적 발굴조사에 있어 보존처리는 고고유물의 연구에 필요한 일부분으로 최초 발굴계획에서부터 보존처리자의 참여가 이루어져야 한다. 출토유물은 매장환경에 따라 보존상태에 차이는 있겠으나 대부분 찌그러지고, 깨지고, 녹슬고, 만지면 부서지는 상태로 출토되며 이런 상태로 출토된 유물을 통해 과거의 문화를 복원하고 당시의 생활상을 연구하여 왔다. 이러한 상황에서 보존과학은 유물을 발굴현장에서 최대한 안전하게 수습하고 과학적 보존처리를 거쳐 과거의 형태로 복원하여 더 좋은 상태의 연구 자료로 되살려 내는 역할을 하고 있다.

부식이 일어나는 지하환경에 대해 알아보기로 하자.

유물이 묻혀있는 지하 환경은 지상 환경과 약간의 차이가 있다. 날씨가 극히 건조한 기간을 제외하고 토양의 입자 사이에 존재하는 토양 환경의 상대습도는 98% 이상이며 건조층 자체도 50㎝ 이상은 넘지 않는다. 토양 환경의 구성성분은 우리가 호흡하는 환경과 큰 차이는 없으나 다만 산소의 함량이 조금 적고 CO_2 함량은 훨씬 많다. 이를 다음의 표에 제시한다.

지하 · 지상 환경대비

	지 하 환 경	지 상 환 경
N_2	80%	80%
O_2	17%	20%
CO_2	3%	0.03%
RH	〉98%	20~80%
온도(℃)	constant e.g $+5\pm1°$	varies e.g $-10°\rightarrow+30°$

여기서 알아 두어야 할 것은 유물의 부식율은 유물표면에서 산소 확산율에 의해 좌우된다는 점이다. 지하에 매장되어 있을 때에는 부식속도가 평행을 이루다 발굴 후 급속이 부식되는 것은 산소 확산율이 크기 때문이다. 또 다른 차이점은 지하의 깊이 20㎝ 이하의 토양온도는 불과 1℃(연간)의 범위로 일정하나 지상온도의 변화는 연간 40℃ 범위로 변화가 심하다.

오랜 기간 매장환경에 놓인 유물은 처음에는 가두어진 공간의 산소가 소비되면서 산화상태로 되나, 박테리아 등의 미생물로 인해 시신과 유기물질 부장품의 유기물이 분해되면서 아민류, 암모니아, 탄산가스, 메탄 등의 생산으로 산소가 결핍되어 환원상태로 된다. 유기물질의 유물인 경우 매장상태에서 다량의 수분을 함유한 상태에서 미생물에 의한 손상이나, 염화물에 의한 부식으로 인한 손상이 진행된 상태에서 대기 중에 노출하게 되면 수분증발로 인한 균열, 뒤틀림, 수축 및 산화반응에 의한 변·탈색 등의 손상이 일어날 위험이 있다. 무기물질의 유물인 경우 토양의 용해성 염류를 함유한 수분이 유물 내부의 모세관을 통하여 유물 내부에 잔존한 상태에서 표면부식을 초래한 후, 발굴 후 대기 중의 산소와 접촉하면 잔존해 있는 염류는 수분증발로 인해 염 결정체로 변화하여 내부에 압력을 가하여 균열 및 표면박락을 초래한다. 이렇게 산화와 환원이 반복되면서 오랜 세월이 지나면 환원상태의 평행상태로 되는 것으로 보고 있지만 발굴이 이루어지면 환경의 변화에 따라 유물은 급속한 부식이 이루어지기 때문에 출토 유물은 발굴과 동시에 적극적인 예방 조치를 하여야 손상을 최소화할 수 있다. 이러한 작업을 위하여 발굴현장에서의 보존처리자의 역할은 매우 중요하다.

발굴현장에서 보존처리자의 바람직한 참여가 이루어지기 위해서는 발굴 전체 기간 동안 보존처리 담당자가 상주해야 하며, 아니면 보존처리의 필요와 출토유물에 대한 조언을 위해 발굴현장을 정기적으로 방문해야 한다. 또 보존처리 담당자의 조언을 조사단 단원 1인이 전문적으로 맡아 유물안전관리를 하고, 긴급하고 복잡한 문제에 대해서는 보존처리 담당자에게 즉시 방문할 것을 요청할 수 있어야 한다.

위의 방법을 채택하기 위해서는 발굴의 규모 예산 등을 고려하여 정해야 하는데, 발굴계획 초기단계에서 보존처리 예산을 책정하여 보존처리 담당자의 발굴현장 참여를 고려해야 한다. 그리고 보존처리 예산을 계획할 때는 미처 예상치 못한 뜻밖의 상황에 대처할 수 있는 여분의 예산을 감안하여 계획해야 한다.

2. 발굴현장에서의 유물수습 및 응급처리

발굴현장에서 출토되는 재질에 따른 유물별 응급 처치방법에 대한 다양성과 더불어 유물의 현장수습 방법은 각 유물들의 출토상태나 환경조건에 따라 많은 차이가 있다. 석기와 같은 단단한 유물을 제외하고 목재와 금속은 부후(腐朽)·부식(腐蝕)되며, 토기와 같은 유물은 파손상태로 출토되는 경우가 많다. 게다가 매장환경의 습하고 건조함의 차이, 그리고 밀폐정도에 따라 유물의 손상정도는 큰 차이를 보이기 때문에 일괄적인 수습방법을 적용할 수는 없다. 중요한 유물들에 대해서는 관련 분야의 경험이 있는 전문가에게 자문을 구하고 유물수습기술 관련 문헌을 참고하여 체계적으로 유물수습에 대해 계획하고 필요장비를 확인하여 준비한다. 이때 일어날 수 있는 사고에 대한 사전 계획도 철저히 준비하고 가능하면 계획을 꼼꼼히 지키고 완벽하게 유물수습을 끝내도록 한다. 또한 유물을 수습하기 전에 유물에 대한 자세한 기록과 사진 촬영, 모사 등을 준비하고, 유물을 수습할 때 주위에 장애가 있는지를 확인하는 것도 중요하다. 일반적으로 유물이 수습되면 상자 외부에 위, 아래, 기준선, 방위, 내용물의 상세한 정보와 취급할 때의 주의사항 등을 기록한다.

1) 금속유물의 수습 및 응급처리

금속유물은 대부분 오랜 기간 동안 매장상태에서 화학적 또는 전기화학적인 반응으로 인해 본래의 모습을 잃고 부식이 진행되게 된다. 특히 발굴을 통해 출토되는 금속유물은 대기 중에 노출되면 공기 중의 산소·수분 및 온도변화 등 여러 환경요인에 따라 산화가 더 빨리 진행된다.

출토 금속유물 중 파손 상태가 가장 심한 것은 철제, 청동제, 금동제, 은제, 금제유물 순이며, 금을 제외한 모든 금속은 산화(酸化), 수화작용(水化

作用)과 각종이온(할로겐화물)의 영향을 받아 화학적 변화와 생물적(박테리아), 물리적(토압)인 작용의 영향으로 유물을 약하게 만든다.

출토금속유물은 부식산화물로 덮여있는데 철제품인 경우에는 녹과 이물질이 혼합물로 고착(固着)되어 형태를 파악하기 어려운 상태가 대부분이며 심한 경우에는 균열(龜裂)과 파손(破損)으로 형태변형을 가져온다. 이러한 경우 출토 유물을 현장에서 분리하여 수습하게 되면 심한 파손의 위험이 있으므로 주변의 토양(土壤)과 같이 수습하여 보존처리실에서 체계적인 분리작업을 통하여 처리하는 방법이 가장 안전하다.

(1) 철제유물

철제유물은 유형별(類型別)로 보면 단갑과 같은 입체감이 있는 대형유물과 환두대도와 같은 중형의 긴 유물, 소형의 유물로 구분 할 수 있다.

대형유물의 경우 폴리우레탄 폼(polyurethane foam)을 이용하여 수습할 수 있다. 우레탄 폼을 이용한 수습은 대형유물의 경우 외에도 여러 개의 유물이 녹물에 의해 고착되어 여러 겹으로 붙어 있어 수습이 어려운 경우나 유물이 유구(遺構)의 단단한 바닥 면과 고착되어 있을 경우에 일반적인 방법으로 많이 이용되고 있다.

수습방법은 먼저 노출된 유물표면에 1차로 한지를 한 겹 깔고 붕대로 옆면을 감아 보강한다. 2차로 밀착성이 좋은 Cling film(비닐랩)을 씌운 다음 3차로 Aluminum foil을 색종이 크기로 잘라 표면 전체에 부착한다.

유물을 완전히 밀봉한 후에는 주변을 합판이나 골판지로 칸막이를 만들어 혼합(중량비 1:1)한 발포성 우레탄폼을 10㎝ 두께 이하로 빈 공간에 부어 충전(充塡)한다. 이 과정에서 보존처리를 위해 우레탄폼을 제거할 때 유물의 위치를 정확히 파악하기 위해 나무젓가락, 이쑤시개, 못 등을 유물주위에 박아 표시해 둔다. 그리고 바닥 흙을 파내어 하단이 위로 향하게 뒤

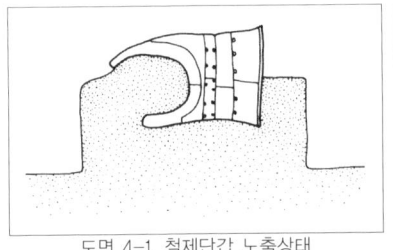

도면 4-1. 철제단갑 노출상태

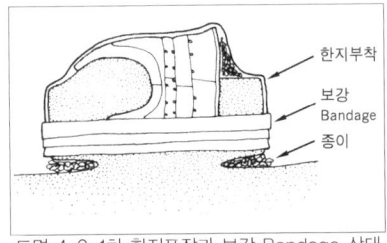

도면 4-2. 1차 한지포장과 보강 Bandage 상태

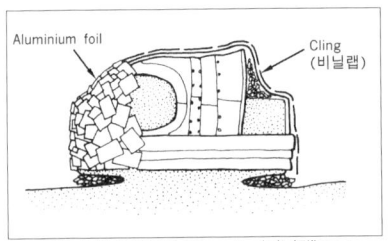

도면 4-3. 2차포장 Cling film(비닐랩)으로 씌운 상태

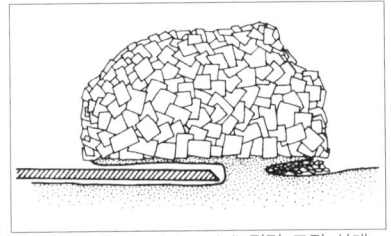

도면 4-4. Aluminium foil 전면 포장 상태

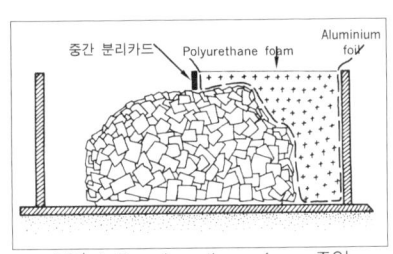

도면 4-5. polyurethane foam 주입

집어 놓고, 한지 및 거즈로 밀착시킨 후 다시 발포성 우레탄을 발포시켜 완전히 포장한다. 우레탄폼을 사용하여 유물을 수습할 때는 우레탄폼이 유물에 직접 묻으면 제거하기가 어렵고, 발포 후 경화되면 약 30배로 부피가 증가하기 때문에 정확한 체적 계산이 필요하다.

환두대도와 같은 긴 유물이 여러개의 편으로 파손된 상태일 때는 유물을 강화처리한 후 흙과 함께 수습하는 방법이 가장 적절하다. 강화제는 유물에 손상을 주지 않고 차후 보존처리할 때 가역성이 좋고 현장에서 사용하기 편리한 강화제를 선택하는 것이 중요하다. 일반적으로 Cemedine-C를 Acetone에 약 5~10% 정도로 용해한 것을 사용하거나 철제유물의 보존처리 강화제로 사용되는 합성수지(20% Acryl emulsion계 Paraloid NAD-10, 일액형 불소 Acryl계 공중합체 V-FLON 등)를 사용한다. 흙과 함께 수습할 때 유물 손상의 위험이 없다고 판단될 경우에는 바탕 흙 위에 직접 석고붕대나 우레탄붕대로 지지한 후 수습해도 좋다. 만약 토양이 사질토(沙質土)이거나 흘러내려 무너질 위험이 있을 때는 주변의 흙을 Paraloid B-72 또는 5~20% Paraloid NAD-10 용액으로 토양(土壤)과 같이 강화처리를 실시한다. 수습한 유물은 밀폐용기 또는 운반 상자에 보관하여 운반도중 분리된 유물과 흙이 부서지지 않게 주위를 Airvinyl 또는 polyurethane foam, Plastic foam 등으로 완충한 다음 밀폐시킨다.

상태가 양호한 소형 유물일 경우에는 일반적으로 현장에서 유물을 수습하는 과정과 동일한 방법으로 수습하되 급격한 환경변화를 방지하기 위하여 비닐시료봉투나 Escal Film(고불투과성 비닐)에 밀봉하여 외부 공기와 차단하여 보관하거나 빠른 시간 안에 보존처리를 실시하는 것이 가장 적절하다. 주의할 점은 유물 주변의 파편이나, 육안으로 판별이 불가능한 유물로 추정되는 경우 일괄로 수습하여 하나의 비닐봉투에 넣어 보관하여야 한다는 것이다.

(2) 청동제유물

출토 청동유물은 금속이라는 선입견 때문에 표면자체가 견고할 것으로 생각을 할 수 있으나 실상 내부는 가루상태로 된 악성 녹인 염기성 염화동 Paratacamite[$CuCl_2 \cdot 3Cu(OH)_2$]으로 형성되어 있는 것이 많다. 이러한 유물을 수습할 때는 상당한 주의를 요하는데 조금이라도 방심하여 소홀히 다루면 원형을 잃게 되는 경우가 있다. 우리는 이같은 부식화합물(녹)을 청동병(Bronze disease)에 걸렸다고 한다.

청동유물의 매장환경은 크게 보면 건조한 상태와 습한 상태로 구분할 수 있다. 후자의 경우 습한 장소에 묻혀 있다 발굴조사로 출토되는 유물은 대개 수분을 함유하고 있어 유구 및 유물 실측조사할 때 긴 시간 노출하면 원형 파손이 일어나게 된다.

이러한 현상의 사전 예방을 위해 이루어지는 응급조치법으로 먼저 Alcohol 20%로 시작해서 40%, 60%, 80%, 100%까지 아주 서서히 수분과 치환하여 건조를 한다. 이때 빛과 바람을 차단할 수 있는 차단막을 설치해야 한다. 그 다음 유물에 묻은 흙을 부드러운 솔로 조심스럽게 제거한다. 제거되지 않는 흙은 무리하게 현장에서 제거하지 않는다. 강화처리는 유물의 부식 형태에 따라 다르겠으나 대체로 10% 이내 Paraloid B-72 또는 방청제를 첨가한 Incralac으로 강화한다. 너무 고농도로 강화처리를 하면 실제 보존처리를 할 때 용해과정에서 유물이 파손될 수도 있다. 어떠한 보존방법을 적용하든 간에 그 다음 처리과정을 항시 염두에 두고 방법을 선택해야 한다. 앞의 과정이 무사히 완료되면 수습을 한다. 이때는 특별한 수습도구가 있는 것이 아니기에 상황에 따라 대처를 한다. 이를 테면 책받침을 사용한다든가 죽도를 사용한다든가 유물이 놓여 있는 바닥 면의 상태에 따라 도구를 선택한다.

실제 필자가 수습했던 여천 적량동 상적 지석묘 출토 비파형동검을 예로 들면 지석묘는 바닷가에 인접해 있었다. 발굴책임자(현 목포대학교 이영문 교수)의 연락을 받고 현장에 도착해 유물의 놓여 있는 상태를 조사한 필자는 놀라지 않을 수 없었다. 어떻게 된 일인지 금속이 물에 불어 두부처럼 말랑말랑한 상태였기 때문이다. 그대로는 수습이 불가능하다는 판단을 하고 먼저 거적을 구하여 빛과 바람을 차단하여 급작스러운 건조를 막아 주었다. 그리고 난 후에 유물에 젖은 수분을 탈수를 하기 위해 20% Alcohol

사진 4-1. 비파형동검 노출
(여천 적량동 상적 지석묘 출토)

사진 4-2. 알코올을 이용해 탈수작업
(여천 적량동 상적 지석묘 출토)

사진 4-3. 강화처리 후 수습
(여천 적량동 상적 지석묘 출토)

로 시작해 100%까지 서서히 수분을 치환(置換)했다. 약해진 비파형동검(琵琶形銅劍)은 10% Paraloid B-72로 강화처리를 한 다음 수습하였다. 이와 같은 예는 흔하지 않으나 습지(바닷가, 저수지) 발굴조사에서는 예상치 못한 돌발 상황이 일어날 수 있기 때문에 응급조치에 필요한 사전준비를 철저히 갖추는 것이 유물을 최대한 살리는 지름길이다.

(3) 금동제유물

금동제유물은 구리합금 위에 금도금(金鍍金)한 금동관 등 많은 종류의 유물이 있다. 대개 이 유물은 바탕 금속인 구리합금(청동)이 부식되면서 표면의 금을 덮어 청동제 유물로 보일 때가 많다.

대체로 금동제 관의 경우 유구 바닥 자연석에 파손된 상태로 깔려 있는데 유물과 자연석 사이에 흙이 끼어 있다. 수습과 운반할 때 파손을 예방하기 위해 손바닥 크기의 거즈를 금동관 위에 붙여 10% Incralac과 Paraloid B-72의 강화제를 발라 굳게 한다. 이때 파편 전체를 일괄해서 하는 것보다 부분적으로 나누어 하는 것이 좋을 때가 있고 또는 전체 일괄해서 하는 방법이 좋을 때가 있으므로 유물의 상태와 작업 환경에 따라 결정한다. 그 다음 사이에 낀 흙은 Alcohol과 증류수(50 : 50)의 혼합액을 틈 사이에 주사기로 주사해 흐르게 한 다음 치과용 Spatula나 책받침 등 상황에 따라 도구를 선택해 수습한다.

2) 도 · 토기유물의 수습 및 응급처리

출토 토기유물은 대부분 오랜 기간 동안 매장상태에서 물리적, 화학적 손상원인으로 파손되거나 토양화되어 본래의 모습을 잃고 출토되는 예가 많다. 특히 발굴로 출토되는 토기는 대기 중에 노출되면 내부에 존재하고 있는 수분의 증발로 균열 및 파손을 가져오며, 모세관(毛細管) 속에 존재하는 염(鹽)의 결정화로 인한 부피팽창을 초래하여 터짐현상이 발생하게 된다. 이러한 경우 출토 유물을 바로 세척하는 것을 피하고 파손된 부분을 저 농도의 수용성 emulsion계 수지로 도포하거나, 재용해가 가능한 접착제로 가접한 후 수습한다. 수용성 emulsion계 수지의 경우 고농도로 사용하게 되면 광택 및 탁색의 위험이 있으므로 저농도의 수지로 예비실험을 실시한 후 사용하는 것이 바람직하다.

도 · 토기류를 현장에서 분리하여 수습을 하게 되면 파손될 위험이 크기 때문에 주변의 흙과 같이 수습하여 보존처리실로 옮겨 체계적으로 분리하여 처리하는 것이 가장 안전하다.

(1) 상태가 양호한 소형 유물의 수습

출토되는 토기유물의 경우 대부분 매장환경에 따라 물리적, 화학적인 작

용으로 일차적인 손상을 입고, 발굴을 통한 염이온(Cl⁻)의 결정화로 균열
이 진행되며 박락으로 형태의 변형을 가져온다. 상태가 양호하고 소형의
유물일 때는 비닐시료봉투나 Escal Film(고불투과성 비닐)에 밀봉하여 외
부 공기와 차단하여 보관하거나 빠른 시간 안에 보존처리를 실시하는 것
이 가장 좋다. 가능한 주변의 파편이나, 육안으로 판별이 불가능한 유물로
추정되는 경우 일괄로 수습하여 하나의 비닐봉투에 넣어 보관하였다가 보
존처리할 때 서로 관계가 되는 유물인지 확인한다.

(2) 파손이 심한 유물의 수습

흙 속에 완전한 형태의 토기들은 육안관찰로 손상이 없어 보이지만 종종
미세균열이 형성되어 있고 재질이 약해 수습할 때 파손의 위험이 있으므
로 crepe 붕대를 이용하여 수습하는 것이 안전하다. 특히 연질의 토기일 경
우 불완전하게 소성되어 있어 약하고 깨지기 쉬운데, 수습시 용기의 표면
이 손상되지 않았는지 확인하면서 토기의 외부로부터 주변토양을 제거한
다. 특히 토기 표면위에 부착되어 있는 흙을 제거할 때 토기표면과 같이 박
락될 위험이 있으므로 얇은 층은 남겨두도록 한다.

파손이 심하여 직접수습이 어려
운 유물은 일반적인 수습방법으로
실시하면 더 큰 파손이 생길 수 있
어 일차적으로 유물의 테두리부분
을 강화처리한 후 수습하는 방법이
좋다. 강화제로는 저농도의 수용성

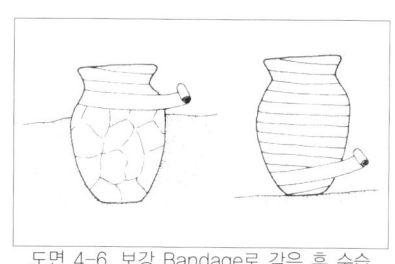

도면 4-6. 보강 Bandage로 감은 후 수습

emulsion계 수지인 Binder Medium계통 Caparol, Golden 또는 합성수지인
Paraloid B-72 5% 용액을 사용하는 것이 바람직하다. 이외에 여러 종류의
강화제가 있으나 차후 보존처리할 때 제거가 용이하고 표면의 광택발생 및

탁색의 위험이 적은 강화제를 선택하는 것이 중요하다. 또, 석고붕대나 우레탄 테이프로 바탕흙을 지지한 후 수습하는 것도 좋은 방법이다. 석고붕대로 바탕흙을 지지할 때는 석고붕대 사용 중 유물표면에 석고로 인한 표면 오염방지 및 토기 표면의 수분증발로 인한 손상방지를 위해 표면에 vinyl wrapper를 덮어주고, 아래 부분을 "V"자 형태를 만들어 주어 수습과정 중 유물이 아래로 빠져나올 위험이 없도록 한다.

3) 골각기(骨角器)유물의 응급처리

소형의 골각기(骨角器)가 유구에서 함께 출토될 경우는 표면에 부착된 흙을 부드러운 솔로 제거한 후 합성수지로 강화 처리하여 수습한다. 대형의 유물일 경우에는 표면에 한지를 밀착시킨 후 석고붕대나 석고를 이용하여 주변 흙과 같이 수습한다.

뼈의 강화법은 흙을 제거하고 알코올로 탈수처리한 후 서서히 건조시킴과 동시에 합성수지인 Paraloid B-72의 5% 용액을 살포하고 상대습도 50% 이하로 유지 보관하는 것이 바람직하다.

4) 칠기유물의 응급처리

칠기는 다른 유물에 비하여 신속한 응급조치를 시도하지 않으면 가장 손상받기 쉬운 유물이기 때문에 칠기가 발견되면 급히 보존전문가를 초청하여 응급조치부터 자문을 받고 항구적인 보존을 시행하여야 한다.

칠기류는 대부분 바탕재료가 목재로 매장상태에서 목재는 완전 부후되어 칠 자체만 존재하는 상태이기에 수분증발로 인해 수축되면서 칠이 마르거나 갈라져 형태를 유지하기가 어렵다. 현장에서 수분증발을 억제하기 위해 지속적으로 물을 분무해주거나 젖은 한지로 덮어준 후 전문가에게 의뢰하여 처리하는 것이 바람직하다.

5) 목재유물의 응급처리

건조한 목재가 발견되면 물기없는 부드러운 솔로 가볍게 물기 없이 솔질하여 Paraloid B-72로 강화시켜 준다. 보관은 건습의 상태가 반복되지 않도록 유의하고 용제가 증발되지 않게 표면에 비닐로 덮어 목재 조직의 응력을 최소화하여 뒤틀림을 방지한다.

수침목재는 장기간 수침 밀봉의 상태에 있었기 때문에 목재의 주요성분인 셀룰로오스(Cellulose), 헤미셀룰로오스(Hemicellulose), 리그닌(Lignin), 수지분(Resin), 회분(Ash) 등은 이미 유출 붕괴되고 그 대신 물이 과포화 상태로 잔존되어 있다. 그러므로 외관상 견고하게 보이는 것이라도 자연 상태에서 건조시키면 균열되고 심한 수축이 일어나 원형을 상실할 정도로 변형하게 된다.

따라서 현장에서 각각의 목재에 출토위치 및 번호를 부여하여 물 속에 침적하거나, 젖은 부직포나 천을 덮어 수분증발을 억제하여 준다. 또 다른 방법은 흡수성이 있는 저분자 Polyethylene glycol(PEG 600~1,500)를 물에 20~30% 정도 용해시켜 목재에 직접 도포하거나 천에 씌워 덮어 준다. 이러한 방법은 발굴현장에서 할 수 있는 응급조치로, 단기간 보존에는 효과를 얻을 수 있으나 장기간 방법은 될 수 없다. 응급조치의 기본원칙은 가능한 대기에 노출되는 시간을 최소화하는 것이다. 만약 목재를 장기간 수침할 경우에는 자체 미생물발생을 방지하기 위해 방미제를 첨가해야 한다. 이전에는 Formalin을 사용하였으나 자극적이고 인체에 유해하며 기밀성 유지가 안되는 수조에서는 기화되어 효과를 볼 수 없다. 최근에 많이 사용하고 있는 방미제는 붕산·붕사 0.5% 이하 혼합용액을 혼합비율에 따라 pH를 조절해 사용한다. 약품 사용은 붕산(boric acid)과 붕사(borax)를 7:3으로 배합하여 대체로 3~4% 수용액으로 희석하여 사용하는 것이 적당하다.

□ 습지에서 출토된 목재유물의 임시 보관방법

① 대형목재는 대형수조에 담궈 둔다.

② 견고한 플라스틱 상자에 방미제(防黴劑)를 첨가한 물에 담그어 뚜껑을 닫아 둔다.(방미제 선택에 전문가의 조언요)

③ 소형목재는 산소가 통하지 않는 특수비닐에 진공 포장하여 보관한다.

④ 진공흡입기가 없을 때는 비닐봉투에 물을 채워 물속에서 거꾸로 비닐봉투에 들어 있는 물을 서서히 빼면 진공상태가 된다.

⑤ 소형유물은 습도조정 시약을 포화용액으로 제조해 데시케이터와 같은 밀폐 용기에 보관하는 방법도 효과적이다.

6) 그 외 유물의 수습 및 주의 사항

미지의 세계인 지하에 매장된 유물 중에는 우리가 예상할 수 없는 다양한 재료로 만들어진 유물들이 많다. 동·식물로 만들어진 유기질 유물, 석기, 토기, 금속으로 만들어진 무기질 유물, 유기, 무기 양자 혼합되어 만들어진 복합재료 유물이 그것이다.

그 중에 경주 황남대총(98호분) 출토 옥충장식금동안교는 우리가 상상할 수 없는 복합재료의 대표적 출토유물이라 할 수 있다. 이와 같은 다양한 재료로 제작된 유물의 효율적 수습을 위해서는 보존처리 전문가를 발굴현장에 상주시키는 것이 의무화되어야 한다.

유물을 수습할 때 몇 가지 문제점은 금속유물(철기, 청동제 등)의 경우 약해진 금속을 강화하기 위해 사용되는 수지를 너무 고농도로 사용하고 있는 것을 지적할 수 있다. 발굴 현장에서는 단단하게 굳어 수습 운반할 때 안전하다고 판단할 수 있겠으나, 실제 보존처리를 위해서 강화된 수지를 다시 녹여 내는 과정에서 음, 양각의 문양이나 조각선이 손실(損失)될 수

있다. 오히려 현장에서 그대로 수습을 하던가 아니면 강화를 꼭 해야 할 때
는 아주 저농도로 강화하는 것이 유물의 형상을 유지하는데 도움이 된다.

다음은 우레탄폼의 잘못된 사용
을 들 수 있다. 발굴 후 차량으로
운반할 때 유물의 파손을 우려하여
다량의 우레탄폼을 사용해 포장하
는 경우가 있다. 그리고 유물에 우
레탄폼이 스며드는 것을 차단하기
위해 사용하는 중간 매개물의 잘못

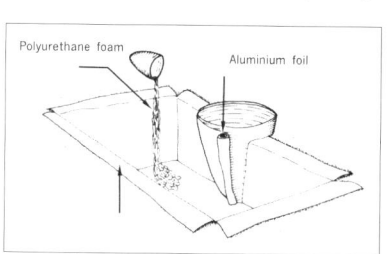

도면 4-7. Aluminium foil을 부착 후
Polyurethane foam을 포장

된 사용으로 유물에 우레탄폼이 스며드는 일도 있다. 이럴 때는 유물 표면
에 부드러운 종이(한지 등)로 덮고 그 위에 Cling film(비닐 랩)로 감싼 후
Aluminium foil로 씌워 포장하면 스며드는 것을 막을 수 있다.

우레탄폼의 사용방법과 주의할 점은 Urethane foam은 Polyol성분과
Isocyanate 성분 2종류의 원액을 혼합 발포하여 사용하는데, Isocyanate는
위험물질이기 때문에 몇 가지 사항을 유의하여 사용해야 한다. 먼저 밀폐
공간이 아닌 야외에서 작업을 해야 하며, 증기를 직접 흡입하거나 피부에
묻는 것을 방지하기 위해 작업시에는 마스크와 보호용 장갑, 보호안경을
착용한다. 그럼에도 불구하고 만약 피부에 묻게 되면 즉시 비눗물로 씻고,
눈에 들어갈 경우를 대비하여 Emergency eye wash를 준비해 둔다. 마지막
으로 작업이 완료된 것을 운반하여 우레탄폼을 제거할 때는 공기 흐름이
잘 되는 장소에서 작업하도록 한다.

학술적 발굴조사가 끝나면 유물을 안전하게 운반하기 위해 발굴자는 노
심초사 노력하게 된다. 때문에 지나친 응급강화처리와 포장행위가 일어 날
수 있다. 필자가 추천하고 싶은 방법은 최소한의 강화와 포장행위이다. 아
니면 그대로 수습하여 보존처리를 빨리 실시하는 것이 원형을 살리는데 더

유익한 방법이라 생각한다.

3. 유적단면 토층전사

유적의 층위를 정확하게 파악하
고 그것을 기록 보존하는 것은 발
굴조사의 기본이다. 그러나 대부분
의 경우 실측이나 사진촬영에만 치
중하는 예가 많다. 그러나 발굴된
층위나 유적단면을 얇게 떼어내어
합판 등에 전사하여 전시하게 되면
발굴 후에도 정밀한 조사를 할 수
있는 기록보존법이 될 수 있으며
또한 발굴현장을 보지 못한 사람들
에게 유적을 설명할 경우 현장에서
보는 바와 똑같은 느낌을 갖게 할
수 있는 좋은 자료가 된다.

사진 4-4. 전사된 토층 단면(군곡리 패총)

토양학(土壤學)에서는 토양 단면
을 표본(標本)하는 것을 Monolith라
고 하는데, Monolith는 mono 단일과 lith 돌(石)이라는 어원으로 표층에서
하층까지 전체 토양단면을 표본하는데 사용하고 있다. 표층토양 monolith
제작법으로 야외에서 직접 토양단면에 접착제를 주입하거나 도포하여 천
이나 나무 판에 붙여 채집하는 방법 등이 있다. 이 방법을 토층전사법(土層
轉寫法) 또는 토층 떼어내기라고 한다. 외국에서는 Lacquer-peel법,

Lacquer-film법, Soil-peel법이라
고 한다.

　다음은 이러한 토층전사방법에
대해 간략하게 살펴보자. 유적의
토질은 단단하게 압축된 판축층,
모래층이나 점토층이 섞여 있는 퇴
적층, 패총 등 다양하여 전사면(轉
寫面)의 토양조건은 일정하지 못

사진 4-5. 토층 단면(패총)

하다. 따라서 토양전사 때 제반조건들을 모두 만족시켜야 하므로 그 유적
을 구성하는 토양의 물성이나 함수량 등을 파악하고 각각의 조건에 적합
한 재료들을 정확히 선정하는 것이 가장 중요하다. 전사할 토층 단면이 평
평하게 정리되면 토층 전사용으로 이용되는 Epoxy계통의 합성수지 M-40
을 1:1(중량비)로 배합한 후 배합된 수지를 전사면에 1차 도포한다. 합성수
지의 선택은 토층전사에 있어 가장 중요한 부분으로 기본적으로 접착력이
우수하고 탄성력이 있는 수지를 선택하지만, 토양의 상태 및 형태에 따라
수지의 선택을 달리하여야 한다. 예를 들어 유구의 입지조건에 따라 습하
거나 지하수가 분출되는 지역은 습한 토층에 대응하기 위해 친수성 변성
우레탄수지(토마크NR)를 사용한다. 왜냐하면 이 합성수지의 경우 물을 함
유한 토양과 친숙하여 수지(樹脂)막의 신축율이 크고 인장강도는 M-40보
다 작기 때문이다. 다음으로 1차 도포된 합성수지가 경화되기 시작하면 강
도를 증가하기 위해 수지도포면에 거즈를 한 겹 접착시켜 주고 그 위에 다
시 1차 전사 때 사용된 것과 똑같은 수지를 2회 도포하여 완전히 경화시켜
준다. 이때 거즈가 단면 요철(凹凸)에 밀착하도록 가볍게 솔로 눌러준다. 또,
수지도포면이 얇아 찢어질 위험이 있을 경우에는 같은 방법으로 여러 번
도포한다. 수지도포면이 완전히 경화되면 토층단면에서부터 떼어냄으로써

합성수지 및 소도구   수지 도포

거즈 접착 후 수지 재도포   전사면 분리

전사면 분리 후 세척   전사면 보완

합판을 이용한 패널 제작

사진 4-6. 토층 전사 작업 과정

토층단면의 흙이 수지도포면에 묻어나오게 하는데, 면적이 넓을 경우 수지표면을 분할하여 떼어낸다.

　이렇게 지면으로부터 떼어낸 전사면은 표면을 물로 세척하여 불필요한 흙을 제거하고 자연 건조시킨 다음 표면에 부착된 흙의 탈락을 방지하고 경화시키기 위해 이소시아네이트(Isocyanate) PSNY6을 도포하여 표면을 경화처리 함으로써 층상이 잘 나타나게 한다. 이소시아네이트는 색상을 탁색시키므로 도포 횟수를 조절하여 최대한 원래의 색상을 유지하도록 주의하여야 한다. 마지막으로 합판과 각목을 사용하여 전시할 수 있도록 패널을 제작한 다음 지면으로부터 떼어낸 전사면을 접착시켜 복원하여 완료한다.[1]

---

1) 肥塚隆保, 土層轉寫法(表層標本採集) 일부 인용.

제5장 문화재의 과학적 조사

문화재의 보존은 먼저 재질조사부터 시작된다. 유물을 구성하고 있는 재질을 과학적으로 조사하여 확인하는 일은 너무도 중요한 작업이다. 그리고 현대과학 기술이 고대의 수수께끼를 해결하고 이해하는데 많은 기여를 하고 있는 것도 사실이다. 고대인들이 만들어 사용한 각종의 기술은 오랜 세월이 흐르는 동안 녹이 슬거나 노화 변색되어, 단순히 눈과 감각으로 조사한 것과 과학적 분석으로 조사한 결과가 다른 경우가 많다. 특히 안료가 그러한데 금속의 경우, 표면에 푸른 녹이 슬어 있으면 모두 청동으로 보고 있으나 실제 동일한 녹일지라도 청동인지 황동인지 바탕금속을 과학적으로 분석 조사 후, 명확히 구분하여 사용해야 한다.

보존처리에 있어서도 정확한 재질의 구성성분 조사가 선행되지 않으면 현재 우리가 상상도 하지 못한 고대 제작기술을 그대로 지워 버리는 과오를 남길 수 있다. 따라서 육안 조사와 같은 거시적 조사뿐만 아니라 현미경조사, 기기분석 조사와 같은 미시적 조사도 행해야 할 필요가 있다.

출토 유물의 비파괴 조사로는 X선형광분석(XRF : X-ray Fluorescence Spectroscope), X선 회절 분석(XRD : X-ray Diffraction Analysis), 주사전자현미경분석(SEM : Scanning Electron Microprobe Analysis), X선 투과촬영(X-radiography)이 대표적으로 사용되며 요즘은 의료기기인 X-CT(X-Computer tomograph)를 유물에 응용하여 많은 성과를 올리고 있다.

우리나라에서 과학적 조사방법을 처음 문화재에 시도한 것은 1963년 감

마선으로 국보 제78호 금동미륵보살반가사유상(감마선 : 530㎝, Co : 60)
과 국보 제83호 금동미륵보살반가사유상(감마선 : 세슘 137), 그리고 불상·
불구 60여개에 대해 내부구조와 결함을 조사한 것이다.

또 1979년 8월 경상북도 고령군 지산동에 위치한 사적 제 79호 대가야시
대 고분 중 제32~35호 고분발굴유물 중 32NE-1에서 출토된 철제환두대
도를 X선으로 조사하여 환두부분에서 처음으로 은상감당초문의 문양을 발
견하였으며 이 후 1980년 12월 신라시대 고분 황남대총 출토 철제유물 일
괄을 X선 투과촬영으로 조사하였다.

그리고 적외선 비디오카메라로 1985년 8월 부석사 조사당의 묵선과 회
화를 조사하였다. 이외 자외선을 이용하는 조사는 회화 등의 수리부위 판
별에 이용되며 특히 유화 수리부분 확인에 많이 사용되고 있다. 이처럼 적
외선이나 자외선은 가시광선 영역에서 얻을 수 없는 표면에 감추어진 밑
그림과 수리의 정보를 아는데 활용되고 있으며 투과력이 강한 X선과 감마
선은 내부구조 조사에 이용되고 있다.

요즘 획기적인 의료기기의 개발도 문화재 재질조사에 이용되는데, 예를
들어 출토 수침목재의 옻칠검집 등에 함수하고 있는 수분의 함수율과 부
후 정도를 확인하기 위해 MRI(Nuclear Magnetic Resonance Imaging, 핵자
기공명 이미징)를 이용한 비파괴조사방법도 사용하고 있다.

1. X선 투과조사 (X-ray Radiography)

X선은 1895년 독일의 물리학자 뢴트겐(Wilhelm Konrad Roentgen
1845~1923)에 의해 발견된 이래 의료용으로 사용되면서 질병진단에 사용
되었고, 공업에 이용되면서 구조의 결함을 찾아내는 등 과학적 발전에 크

게 기여하였다. 아울러 최근에는 문화재(미술품) 비파괴조사에 사용하면서 미술품의 병든 부분을 정확히 진단해 미술품의 영구보존을 위한 보존수리에 필수장비로 손꼽고 있다. 한편 파리 루브르 미술관은 유화 그림 층에 숨겨진 밑그림 조사 및 수리할 때와 위작감식에 사용되어 왔다. 고미술품의 내부 구조 및 손상정도를 파악하기 위해 비파괴조사 방법인 X선 투과조사는 필수적인 기본조사이다. 세계 각국의 박물관, 미술관에서 X선 장비는 기본 설비의 장비로 간주하고 있으며, 우리나라 박물관, 미술관, 연구소에도 설치되어 있다.

우리나라에서 출토 고고유물의 비파괴조사로 내부구조 및 부식상태를 확인하기 위한 X선 투과조사는 1973년 천마총, 1973~1975년 황남대총 출토 철제유물(대도), 그리고 1978년 8월 경상북도 고령군 지산동에 위치한 사적 제 79호 대가야시대 고분 32~35호 고분 유물 중 32NE-1에서 출토한 철제 환두대도를 조사하여 은상감당초문을 발견한 것을 시작으로 현재는 유

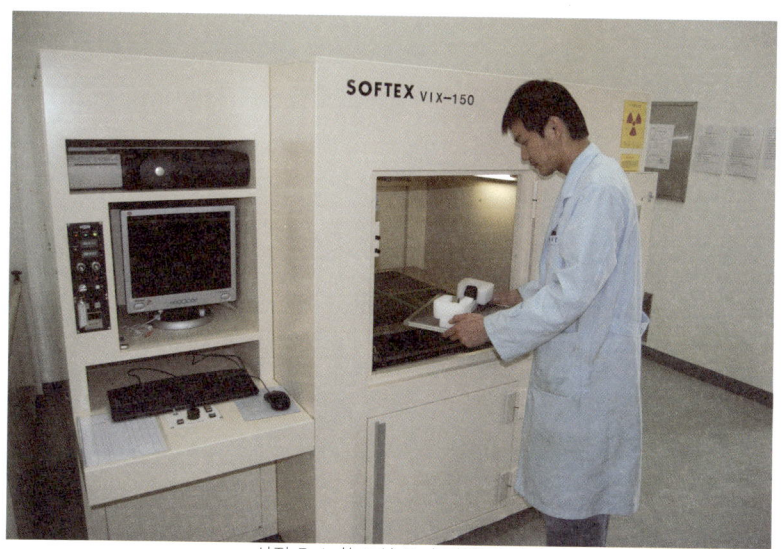

사진 5-1. 軟 X선 투과 발생 장치

화, 목조유물 등 여러 재질의 분야에서도 사용하고 있다.

X선은 전자파의 일종으로 가시선, 자외선과, X선 감마선 순으로 존재하며 문화재 비파괴조사에 이용되고 있다. X선의 실용전압은 의학계에서는 5만 볼트에서 12만 볼트, 산업용 비파괴 검사는 10~30만 볼트 정도의 범위이고, 연X선은 10만 볼트 정도 이하이다.

X선은 그 파장이 짧을수록 강하며 물체를 투과하는 능력에 따라 파장이 짧은 X선은 경X선, 파장이 긴 X선은 연X선이라고 하며 비중이 큰 재료일수록 X선 흡수가 많다. X선투과법은 이러한 성질을 이용해 각종의 문화재(각 재료)의 비파괴조사에 가장 많이 이용되고 있다. 경X선과 연X선은 재료와 조사 목적에 따라 금속, 목조, 회화 등에 각각 사용된다.

X선으로 피사체(문화재)를 조사하면, X선이 그 피사체를 투과하여 직진하는 특성과 물체의 원자량 또는 밀도에 비례하여 흡수되는 상반된 특성을 갖고 있다. X선의 투과와 흡수라는 상반되는 현상에 대해 농담(濃淡)의 Contrast가 생긴다. X선 필름은 네가티브(Negative)로 보통 이것을 그대로 비추어 보기 때문에 밝게 보이는 곳은 흡수가 많은 부분이다. X선을 잘 투과시키고 흡수가 적은 부분은 투과하는 X선의 양도 많아 그만큼 검게 된다. 전체적으로 많이 흡수할수록 밝아지며 많이 투과될수록 어두워진다. 이러한 명암의 차이로 물체(문화재) 내부의 결함 즉 균열과 부식부위를 사전에 확인하여 정확하고 안전한 보존처리를 할 수 있다. 특히 녹 속에 숨어 있는 상감(명문, 문양), 음·양각된 문양의 확인은 고대기술사를 조사 연구하는 데 괄목할 만한 자료들을 제공해 주기도 한다.

최근 새롭게 각광받는 비파괴 조사 방법으로 Computed Radiography System이 있는데, 일명 CR이라 한다. 현재는 X선 필름으로 촬영하였으나 CR방법은 화상을 디지털화하여 필름대신 IP(Imaging plate)에 Laser beam을 주사(走査)하여 받은 아날로그 화상정보를 디지털화하여 PC, CD에 저장하여 판독할 수 있으며 인쇄용지의 프린트도 가능하다.

CR은 X선에 비해 고감도의 화상을 얻을 수 있고, 화상의 축소 확대 밝기를 자유롭게 조절할 수 있으며, 아주 작은 물체의 고대기술 정보를 강조해서 볼 수도 있다. 그리고 방사선 조사(照射)시간이 짧고 IP 재사용이 가능하며 현상을 하지 않아 친환경적이다. 유기 · 무기 혼합물 촬영도 할 수 있다. CR System 구성은 Micro-focus X-ray → Imaging analyzer He-Ne laser → Image processing computer로 되어있다. IP의 X선 축적 센서는 $BaFBr:Eu^{2+}$로 입자크기는 약 5μm이다.

문화재의 X선 촬영 조건은 재질의 종류에 따라 다른데 일반적으로 촬영 조건을 예를 들어보면 다음과 같다.

X선 촬영조건(예)

유 물 종 류	전 압(kV)	전 류(mA)	조사시간(min)	증 감 지
고고금속유물	100 ~ 200	5	5	납 증감지
금 동 불 상	200 ~ 300	5	5	납 증감지
칠 공 예 품	20 ~ 25	4	2	–
한 국 화	15	5	15(sec) ~ 1(min)	–
유 화	30 ~ 40	4	2 ~ 3	–

철제 상감 환두대도의 X선 필름을 관찰해 보면 백색으로 보이는 것이 은으로, 은은 철보다 밀도가 크기 때문에 X선 투과가 잘 안되며, 철은 그 반대이므로 문양이 보이는 것이다.

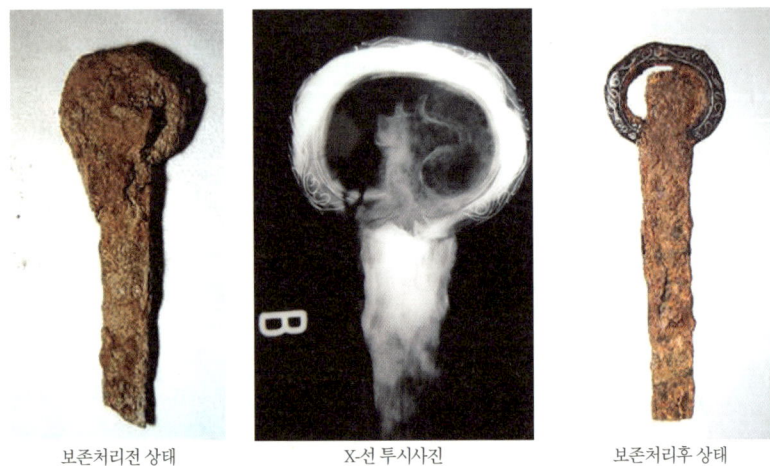

보존처리전 상태　　　　　　　X-선 투시사진　　　　　　　보존처리후 상태

사진 5-2. 고령 32호분 출토 은상감당초문환두대도(손잡이)

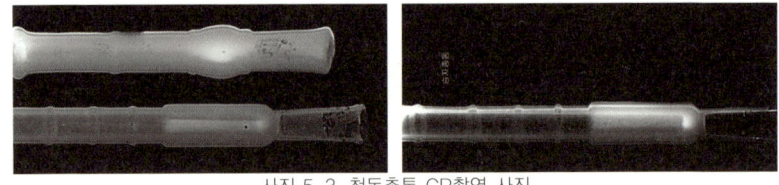

사진 5-3. 청동총통 CR촬영 사진

2. X선 형광분석 (XRF: X-ray Fluorescence Spectroscopy)

　X선 형광분석의 원리는 다음 그림과 같다. X선(일차 X선)을 시료에 조
사하면 X선이 입사되어 시료의 전자가 방출되면서 바깥쪽의 전자가 그 자
리를 채우게 된다. 이때 두 껍질 사이의 에너지 차만큼 특정 X선(형광 X
선)이 방출하게 된다. 각 원소에 고유의 파장을 가지고 있는 특성 X선의 파
장(또는 에너지)과 강도를 측정함으로 정성, 정량을 분석하는 방법을 X선
형광분석법이라고 한다. X선을 검출하는 방식에 따라 파장분산형, 에너지

분산형으로 나눌 수 있다.

파장분산형XRF(wavelength dispersive XRF)은 회절결정을 이용해서 시료가 방출한 특정 파장을 분석하여 정성분석이 가능하다. 정량분석에는 조성을 알고 있는 표준시료의 특성 X선 강도를 미리 측정하고 미지시료의 특성 X선을 측정하

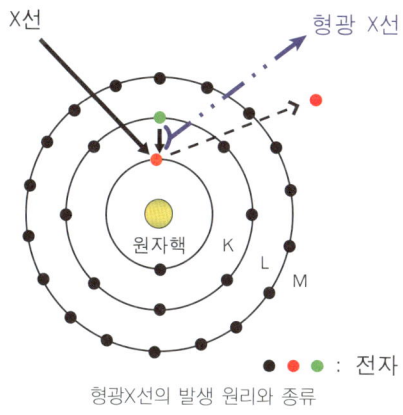

형광X선의 발생 원리와 종류

여 상대적 비율로써 농도를 환산한다. 특히 수은아말감법으로 제작된 금도금의 경우 금 옆의 수은을 확인하는데 정확하다. 그러나 분광 결정의 조정이 필요하고 각도를 조절해서 조사하므로 측정시간이 길고 강한 X선으로 인해 도자기 및 유리에 흑화현상을 일으키는 단점을 가진다. 에너지분산형XRF(energy dispersive XRF)은 회절결정 없이 반도체 검출기와 다중채널기기등의 전자장비를 이용하여 형광 X선의 에너지와 양을 동시에 측정하여 정성, 정량분석을 한다. 간단한 구조로 시료와 디텍터의 거리가 짧아 가속전류가 작고 측정시간이 짧기 때문에 X선에 의해 열화되기 쉬운 문화재의 분석에 유용하다.

1) XRF 분석법의 특징

X선 분석법은 시료를 비파괴적으로 짧은 시간(1초에서 수분 이내) 안에 신속히 분석할 수 있고, 시료의 형태(고체, 액체, 분말, 겔)와 무관하게 전처리 없이 분석이 가능할 뿐만 아니라 시료가 되는 원소분석의 폭이 광범위(11Na~92U)하다. 또한, 시료의 분석 전 처리과정이 없으므로 분석 때 발생되는 분석오차가 거의 없다.

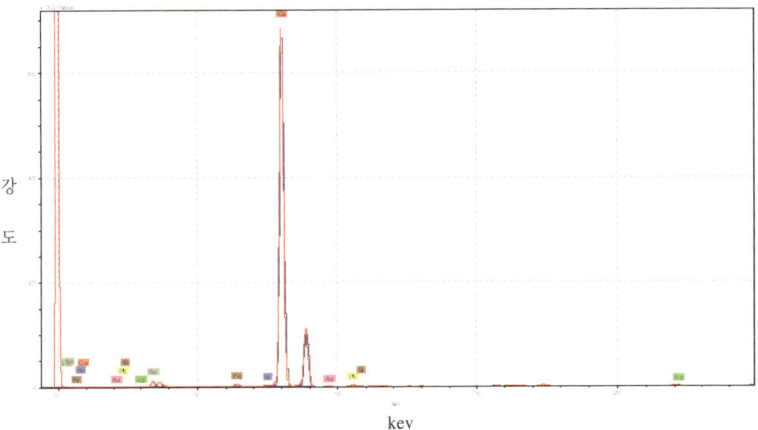

No.	Element	Line	Energy/keV	Net	Backgr.	Sigma	Chi	Conc./%
1	Fe	K12	6.405	3080	2147	86	13.1	0.42
2	Ni	K12	7.48	1745	3433	93	54.8	0.26
3	Cu	K12	8.046	487307	3453	703	3125.34	75.99
4	Ag	K12	22.163	1064	168	37	4.21	2.36
5	Sn	L1	3.444	6077	1708	97	11.82	19.58
6	Au	L1	9.713	975	475	44	14.05	0.34
7	Pb	L1	10.551	2837	575	63	51.34	0.92
8	Bi	L1	10.839	405	558	39	2.07	0.13

사진 5-4. 금동불상 등부위 조사

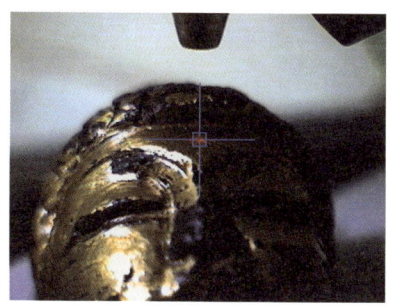

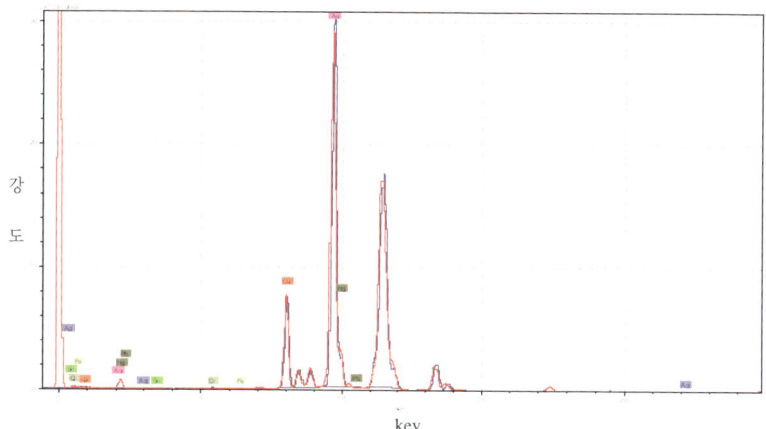

No.	Element	Line	Energy/keV	Net	Backgr.	Sigma	Chi	Conc./%
1	Cr	K12	5.415	676	982	51	35.44	0.08
2	Fe	K12	6.405	187	1415	55	0.53	0.02
3	Cu	K12	8.046	54926	3253	248	487.56	8.32
4	Ag	K12	22.163	623	152	30	7.76	1.34
5	Sn	L1	3.444	145	771	41	0.82	0.45
6	Au	L1	9.713	243471	5601	505	3516.13	83.72
7	Hg	L1	9.989	17672	5475	169	107.77	5.9
8	Pb	L1	10.551	505	4162	94	12.27	0.16

사진 5-5. 금동불상 이마부위 조사

2) XRF의 응용

토기 및 도자기의 재질조사와 청동 및 철기 유물, 금·은·금동의 재질
조사, 특성성분 분석을 통한 제작 산지의 과학적 규명, 사용 원료 및 재료
의 공급지 조사, 도금막 두께측정으로 고대 도금기술의 자료 조사, 고대 금,
은의 제작기술 및 제작 산지 추정, 안료의 산지추정 등 여러 가지 조사에
응용될 수 있다.

3. X선 회절분석 (XRD: X-ray Diffraction Analysis)

유물이나 안료가 단일 원소로 구성되어 있는지 아니면 혼합 원소로 구성
되어 있는지를 조사하여 그 결정구조를 알아보는데 사용한다. 물질은 그
것이 순수한 상태로 있든지 또는 화합물의 한 성분으로 있든지 항상 독특
한 X선 회절무늬를 갖는다. 회절분석은 함유하고 있는 성분의 화학원소로
서가 아니라 실재하는 물질로서의 특성을 밝힐 수 있다. 예를 들면 FeO라
면 일반분석에서는 Fe와 O의 원소만 나타내지만 회절분석은 FeO라든가
Fe_2O_3와 같은 분자식의 조성 물질까지 알 수 있다.

적색 안료의 경우 형광X선 분석법이나 전자현미경에 부착된 EDS 등을
이용한 일반분석으로는 Fe만 검출돼 물질의 조성을 알 수 없으나 X선 회
절분석으로 조사하면 철이 어떤 화합물로 구성되어 있는지를 알 수 있기
에 문화재 재질조사연구에 광범위하게 활용되고 있다.

조사에 있어 결정화되어 있는 물질에 X선을 조사하면 산란선에 회절현
상이 일어난다. 이러한 회절현상의 해석으로 물질을 구성하고 있는 원자
의 배열에 대한 정보인 화합물의 결정구조를 알 수 있다. X선은 충분한 에
너지를 가진 하전된 입자(charged particle)가 갑자기 정지될 때 생성되는데,

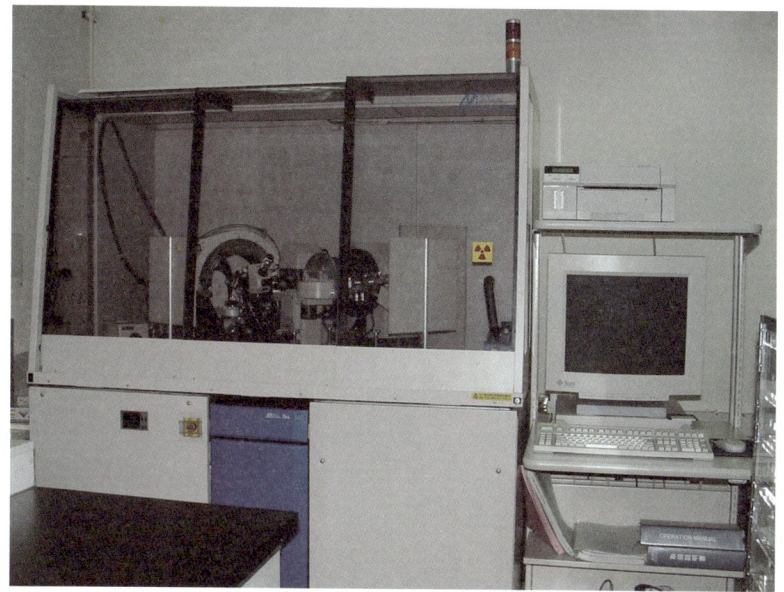

사진 5-6. X선 회절분석 장비

전자의 공급원과 2개의 금속 전극을 가지는 X선관에서 만들어진다. 2개의
전극 사이에는 수만 볼트의 높은 전압이 걸려 있으며 이것에 의하여 전자
가 음극에서 방출되어 양극에 고속으로 충돌할 때 X선이 방출된다. 고체
를 구성하는 원자는 규칙적인 결정격자를 가지고 있고 이 결정체에 X선을
입사하면 X선의 파장은 결정의 격자간격과 같은 질서를 갖는데 산란된 X
선의 파장이 Bragg의 식($n\lambda = 2d\sin\Theta$)에 따라 어느 일정한 방향으로 반사
되고, 이것의 위상이 잘 일치하여 상호 보강되는 경우에 회절선이 관측된
다. 이 회절현상은 원자의 배열방법과 밀접하게 관련되어 있어서 X선 회
절패턴을 통해 유물의 결정구조와 결정상태, 즉 원자의 배열과 관계있는
정보를 얻을 수 있다. 유물의 결정구조와 화합형태가 다르면 회절패턴의
형태가 변화하므로 표준물질의 데이터와 비교해서 유물을 정성분석 할 수
있다. 또한 회절선의 강도를 측정해서 각 성분의 정량분석도 할 수 있다.

유물의 회절 무늬(검출피크)는 그 유물만의 특유한 것으로 이는 유물의 지문과 같은 것이다. 따라서 매우 많은 유물의 회절무늬 자료가 있다면 미지의 유물은 그 유물의 검출된 회절 무늬를 통해 그것과 일치하는 무늬를 찾아냄으로써 동정할 수가 있다.

1) XRD의 활용

토기, 도자기의 유약과 태토 면의 결정형태 조사와 청동 및 철기 유물의 재질조사 및 표면 녹 조사, 고대 유리의 결정구조 조사, 회화 안료의 결정구조 조사 등 주로 유물의 결정구조 조사에 활용된다.

다음은 X선 회절분석을 행한 예로, 일본 에도시대 후기의 손잡이가 달려있는 동경에 관한 분석 결과이다. 그림에 보이는 것과 같이 성분분석 결과, 동 88.4%, 납 4.9%, 비소가 6.7% 함유된 동경은 회절분석을 통해 동, 동과 비소의 금속간화합물 및 납의 결정구조를 지니고 있다는 것을 알 수 있다.

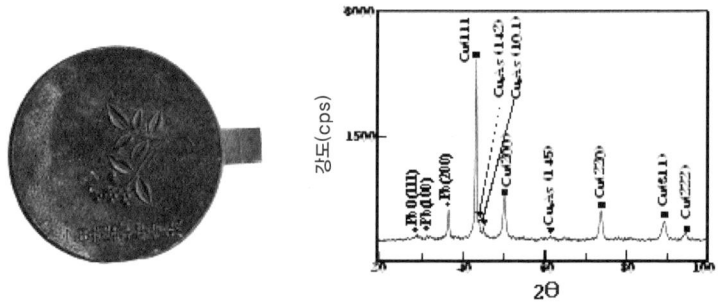

사진 5-7. 동경을 이용한 X선 회절분석

4. 주사전자현미경분석
(SEM: Scanning Electron Microprobe Analysis)

이전의 현미경 관찰은 배율이 높지 않은 광학현미경으로 한정된 조사가 이루어졌으나, 전자현미경의 급속한 발전으로 100,000배 이상의 고배율로 관찰이 가능해졌다.

주사전자현미경(SEM)은 수 ㎚까지의 고분해 능력과 초점심도에 의한 시료 형상의 3차원적 관찰을 할 수 있다. 이러한 관찰이 가능한 것은 고체 시료에 전자선을 주사하면 시료의 표면층과 일정 내부의 물질이 가지고 있는 원자와 충돌, 산란된 여러 작용이 발생되고, 이 상호작용의 결과로 시료표면으로부터 2차전자, 반사전자, 투과전자, 투과산란전자, 특성 X선 등이 나타나면서 이러한 특성들의 전기신호로 전환, 영상화하기 때문이다.

또한 주사전자현미경(SEM)에 파장 분산형 분광기(Wave Dispersive Spectrometer : WDS)와 에너지 분산형 분광기(Energy Dispersive Spectrometer : EDS)를 장착하게 되면 관찰하고 있는 시료 부분의 정성과 정량에 대한 정보를 얻을 수 있을 뿐만 아니라 원소 Mapping도 가능하다.

이러한 시료의 관찰과 분석에 대한 주사전자현미경(SEM)의 뛰어난 기능성에도 불구하고 지금까지 그 활용도가 낮았다. 왜냐하면 유기문화재의 경우 전도성을 주기 위해 시료를 코팅하는 전처리작업 없이는 관찰과 분석이 불가능하고, 진공상태에서 관찰해야 하는 문제점이 있기 때문이다. 그러나 최근에는 과학기술의 급진적 진보로 대기압에서도 조사가 가능한 주사전자현미경이 개발되었으며 시료의 크기도 10㎝ 정도까지 화상관찰과 분석이 가능하게 되었다.

1) 분석범위

유물의 표면 확대관찰 및 구조조사와 관찰면의 성분분석을 할 수 있으며 금속류, 목재류, 섬유류, 미생물의 재질의 표면구조 판독 및 정성, 정량분석이 가능하다.

2) 장점 및 활용도

분광분석기가 부착되어 다양한 재질에 대한 성분조사와 영상처리가 가능하다. 특히, 비전도성 재질(수지, 종이 등)을 특별한 사전처리 없이 비파괴 조사가 가능하다. 그러나 비파괴조사시에는 구조 및 성분 분포 등에 한정되어 분석할 수밖에 없다는 한계가 있다. 또 단면조사가 가능한 경우 다양한 정보(층의 두께 및 구조 등)를 얻을 수 있으며, 미세부위까지 성분 조사가 가능하다는 장점을 가진다.

3) SEM-EDS의 응용

가장 대표적으로 일반 재질의 구조 관찰 및 성분 조사에 응용되며, 도자기 유약, 유리 등의 구조 관찰과 정량 분석, 청동기의 금속조직 및 표면 관찰과 정성 분석, 금동유물의 금도금층의 확인 및 정성 분석, 고서화 등의 지질(地質)조사에 응용된다.

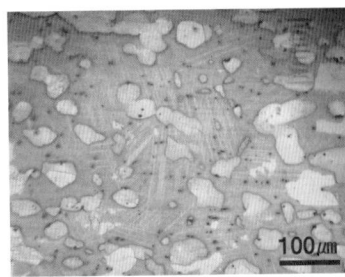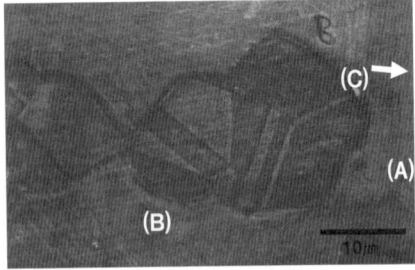

사진 5-8. 금속현미경과 SEM-EDS를 통한 고려시대 청동수저의 관찰

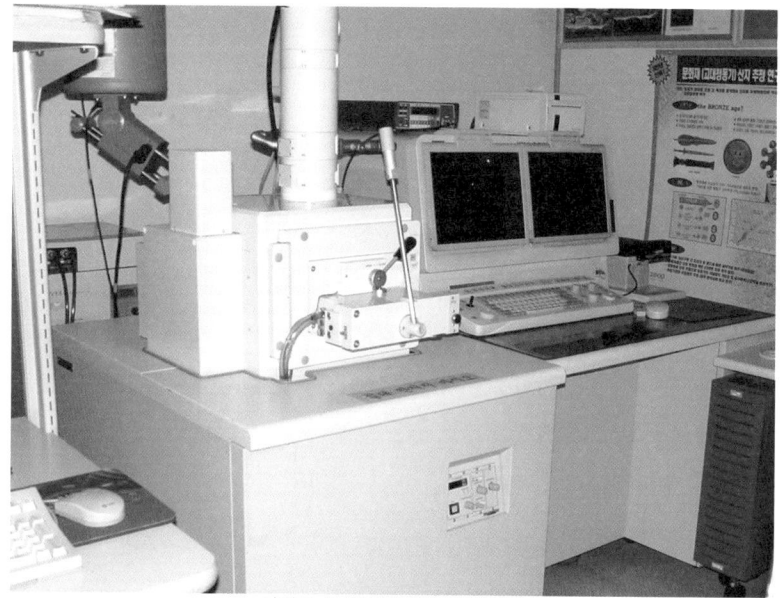

사진 5-9. SEM-EDS 분석 장비

　다음은 광학현미경과 SEM을 이용하여 고려시대 청동 수저의 금속조직을 관찰한 결과이다. 보이는 바와 같이 SEM으로는 광학현미경보다 고배율의 관찰이 가능하며, 이를 통해 보다 많은 정보를 얻어낼 수 있다는 장점이 있다.

　또한 SEM에 부착된 EDS를 이용하면 자신이 원하는 부분에 대한 정성/정량분석이 가능하다. EDS를 통해 (A)부분의 성분을 조사한 결과, 동에 약 15.1%의 주석이 함유되어 있었으며, (B)는 이보다 주석이 증가하여 약, 24.2%의 함유되어 있고, (C)는 동과 주석이외에도 불순물인 황과 철 등을 포함하고 있다는 점을 알 수 있었다. 또한, 금속현미경 관찰에서 연마흔적처럼 보이는 부분을 전자현미경을 통해 확대해서 살펴 본 결과, 담금질 등을 통해 급냉시에 발생하는 martensite는 금속조직임을 알 수 있어, 당시 제작기술의 대한 정보를 제공해 주고 있다.

5. ICP발광분석법 (ICP-AES: Inductively Coupled Plasma Atomic Emission Spectrometry)

문화재의 분석에 있어서는 비파괴분석을 원칙으로 하되 미량의 시료채취가 가능한 경우나 혹은, 문화재를 구성하는 재질에 포함되어 문화재 제작당시의 제작기법이나 기술의 정도를 파악하는데 중요한 정보를 지니는 미량원소의 정성/정량분석이 필요한 경우에는 ppb레벨까지도 고감도 분석이 가능한 ICP발광분석법을 이용한다. 채취한 시료의 양은 극히 미량으로도 분석이 가능하나, 분석목적에 따라 채취하는 시료의 위치와 부분에 주의하여야 한다.

분석방법은 산(酸) 등에 시료를 녹여 제작한 시료용액을 고주파 유도 플라즈마 안에서 분무하면, 시료 중의 원소가 고온(6000~10000℃)에서 여기(勵起) 되어 발광하는 원리를 이용한다. 이때 발생하는 발광 파장은 원소별로 특유한 파장을 나타내며, 이를 폴리크로메터 등의 다원소(多元素) 동시측정용의 분광기로 분광하여 포함된 원소의 발광 강도를 측정하는 원리이다. 측정된 발광강도를 사전에 준비해둔 표준시료에 있어서의 각 원소의 발광강도와 비교하여 정량분석을 행한다. 공존하는 원소와 시료용액이 분석결과에 미치는 영향이 적기에, 문화재를 구성하는 재질의 주성분원소로부터 극히 미량성분의 원소의 정량이 단시간에 측정가능하다는 것이 장점이다.

단, ICP발광분석의 경우, 형광X선분석이나 EDS분석법과는 달리 분석에 앞서 시료를 인공적으로 처리해야 하는 점이 있기에 정확한 분석을 위해서는 시료제작에 주의해야 한다.

제6장 금속유물의 보존

1. 금속의 역사

고대로부터 현대에 이르기까지 인류문명의 발전과정 중에 가장 큰 변화의 시기는 금속을 사용하면서부터이며, 오늘날 생활의 대부분도 금속이 지탱하고 있다고 해도 지나친 말은 아니다. 동서고금을 통하여 제철기술이 발달한 국가일수록 부강한 국가였고 그에 따라 고대의 제철기술은 소중한 비법이었다. 철을 가지고 무기와 농경 도구를 만들어 사용한 것은 오늘날 컴퓨터의 사이버 혁명과 비견할 만한 획기적 대변화였을 것이다.

문화재에 많이 이용된 금속의 재료에는 금(Au), 은(Ag), 동(Cu), 철(Fe), 납(Pb), 주석(Sn) 등이 있다. 이 금속들은 대개 합금으로 각종의 생활 도구를 만들어 사용하였고 용도에 따라 목재 등의 재료와 병행하여 사용하였다. 금속이 만들어지기 위해서는 광석(산화물)을 채굴하여 높은 에너지(고온)를 이용해 환원시키는 제련이라는 과정을 거쳐야 한다. 이 광석(산화물)은 가장 안정한 상태로 있다가 금속(환원)이라는 불안정한 상태로 바뀌면서 원래의 고향인 산화물 상태로 되돌아가려고 하는 성질을 갖고 있다. 금을 제외한 모든 금속문화재는 부식으로 인해 손상과 손실이 발생하게 된다. 따라서 부식방지를 위한 보존처리는 문화재 형태 보존에 그 중요성이 매우 크다.

부식과 녹의 용어에 대해 간략히 정리하면, 금속이 둘러싸고 있는 주변

환경 물질과의 화학반응 또는 전기화학반응으로 소실되는 현상을 부식(Corrosion)이라 하며, 부식으로 생성된 결과 물질의 고체 상태를 녹(Rust)이라고 한다.

우리 한반도에서 금속유물은 기원전 천년 경부터 청동기(구리합금)를 시작으로 기원전 3세기경까지는 철을 사용하였고 삼국시대에 들어오면 금, 은제품이 사용되었음을 출토유물로 알 수 있다.

금속유물에서 금을 제외한 모든 것은 녹이 슨다. 우리 금속문화재의 역사적 가치, 예술적 가치를 충분히 살리기 위해서는 형태와 문양을 파손시키는 부식요인을 조사하고 이미 생성된 해로운 녹을 제거하여 안정화시키는 과학적인 보존이 이루어져야 한다.

금속유물은 예로부터 전해온 수리 방법이 따로 없어 현대과학의 재료와 기술을 응용하여 문화재 수리의 기본원칙인 현 상태 유지를 위한 보존처리를 하고 있다. 금속유물뿐만 아니라 모든 유형문화재 수리의 기본개념은 현 상태의 보존이다.

각종의 고고학적 금속유물은 고분, 주거지 등 지하에서 아주 긴 세월 매장되어 있는 동안 지하 환경인 주변의 토양과 지하수 등의 작용으로 부식이 진행된다.

고분 내에 시신(屍身)과 부장품이 매장된 밀폐공간에서는 처음에 산소의 소비로 산화상태가 진행되다가 박테리아 등의 미생물로 인해 시신이나 유기물질 부장품의 분해로 아민류, 암모니아, 탄산가스, 메탄 등이 생산되면서 산소의 결핍으로 환원상태가 된다. 지하수와 흙의 유입으로 약간 산소 공급이 되는 경우도 있다. 이같이 오랜 세월동안 산화, 환원상태가 반복되면서 나중에는 환원상태의 평행상태가 유지되는 것으로 판단하고 있다.

발굴 후에 유물의 상태를 이해하기 위해서는 유물이 출토된 곳, 즉 지하환경을 알 필요가 있다. 지하 환경은 지상 환경과 약간의 차이가 있다. 극히 날씨가 건조한 기간을 제외하고는 토양의 입자들 사이에 존재하는 토양환경의 상대습도는 98% 이상이며 건조 층 자체도 50㎝ 이상을 넘지 않는다. 토양환경의 구성성분은 우리가 호흡하는 환경과 큰 차이는 없으나 산소함량이 약간 적고 CO_2 함량은 훨씬 많다.

여기서 알아 두어야 할 것은 유물의 부식율은 유물표면에서의 산소 확산율에 좌우 된다는 점이다. 지하에 매장되어 있을 때에는 느리게 부식되다가 발굴 후 단시간 내에 부식되는 것은 산소의 확산율이 크기 때문이다. 또 다른 차이점은 지하의 깊이 약 20㎝ 이하의 토양의 온도는 불과 1℃(년간)의 범위로 일정하나 이에 비해 지상온도의 변화는 연간 40℃ 범위로 변화가 심하다는 것이다.

2. 금속 문화재의 구성 재질

1) 철 (Iron)

철(鐵, Fe)은 원자번호 26의 지구상에 널리 또한 다량으로 존재하는 원소로 순철은 백색광택이 나는 금속이다. 전성(展性), 연성(延性)이 풍부하며 강자성(强磁性)을 가지고 있다. 융점은 1535℃, 비점 2730℃, 비중 d^{20}=7.86이다. 철은 온도에 따라 결정형이 달라지는데 예를 들면 순도가 높은 철을 서서히 가열하면 어느 온도선까지 열이 올라 가다가 온도가 더 상승 못하는 기묘한 현상이 일어난다. 이것은 결정을 만들기 위해 에너지가 소모하는 것으로, 처음에는 768℃, 두 번째 910℃, 세 번째 1401℃에서 일어나며 마지막은 1539℃에서 융해한다. 철에는 α, β, δ철이 있으며 보통 이용되는 것은 α철이다. 이것은 가열로 인해 전이(轉移)된다. 그 전이점(轉移點)은 α→γ 960℃, γ→α898℃, γ→δ1401℃이다. 철은 상온에서 변하지 않지만 습기가 있으면 녹이 발생되며 주변의 염소, 황, 인과 맹렬하게 작용한다. 묽은 산(酸)에는 수소를 발생하고 녹지만 진한 질산에 의하여 부동태로 된다. 묽은 알칼리에는 녹지 않고, 진한 알칼리에서는 산소가 있을 때 가열하면 녹는다.

인류가 금속을 도구로 사용하기 시작한 것은 기원전 8000년경이라고 한다. 처음은 동을 다음은 동과 주석을 합금하여 청동을 사용했다.

인류가 어떻게 철을 알게 되었는지 확실치 않지만 대개 두 가지 경로를 들 수 있다. 하나는 하늘에서 떨어진 운철로 제품을 만들었다는 설과 다른 하나는 노출된 광맥에 모닥불과 산불 또는 용암이 흘러 자연스럽게 제련된 철을 얻게 되었다는 양설이 있다. 운철과 운석은 화성과 수성사이에 밀집되어 있는 행군이 유성으로 떨어진 것으로 운철의 성분은 철과 니켈-합금으로 니켈(Ni)은 1~15%이고 코발트(Co), 인(P), 황(S), 탄소(C), 동(Cu), 크롬(Cr) 등이 함유되어 있다. 이집트인들은 『철을 하늘의 선물』이라 했고 수메르인들은 『천상의 금속』이라고 불렀다.

최초로 야금(冶金)을 시작한 것은 기원전 1500년경 히타이트이다. 그들은 철을 목탄과 섞어 열을 주어 망치(hammer)로 두드려 탄소를 함유한 강(鋼)을 생산하여 그것으로 강한 무기를 제작, 청동무기를 간단히 무찌를 수 있었다. 이렇게 히타이트는 철로 만든 무기와 전차를 앞세워 전쟁에서 승리할 수 있었고 당시 금의 10배로 거래되던 철의 무역은 국력성장의 원동력이 되었다.

결국 히타이트는 기원전 1300년경 인접국인 미타니 왕국을 멸망시켜 강대한 제국이 되어 오리엔트를 지배하였지만 기원전 1200년경에 국력이 쇠퇴하고 『해양민족』이라고 불리는 이민족 침입으로 멸망하게 된다. 이후 히타이트인들이 각지로 흩어지고 제철기술이 여러 국가로 퍼져 나가게 되었다. 이것이 철기시대의 개막이다.

이후 세계 철기문화가 발생한 중심지로 두 지역을 꼽고 있는데 한 곳은 B.C. 12세기경 동지중해 지역이며, 다른 한 곳은 이보다 시대적으로 늦은 중국이다. 이 두 지역은 기술적 관점에서 커다란 차이가 있다. 즉 전자는 해면철(Sponge iron)을 기본으로 하는 강(鋼)을 생산한 반면, 후자는 해면철의 단조기술과 주조기술을 초기부터 동시에 이용해 생산하였다.

순도가 높은 철은 연하고 물러서 기계적 강도가 떨어지기 때문에 강도를 높이기 위해서는 탄소와 합금하여 강이나 주철로 변환해야만 실생활에 유용하게 사용할 수 있다. 따라서 철은 탄소와 절대적 관계가 있는 합금이다.

철의 일반적 조성형태는 연철과 주철, 강철이 있다. 연철은 철 덩어리(塊)를 불에 구워 단타(鍛打, hammering)하여 만들며 철 속에 탄소함유량은 0.1% 내외로 단철(鍛鐵) 또는 숙철(熟鐵)이라고도 한다. 주철은 주조하기 쉽게 철 속에 탄소 함유량이 1.7~6.7%를 포함한 Fe-C계 합금으로 중국은 고대부터 제작하였으나 유럽은 산업혁명 이후에 사용하기 시작했다. γ철 속에 용해 가능한 탄소의 수치는 약 2%로 이보다 탄소가 많이 함유한 것은 강철이라고 하지 않고 주철이라고 한다. 주철에도 여러 종류가 있지만 탄소가 흑연형으로 함유돼 있는 것을 회주철(灰鑄鐵), 탄소가 철의 탄화물(Cementite Fe$_3$C)로 되어 있는 것을 백주철(白鑄鐵)이라 한다. 전자는 연해 가공하기 쉽고 후자는 상당히 경해 깨지기 쉽다.

강철은 약 1% 정도 탄소를 의도적으로 첨가한 철로 보통 연철에 탄소를 첨가하여 만든다. 강철은 연철보다 강하고 주철보다 깨짐이 적어 일상적인 도구나 무기 등의 제작에 사용된다.

2) 동

동(銅, Cu)은 원자번호 29, 융점 1083℃, 비점 2630℃, 비중 d^{20}=8.93이다. 전성 연성이 풍부한 금속으로, 건조한 공기 중에서는 상온에서 안정하

고 이산화탄소, 이산화황, 염분을 함유한 습한 공기 중에서는 각종의 염기
성염을 만들어 녹색(綠色)의 녹청(錄靑)으로 표면이 덮힌다. 염산, 묽은 황
산 그 밖의 비산화성(非酸化性)의 산(酸)으로도 공기 중의 산소작용에 의해
서서히 녹으며 암모니아수, 시안화알칼리 용액에도 착염(錯鹽)을 만들고 잘
녹는다. 일반적으로 유물에 As, Sb, Ag, Bi, Fe 등 불순물을 함유하고 있
다.

청동은 구리와 주석의 합금으로 구리합금(Copper Alloy)이라고 한다. 자
연산 구리는 특유의 적색금속으로 비중 8.945, 융점 1,083℃, 비점 2,567℃
으로 전성, 연성이 풍부하다. 구리와 주석, 두 금속의 배합율에 따라 물리
적 성질이 변한다. 일반적으로 주석은 약 2~35%의 넓은 범위로 사용되고
있으나 10% 이상에서는 편석(偏析)되어 부서지는 상(相)이 나타나기 쉽다.
주석이 2~10%의 것은 당금(唐金)이라고 부르고 10% 전후의 합금은 포금
(砲金)이라 한다. 주석을 10% 이상 첨가하면 무르게 되지만, 15~20% 정도
첨가하면 음향이 좋기 때문에 사원(寺院)에서 종을 주조할 때 이용되었다.
주석 30%의 것은 경질(硬質) 금속(백동 : 주석 30%)을 얻을 수 있기 때문
에 거울을 제작할 때 이용하였다. 청동에 납을 첨가하면 주조성을 높일 수
있다.

3) 주석

주석(朱錫, Sn)은 원자번호 50, 융점 231.84℃, 비점 2275℃, 비중
d^{20}=5.8(α-주석) d^{20}=7.25(β-주석)로 원소의 기호는 라틴어 Stannum에서
유래한다. 주석은 연한 은백색 금속으로 산화피막에 의해 산소와 물에도
반응하지 않는다. 주석은 실온에서는 전성, 연성이 풍부한 금속이나 온도
에 따라 3종류의 동소체로 존재한다.

회색주석(α-Sn) ⇔ 백색주석(β-Sn) ⇔ γ주석(γ-Sn) ⇔ 액체주석

13.2℃　　　　　161℃　　　　　232℃

회색주석은 다이아몬드형 구조를 갖고 있어 Sn-Sn의 결합에너지가 탄소족 화합물 중에서 제일 작기 때문에 깨지기 쉬운 비금속성이다. 나폴레옹군이 러시아와 전쟁에서 패배하고 퇴각할 때 병사군복 단추가 회색이 되어 떨어진 예가 있다. 겨울 러시아는 -30℃ 저온에서 장기간 노출로 백색단추가 변태하여 회색주석으로 되었다. 이 변태현상을 당시에 주석페스트(tin pest)라고 하였다.

4) 납

납(鉛, Pb)은 원자번호 82, 청백색을 띠는 연하고 무거운 금속이다. 융점 327.4℃, 비점 1750℃, 비중 d^{20}=11.34, 새로 자른 면은 금속광택이 있지만 공기 속에서 곧 녹슬어 회색(鈍色)이 된다. 이 녹은 내부까지는 미치지 않는다. 천연에는 방연광(PbS), 백연광($PbCO_3$), 황산연광($PbSO_4$) 등으로서 아연, 금, 은, 동광 등과 함께 복잡하게 산출한다. 유물 중에 함유한 납 동위체비(鉛同位体比)로 산지추정법(山地推定法)이 연구되고 있다.

인류는 고대로부터 가공하기 쉬운 동을 먼저 사용하였다. 기원전 8,000년경 아나톨리아고원 유적에서 자연동으로 만든 동제나사못이 출토된 예가 있다.

인류가 처음으로 동을 두드려 늘린 단조가공 기술은 기원전 4,000년경으로 올라가며 이후 동과 주석의 합금인 청동이 등장한다. 이 청동의 발견은 새 시대를 열게 된다. 순동은 가공하기 쉬우나 너무 물러 무기를 만들면 석기보다 약하다. 그러나 청동은 석기보다 강하여 강력한 무기와 농경구로

써 생산력을 증가시키는 데 크게 기여하였다.

우리나라 청동기시대의 많은 청동유물 가운데 대표적인 것은 기하학적 (幾何學的) 세선문양(細線文樣)으로 주조된 다뉴세문경(多紐細文鏡)이 있다 (숭실대학교 박물관 소장품)[1]. 이 유물을 구성하고 있는 주요성분을 확인 하기 위해 형광X선비파괴조사로 문양면 11군데, 경면 12군데를 조사하였 다. 물론 거울 표면에는 청동 녹이 덮여 있는 상태이어서 정확한 금속소지 분석은 아니지만 정성적으로 구리, 주석, 납 삼원소로 제작되었음을 알게 되었다. 미량성분을 제외한 삼 원소는 전체평균(100%) 구리 52.2%, 주석 41.6%, 납 3.16%로 확인하였다. 구리에 비해 주석 성분이 많은 것은 주석 이 표면으로 이동되면서 생성된 부식화물의 영향으로 보인다.

2008년 숭실대학교 박물관 소장 다뉴세문경을 보존처리하는 과정에서 해 체된 거울의 단면(소지층)에 대한 성분 분석 결과 구리 61.68%, 주석 32.25%, 납 5.46%, 아연 0.16%, 철 0.07%, 니켈 0.16%로 확인되었다. 종 전 부식표면층의 분석결과 내용과 큰 차이를 보이는 것을 알 수 있다. 유 물의 정확한 재질을 파악하고 성분 조성을 밝혀내기 위해서는 가능하면 부 식되지 않는 부분을 선별하여 조사하는 것이 정확한 자료를 얻을 수 있다.(조 사자 : 국립중앙박물관 보존과학팀 유혜선)

일본에서 仿製三角緣神獸鏡에 대해 바탕금속과 녹을 조사하였다. 측정은 20군데 조사하여 전체평균 바탕금속 배합비율은 구리 79.3%, 주석 10.7%, 납 7.0% 이고, 표면 녹은 구리 25.2%, 주석 23.6%, 납 4.5% 로 확인되었 다.[2]

---

1) 숭실대학교 박물관 소장 다뉴세문경은 현재 국립중앙박물관 보존처리팀에서 처 리하고 있다. 추후 이 거울의 정량성분조사가 실시될 것임.

중국 동경(銅鏡)은 前漢期부터 盛唐期까지 천 년간 거의 변화지 않고 동일한 금속원소로 배합하여 거울을 제작한 것이 특징이다. 주요성분은 구리 약 69%, 주석 약 24%, 납 약 6%로 나타났으며 이것은 일본과 중국 화학자들의 조사로 확인되었다.[3]

중국은 은(殷: B.C 17~11세기)시대 이미 청동무기, 그릇이 주조되었다. 중국 진(秦: B.C 221~전207년)시대의 『여씨춘추(呂氏春秋)』에는 「金柔錫柔合兩柔則爲剛」라는 내용이 기술되어 있다. 여기서 금(金)은 현재의 동(銅)으로 무른 동과 무른 주석을 혼합하면 경(硬)한 금속이 된다는 것을 그 당시에도 알고 있었다.

고대 중국에서 청동기에 고색을 내는 4가지 방법이 있는데 「동천청녹집(洞天淸祿集)」에 토중고(土中古), 수중고(水中古), 전세고(傳世古)와 「준생팔전(遵生八牋)」에는 수은고(水銀古)가 있다. 토중고는 흙에서 천년이 되면 순청취(殉靑翠) 빛과 같고, 수중고는 물에서 천년이 되면 순녹(純綠) 빛의 광택이 나는 옥과 같고, 전세고는 전혀 흙과 물 속에 넣지 않고 인간에 의해 전해 온 것으로 색은 자갈색(紫褐色)이다. 그리고 수은고는 무덤 층과 가까이 한 것은 수은색(水銀色)이 난다. 수은색은 2종류가 있는데 은색(銀色)과 연색(鉛色)이 있다. 연색(鉛色)은 흙 속에 오래 있어도 순흑색(純黑色)으로 변하지 않으나 이름을 흑칠품(黑漆品)이라고 한다는 기록이 있다. 고대 중국은 여러 환경에서 각각 다른 녹이 만들어지는 방법을 알고 있었다는 것이 매우 흥미롭다.[4]

---

2) 澤田正昭, 「遺物の非破壊調査法 -金屬製遺物の材質分析-」, 保存科學研究集會, 奈良國立文化財硏究所, 1986.
3) 成瀨正和, 「科學分析調査 唐傳來の鏡」, 正倉院學ノート, 1999.

황동은 구리와 아연의 합금으로 일반적으로 고고학에서는 모두 청동이란 명칭을 사용하고 있으나 청동과 황동은 분명히 구분되어야 한다.

한국의 고대청동기의 아연 다량 함유설에 대해 최주 박사는 부인하고 있다. 아연(Zn)은 420℃에서 녹고 923℃ 되면 끓어서 증발해 버린다. 이 때문에 광석에서 금속으로 추출할 수 있게 된 것은 인도와 중국은 10세기 이후, 서양에서는 18세기에 겨우 성공했다. 그런데 중국에서는 한대에 유석이라 하여 구리(Cu)와 아연(Zn)의 합금이 나왔고, 첨가법으로는 아연의 탄산염 광물인 노감석을 구리를 녹일 때 숯과 함께 넣어 만들었다고 한다. 그러나 이 방법은 뜻대로 아연을 넣을 수 없어 중국의 청동기를 보면 아연의 함량이 3% 내외가 대부분이며 송대(宋代) 이후 금속 아연(金屬 亞鉛)이 출현함으로써 다량첨가가 가능하게 되어 진정한 의미의 구리-아연 합금인 황동이 나타나게 되었다. 따라서 B.C 10C에 우리나라에서 이미 아연의 다량 첨가가 가능하였다는 말은 믿을 수 없다고 주장하고 있다. 그리고 아연의 함유량이 1% 미만인 경우는 아연이 구리광석에 흔히 들어 있기 때문에 우연적으로 들어간 것이지 의도적이 아니라는 의견을 내고 있다.

5) 금

금(Au)의 원자기호는 79, 원자량은 196.967로, 물리적 성질은 융점 1,064.43℃, 비점 2,800℃, 비중 d^{20}= 19.3, 밀도 19.32g/㎤이다. 그리고 전성(展性)과 연성(延性)이 좋아 0.1㎛까지 얇은 박(箔)으로 할 수 있으며, 1g으로는 약 3,000m의 가느다란 선(線)을 만들 수가 있다. 금은 주기표 1B족

---

4) 江本義理, 1986, 『埋藏文化財の保存環境−埋藏環境にすける劣化現狀−』, 保存科學研究集會.

의 동족(동, 은, 금)에 속하며, 대부분이 자연금(自然金)으로서 석영맥(石英脈) 중에 은(銀)과 같이 산출된다. 모암(母巖)의 풍화 결과 강 밑바닥에 침적한 사금(砂金)에서도 얻어지고, 그 밖에 동광(銅鑛), 연광(鉛鑛) 등에도 약간 포함되어 있다. 금은 공기와 물 속에서 불변, 강산화제에서도 변화지 않지만 왕수(王水, 질산 3 : 염산 1)에는 용해되어 테라클로로金(Ⅲ)酸($HAuC_{14}$)으로 된다.

금의 발견은 B.C. 6000~4000년경으로 구약성서 창세기 제2장 10절의 기록에 의하면 "강이 에덴에서 발원(發源)하여 동산을 적시고 거기서부터 갈라져 네 근원이 되었으니 첫째의 이름은 비손[5]이라 금이 있는 하월라[6]의 온 땅을 둘렀으며 그 땅의 금은 정금(精金)이요 그 곳에는 베델리엄[7]과 호마노[8]도 있으며 둘째 강의 이름은 기혼[9]이라 구스[10] 온 땅에 둘렀고 셋째 땅에 둘렀고 셋째 강의 이름은 힛데겔[11]이라 앗수르 동편으로 흐르며 넷째 강은 유프라데[12]라."

Gold는 산스크리트어(Sanskrit)로 "빛난다"라는 의미를 갖고 있고, 원소기호는 Au이고 라틴어로 Aurum이다.

---

5) 에덴동산을 적시던 네 강 중의 하나, 위치는 아라비아를 포함하는 지역으로 추정됨.
6) 비손 강으로 둘려 있는 지방으로 금, 은, 보석의 산지.
7) 향기 나는 누런 송진의 일종. 오늘날 산지는 인도 서북지방.
8) 겹겹으로 여러 빛깔의 줄이 진 옥수 보석의 하나.
9) 에덴에서 발원하는 4대 강 중 하나.
10) 아프리카의 구스가 아니라 바벨론 지역의 땅을 가리킴.
11) 티그리스 강의 옛 이름. 유프라데 강과 더불어 메소포타미아 문화에 커다란 영향을 준 대하(大河).
12) 서아시아의 최대의 강.

기원전 7~3세기 흑해북안을 지배하던 유목민족 스키타이는 호화스러운 금 · 은 공예품을 사용하였으며 스키타이의 금은 「금의 강」에서 채집한 사금인 것으로 알려지고 있다. 고대 이집트는 유명한 투탕카멘 왕(B.C. 1361~1352년)의 황금 마스크는 고대 이집트문명(B.C. 4000~332년)을 대표하는 것으로 금은 권력과 부적 그리고 불사를 상징했다.

메소포타미아(B.C. 5000~330년)의 우르왕조(B.C. 2500~2350년) 고분 발굴에서 대표할 만한 우수 세공품인 황금, 자연금의 Electrum(금 · 은 합금, 호박금)제품이 출토되었는데 이것은 B.C. 3000년경 수메르(Sumer) 인에 의해 만들어진 것으로 우수한 금속가공기술을 보여 주고 있다. 트로이(Troy), 미케네(Mycenae)의 에게(Aegean)문명이나 스키타이 · 잉카 등 고대문명에서도 금을 존중했다.

중국에서도 상(商)시대에 이미 금제품이 존재하였으나 소형의 장식품에 한정되어 왔다. 춘추전국시대에는 화폐나 상감(象嵌), 또는 도금에 사용되었고, 금제용기는 일반적으로 육조시대 이후에 제작되었다. 전국시대 전기(戰國時代前期) 호북성(湖北省) 수주시(隨州市) 증후을묘(曾侯乙墓)에서 출토된 금제잔(높이 11cm, 외경 15.7cm, 무게 2156g)은 주조품으로 중국 최고의 금제품이다. 또한 고대 중국인은 우주 만물을 형성하는 다섯 원기 金 · 木 · 水 · 火 · 土의 오행상생과 오행상극의 이치가 전 우주를 지배한다고 믿었는데, 색깔에 있어서도 金→白, 木→靑, 水→玄, 火→朱, 土→黃으로 금은 금속을 의미하였고, 오행은 오색의 오금으로 생각했다. 허신의 『열문해자』에서도 오금은 오색으로 청, 적, 황, 백, 흑 순의 鉛, 銅, 金, 銀, 鐵을 의미하였다.

앞서 살펴본 바와 같이 금은 동 · 서양을 막론하고 고대로부터 부의 상징으로 부식되지 않고 아름다운 광택을 가진 가공하기 쉬운 성질을 가진 금속으로 희소가치가 매우 높았다. 이러한 이유로 중세 유럽에서는 비금속으로 금을 만들려는 연금술이 유행하기도 하였으나 목적을 달성하지 못하였다. 그러나 이로 인해 화학이 크게 발달하였다.

고대의 유물은 순금으로 장식품을 만들기도 하였지만 대부분은 금에 은·구리 등을 섞어 합금으로 만들어진 것이 많으며, 금합금 유물 외에도 청동(구리 합금)제품, 은제품 등에 아말감(Amalgam)기법으로 화려하게 장식한 금도금 유물들도 많이 있다.

순금에 은, 구리를 넣어 금을 합금할 경우 합금 함유율은 Karat 단위로 표시한다. 100(99.9)%의 순금은 24K(Karat)이며 1K는 1/24의 금이 합금된 것을 뜻한다. 예를 들면 23금(Karat)은 금 96%, 은 4%, 미량의 구리가 첨가한 합금이다. 18금(K)은 금 75%, 은 25%이다. 은의 함량이 증가하면 빛을 잃은 백색의 금으로 되는데 변색을 막기 위해 니켈, 파라듐, 아연을 첨가한 상업적 방법이 1840년 이후에 사용하게 되었다. 구리를 더 첨가한 합금은 경도가 증가하면서 적색(赤色)으로 된다. 금도금 제작방법에 대해서는 다음 장에서 자세히 살펴보도록 한다.

우리나라에서 금을 사용하여 만들어진 대표적인 유물은 낙랑시대(B.C. 108~A.D.313) 고분인 평양 석암리 9호분에서 발견된 금제대구(허리띠 장식)가 있다. 이 대구는 우수한 금세공기술을 유감없이 발휘한 걸작품이다. 고구려는 평양시 력포구역 통산리 진파리 7호에서 출토된 해뚫음무늬금동장식(日光透彫金銅裝飾, 4~5세기), 평양시 대성구역 암리성터 출토의 불꽃뚫음무늬금동보관(火焰文透彫金銅寶冠, 4~5세기) 등, 백제는 무령왕릉 출토(6세기) 금제관식(왕, 왕비), 금뒤꽂이, 금목걸이 등 많은 금제품이 있다.

신라는 서봉총 금관(5세기)을 비롯해 금관총(5세기), 황남대총(5세기), 금령총(6세기), 천마총(6세기), 금귀걸이, 금반지, 금목걸이, 금드리개(금제수식), 금허리띠(금제 대금구) 등 종류와 양이 다양하고 많다. 특히 신라는 금에 대한 남다른 관심과 애착심을 가진 황금의 나라였다.

(1) 금동유물의 제작기법

고대로부터 제작된 금동은 청동바탕에 금을 도금하여 순금대신 사용하였다. 그 방법으로는 금분아말감기법, 금박아말감기법이 전해지고 있으며, 이는 모두 수은아말감 도금기법이다. 아말감은 수은의 합금을 의미하는데, 아말감에 이용되는 수은(水銀, Hg)은 원자번호가 80이고, 은백색을 띠며 상온에서 유일한 액체 금속이다. 융점은 -38.87℃, 비점은 365.58℃이다. 유리(遊離)상태로는 극히 드물게 산출되는데 주 광석은 진사(辰砂, HgS)로 이것을 공기 중에서 가열하여 생긴 수은증기를 냉각·응축하여 얻는다. (HgS + $O_2 \rightarrow$ Hg + SO_2) 고대에 사용했던 수은아말감기법은 정확하게 알 수 없으나 고대 기법과 가까운 수은아말감 제작방법은 금분 도금법과 금박도금법이 있다. 『文化財を探る科學の眼』에서 伊藤博之가 「古代金屬の世界を再現, 古代の金めっき」을 재현한 내용을 정리하여 보면 다음과 같다.

① 금분(金粉) 도금법

금(金) Ingot을 줄로 갈아 분말로 만든 다음(고대는 사금을 사용) 막자사발에 금과 수은을 1:5의 중량비로 충분히 반죽하여 Amalgam을 만든다. 금 Amalgam이 연해지면 한지에 싸서 수은을 짜내는데 너무 굳었다 싶으면 수은을 첨가해 연하게 한다. 동판은 목탄으로 연마한 후 잿물(알칼리 탈지)과 묽은 산(酸)으로 씻어 물로 깨끗이 닦아 준 후 동 팔레트 나이프(Palette knife)로 금 Amalgam을 동판 위에 균일하게 바른다. 이것을 가열장치(加熱裝置)에서 가열하는데 온도는 약 350℃로 유지하고 절대로 대기 중에서는 행하지 않는다. 가열 후 냉각(冷却)되면 묽은 황산으로 닦고 물로 씻어내 도금면을 부드러운 황동 솔로 솔질한다. 이 과정을 수회 반복해서 완성한다.

② 금박(金箔) 도금법

동판(銅板)을 목탄으로 연마하고, 잿물로 탈지한 후 묽은 산(酸)으로 닦아내고 물로 잘 씻어준다. 이렇게 처리한 동판에 동 팔레트 나이프로 수은(水銀)을 균일하게 바른 다음 대나무 핀셋이나 젓가락을 이용하여 금박(金箔)을 그 위에 놓는다. 금박(金箔)의 금색(金色)이 은색(銀色)으로 변하면 가열장치에서 350℃로 가열한다. 만약, 금박이 금색일 때 가열하면 금박이 찢어지거나 마무리 면이 안 좋게 되기 때문에 주의한다. 가열 후 냉각(冷却)이 확인되면 가열장치(加熱裝置)에서 꺼내 묽은 산(酸)으로 닦아 물로 씻어주고 도금면은 부드러운 황동 솔로 솔질한다. 금분 도금법과 마찬가지로 필요에 따라 이 작업 공정을 반복해서 완성한다.

6) 은(Ag)

은(Ag)은 원자번호가 47이고, 원자량 107.8682, 녹는점 961.9℃, 끓는점 2212℃, 비중 d^{20}= 19.3이다. 전성(展性)과 연성(延性)이 금(金) 다음으로 좋기 때문에 중량 1g의 은으로 1,800m의 은실도 만들 수 있다. Silver라는 말은 아카트어(Akkadian, 메소포타미아에서 사용하던 언어)에서 왔고, 원소 Ag는 라틴어 Argentum, 즉 빛나다(輝)를 의미하는 그리스어 Argos에서 유래했다고 한다. 은은 예로부터 알려진 금속이지만 금보다 자연 산출량이 적고 주로 휘은광(輝銀鑛, Ag_2S) 등 황화광물(黃化鑛物)로서 금과 같이 산출되거나 납(鉛), 구리(銅), 아연(亞鉛) 등의 광석에 함유되어 있는 경우가 많기 때문에 까다로운 정제법을 거쳐야 얻을 수 있다. 그래서 고대에서는 금보다도 더 귀하게 여기는 시기도 있었다.

금과 은은 초기 수메르시대 Chaldees의 우르(Ur)에서는 일반적으로 사용하였으나 이집트에서 은은 진귀한 물건이었고 그리스·로마시대까지도 보유하지 못했다. 따라서 투탕카멘 왕묘에 몰래 잠입한 도둑이 가장 먼저 뒤진 것이 은이었다는 것도 이러한 사실을 뒷받침해 주고 있다.

고대의 은은 주로 방연석(方鉛石)에서 얻어졌으며 B.C. 3000년경 이집트 · 메소포타미아의 고대유적에서 발견되었고 바빌로니아 제국시대는 은제항아리가 출토되기도 했다.

우리나라에서의 은제품은 5~6세기에 접어들면 경주 황오리 37호묘 은제관식, 경주 황남대총 남분 출토 은제관을 비롯해 은팔찌, 은반지, 은제대금구(은허리띠), 장식대도의 은장식유물, 그리고 1971년 백제 무령왕릉에서 출토된 「사마왕의 비」라고 음각된 명문이 있는 은팔찌 1쌍이 있다. 은은 이외 상감재료 및 각종 장식 재료로 다양하게 사용되었다. 특히 제작기법을 살펴보면 은의 특성인 전성을 최대한으로 살려 얇게 두드려 펴서(鍛打) 만든 용기는 신라시대에서 출토된 은제유개합 등이 있는 데 제작 당시 자국의 흔적을 쉽게 찾을 수 있다.

3. 금속 재질별 부식과 보존

1) 금속유물 처리과정의 개요

(1) 예비조사 및 처리기록

유물이 놓여 있던 매장환경, 유물의 구조, 유물의 재질, 보존처리전의 유물 형태를 기록하고 다각도의 처리전 사진촬영을 하여 상세히 진단하고 기록한다. 또한 발굴현장에서의 유물수습과 응급처리에 대해 자연과학적 방법을 응용 검토한다. 고고학적으로 유물의 형태를 조사하여 사전에 정보를 완벽히 구축하여 실제 보존처리에 있어 잘못된 오류를 범하지 않도록 준비한다.

보존처리 기록은 처리 전, 처리 중, 처리 후 모든 과정을 기록으로 남겨 두어야 한다. 기록은 글과 사진 영상으로 남긴다. 보존처리 기록카드는 병원의 진료카드와 같아 환자의 모든 병의 진행 사항을 상세히 기록으로 남겨 환자의 병을 고치는 데 기본 자료로 활용하는 것과 마찬가지로 문화재 또한 문화재의 병력을 자세히 기록하여 미래 보존과학 연구의 자료와 과거, 현재, 미래를 연결하는 문화재 보존연구의 가교적 자료로 사용한다. 실제로 보존처리가 끝이 나면 연구실에는 기록 자료만이 남게 된다. 기록의 큰 테두리는 과학적인 보존처리 이외 고고학, 미술사적 기록을 같이 한다. 보존처리 기록에 필요한 항목은 대개 아래와 같다.

유물의 기본정보로 유물 명칭, 출토지, 소유자, 시대, 처리번호, 문헌 등을 기록한다. 또 유물의 고고학, 미술사적(문화재적) 가치를 나타낼 수 있는 유물의 형태, 크기, 중량뿐만 아니라 부식(녹의 종류 등)상태, X선 촬영 조사, X선회절분석 결과 등도 함께 적어 준다. 그리고 유물을 제작할 때 사용한 재료를 밝히기 위해 형광X선 분석이나 ICP분석 등의 결과와 현미경 관찰과 X선 촬영을 통한 유물의 제작기법과 유물의 구조에 대해서도 기록한다. 마지막으로 보존처리할 때 사용한 재료와 보존처리 후 유물이 변화된 상태, 보존처리자, 보존처리장소, 처리기간, 보존처리 기록과 사진 유무 등을 기록으로 남겨둔다.

(2) 매장환경조사

유물이 매장되어 있던 환경인 토양의 성분, 수분의 유무와 만약 수분이 있을 경우 pH, 염화물이온 등을 조사한다. 그리고 동반 출토유물과의 여러 상황을 조사하여 보존처리에 참고한다.

(3) 유물의 구조조사

X선 비파괴 조사(내부구조, 상태, 부식도 조사)를 실시한다. 이 비파괴 검사는 형상(形狀)치수에 변화를 주지 않고 투과, 흡수, 산란, 반사, 침투 등의 현상변화를 검출하여 유물을 파괴하지 않고 이상 유무를 조사하는 검사법이다. 유물을 파괴하지 않고 내부구조, 상태, 부식도 등을 조사하는데 가장 유용하게 사용되는 방법이다.

방사선투과검사의 검사대상은 금속, 목재, 유화 등이며 방사선투과검사에 사용되는 것은 물체의 투과도에 따라 X선뿐만 아니라 감마선도 사용된다. 문화재에 사용되는 방사선은 의료용과 달리 에너지가 높고 투과력이 강한 것을 사용한다.

X선은 어떠한 물질을 투과할 때, 밀도가 높거나 두꺼운 경우, 물질을 통과하는 중에 많이 흡수되어 투과량이 적어진다. 따라서 유물의 결함과 상감 등의 두께 차에 의해 방사선의 투과량(필름의 투과량)이 달라지며 내부에 결함이 있다면 그 부분의 투과량(감광량)이 다른 부분과 다르기 때문에

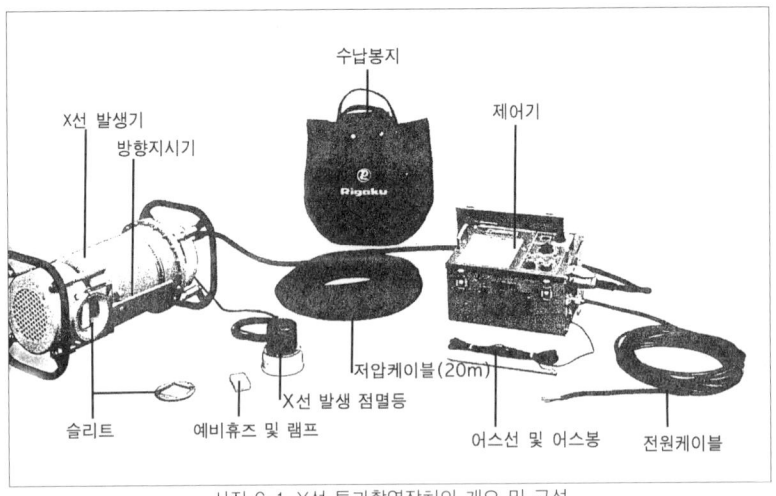

사진 6-1. X선 투과촬영장치의 개요 및 구성

쉽게 유물의 구조와 상태를 조사할 수 있다.

　대부분의 출토금속유물은 흙과 녹으로 덮여 있어 육안으로는 원래의 표면과 형태 확인이 불가능하다. 이 녹 속에는 역사적 가치가 높은 소중한 자료들이 녹 층 밑에서 수천 수백 년 동안 동면하고 있다. 이러한 유물을 아무런 대책 없이 막연하게 흙과 녹을 제거한다면 본래 유물이 지니고 있던 역사적, 기술적으로 중요한 당시의 물적 증거물들이 소실될 수도 있을 것이다. 따라서 보존처리 전 모든 유물에 X선 투과촬영을 하여 유물의 외형과 내부구조(제작기법), 부식정도와 두께(금속이 남아 있는 정도), 장식의 존재 확인(상감, 명문, 문양), 수리부분(고대와 현대 수리부분) 등의 사실을 확인하는 것이 필요하다. 이 외에 실체현미경으로 유물표면에 부착된 섬유질(목편, 직물편), 안료 등에 관하여 현미경사진을 기록으로 남겨 둔다.

(4) 유물의 재질조사

① 정성 · 정량분석

　형광X선 분석(X-ray fluorescence Analysis), 유도결합 Plasma 발광분광분석(Inductively Coupled Plasma Emission Spectrometer Analysis), 중성자 방사화 분석(Neutron Activation Analysis), 질량분석(Mass Spectrometric Analysis) 등이 있다.

② 구조해석

　X선회절분석(X-ray Diffraction Analysis)을 통해 가능하다.

(5) 문화재 분석의 원칙

　각 유물들이 어떤 물질로 어떻게 제작되었는지 기본 물성의 근본을 찾는 것은 유물의 뿌리를 찾는 것으로 보존처리를 하는데 있어 처리방법의 선택을 결정한다. 문화재의 성분분석은 문화재라는 한계성으로 인하여 엄격한 제한이 따른다. 문화재는 비파괴분석 방법으로 조사하는 것을 원칙으로 하고 있다. 비파괴성분분석으로는 일반적으로 형광X선 분석법이 이용되며 녹의 종류 동정에는 X선 회절분석법이 이용된다. 분석시료는 가능한 분석자들 간에 공유되어야 한다. 분석자들마다 시료를 채취한다면 그 유물은 어떻게 되겠는가를 생각해 보아야 할 것이다.

(6) 녹 제거 (이물질 제거)

우리나라에서 출토되는 금속유물은 철, 청동(구리합금), 금동, 은이 가장 많다. 각 금속유물은 재질에 따라 특유한 색상의 녹을 발생하는데 이 녹 중에 좋은 녹과 나쁜 녹이 존재하고 있다. 좋은 녹이라 함은 소지금속(바탕금속)을 보호하는 치밀한 구조를 가지고 있으며, 나쁜 녹은 계속 녹을 슬게 하는 부식인자를 함유하고 있다. 어느 유물은 금속성이 거의 없고 녹으로만 형태를 유지하고 있어 금속유물의 보존처리는 녹을 보존한다고 해도 지나친 표현은 아니다.

녹을 제거하는데 어느 정도까지 제거 할 것인가는 보존처리자로서 매우 중요한 문제이다. 보존처리자의 입장은 부식을 진전시키는 악성 녹은 제거하고 내부의 소지금속을 보호하는 양성 녹은 그대로 보존한다는 것이 기본 방침이다. 그러나 녹 밑에 숨겨진 음각문양과 상감문양(명문포함) 등은 문양사, 금석학 연구에 귀중한 자료적 가치가 커 녹을 벗겨 고대사연구에 활용하게 하는 것도 보존 처리자가 해야 할 일이다. 앞에서 말한 것과 같이 유물 전체가 녹으로 형성된 것은 있는 그대로 보존처리를 하는 것이 당연하다. 금속유물의 녹은 때로는 목질이나 직물의 작은 조각(片)들을 잘 보존하게 하는데 이 작은 조각은 유물의 성격 규명과 동반출토유물을 확인하고 고대 생활사를 연구하는데 소중한 물적 증거가 된다. 녹을 제거할 때 이러한 것들이 벗겨지지 않도록 신중히 처리해야 한다.

양호한 상태로 출토되는 금속유물(金屬遺物)은 희소하고, 대부분은 녹으로 덮여 있는 것이 많다. 녹 제거를 할 때는 먼저 X선 투과촬영(X線透過撮影)을 실시하여 유물에 대한 모든 정보(외형이나 내부구조, 부식의 상태, 상감의 유무)를 밝히고, 관련 유물에 대한 조사도 잊지 말아야 한다. 녹을 제거하는데 있어 어느 정도로 제거할 것인가는 중요한 과제이다. 보존의 입장에서는 공식성 부식(孔蝕性 腐蝕)은 가능한 제거하는 것이 바람직하다. 또 내부를 보호하는 녹은 보존처리의 원칙에 따라 제거할 필요가 없지만, 문양(文樣) 등이 숨겨져 있는 경우 필요에 따라 문양 등을 확인할 수 있는 정도까지 제거하는 것이 좋다. 또 도검류(刀劍類) 등에는 칼집(鞘), 손잡이(柄)부분에 목질이 남아 있는 것이 많다. 녹으로 인해 고착된 목질부분의 부착물(附着物)은 그대로 남겨둔다. 녹 제거작업은 신중하게 이루어져야 하며 경험이 많은 전문가에 의해 처리되어야 한다.

금속제 유물의 녹을 제거할 때는 유물의 형상(形狀)이나 부식에 대한 충분한 지식과 경험을 토대로 녹제거의 정도를 결정한다. 녹 제거방법(錄除去方法)은 기계적 · 물리적(機械的 · 物理的) 방법과 화학적(化學的) 방법이 있다. 대부분 기계적 방법을 사용하나, 때로는 화학약품이 사용되기도 한다. 화학약품으로 녹을 제거하면 유물에 상처를 주지 않는 대신에 유물자체가 용해(溶解)된다든가, 내부로 침투된 약품이 완전히 제거되지 않고 남아있는 경우 재부식을 촉진시키는 원인이 되어 유물을 더 손상시킬 수 있다. 현재는 금동유물 이외에는 거의 사용하지 않고 있다. 기계적 · 물리적 방법으로 단단히 고착된 녹이나 흙을 제거할 때는 소형그라인더나 초음파진동(超音波振動)을 이용한 정밀연마기(精密研磨機)를 사용하고 있다. 또 유물의 표면에 존재하는 흙이나 녹 등은 고압의 공기와 유리가루(Glass

은상감문양

X-선 사진　　　　　　　　은상감문양 노출 후 세부 사진

처리전　　　　　　　　　처리후

상감문양 단면

X-선 사진

사진 6-2. 상감문양 표준

powder)를 동시에 분사시키는 정밀분사가공기(Air Brasive)를 사용하여 제거한다. 이때 유물표면에 남아 있는 섬유질이나 목질흔적이 제거되지 않도록 주의하여야 하며, 청동유물(靑銅遺物)이나 도금(鍍金)된 금동유물(金銅遺物)에는 사용하지 않는다.

상감표출(象嵌表出) 등 미세한 부분의 작업은 실체현미경으로 확대 관찰하면서 녹 제거를 실행한다. 상감표출은 상당한 경험을 필요로 하기 때문에 전문가에게 의뢰하는 것이 좋으며, 이 작업은 반강화(半强化)처리를 한 후에 Cleaning을 반복하여 실시한다.

도금유물의 Cleaning은 고흡수성 수지(高吸水性 樹脂)를 이용한다. 상황에 따라 Formic acid수용액을 흡수하여 사용하기도 하나 최근에는 3% EDTA · 3Na 수용액을 이용하고 있다. 이 방법은 도금유물처리를 위해 개발된 것으로 청동제품이나 동제품에 사용해서는 안 된다.

2) 철제유물의 부식과 보존

(1) 철제유물의 부식

인류가 금속을 가공해 제품을 만들기 위해서는 광석원료인 갈철광(limonite; $2Fe_2O_3 \cdot 3H_2O$), 적철광(hematite; Fe_2O_3), 자철광(magnetite; Fe_3O_4), 탄산철광(siderite; $FeCO_3$) 등 화학적으로 안정한 산화물과 탄산염 광물을 정련(화학적 환원작용)하여 철을 얻는다. 고대에는 이외에도 사철을 사용하기도 했다. 사철은 자철광이 모래상태(砂狀)로 되어 티탄(Ti)을 함유하고 있다. 이렇게 얻어진 철은 에너지를 방출하려는 힘을 갖고 있어 안정한 상태의 산화물로 되돌아가려는 성질을 가지고 있다. 이것을 부식현상이라고 한다.

일반적으로 출토유물은 매장되어 있을 때 각종 이온의 영향을 받아 산화나 수화작용과 같은 화학적 변화를 일으켜 부식이 발생한다. 물론 화학적 영향 외에 물리적, 생물적 영향으로 변형이 일어나기도 한다. 유물이 매장되어 있는 한 파손되지 않고 형태를 유지하고 있는 것은 지하의 매장환경에서 어느 정도 부식이 진행되면 평형상태로 되어 아주 느린 속도로 부식이 진행되기 때문이다. 그러나 안정된 상태로 있던 유물이 발굴조사라는 행위로 갑작스런 환경변화를 맞게 되면 빠른 속도로 부식이 일어나 결국은 파손되고 만다. 더 심하면 가루상태까지 가는 최악의 상황을 맞이하게 된다.

철녹은 철의 산화물로 녹이 슬기 위해서는 산소와 물이 필요하다. 생성과정을 살펴보면, 먼저 철이 Fe^{2+}(2가철)로 용해하며, 다른 한편에서는 산소(O_2)와 물(H_2O)이 반응해 수산화물 이온(OH^-)이 된다. 이 OH^-(수산화물이온)은 Fe^{2+}(2가철)과 반응하여 수산화제1철 [$Fe(OH)_2$]로 된다. 수산화제1철은 백색결정으로 산화되는데 여러 종류의 함수산화철 α, β, γ-FeOOH와 산화철 Fe_3O_4, α-Fe_2O_3, γ-Fe_2O_3을 만든다. 이 중에 녹은 α, β, γ-FeOOH와 Fe_3O_4이다. 또 철은 놓여 있는 환경에 따라서도 갖가지 녹이 생성된다. 염화물이온(Cl^-)이 있는 환경에서는 β-FeOOH을 많이 생성하며, 황산이온은 α-FeOOH, γ-FeOOH이 만들어진다. 산화철은 철과 산소가 직접 결합한 화합물로 광물명의 물질이므로 Fe_2O_3(hematite)는 상온에서 발생되는 녹이 아니다.

$$Fe \rightarrow Fe^{2+} + 2e^- \qquad \rightarrow (1)$$

$$O_2 + 2H_2O + 4e^- \rightarrow 4OH^- \qquad \rightarrow (2)$$

$$Fe^{2+} + 2OH^- \rightarrow Fe(OH)_2 \qquad \rightarrow (3)$$

위에서 (1)의 반응은 -전자가 떨어져 나가 철이온을 용해하는 산화반응이 일어난다. 이것을 anode(양극)반응이라 하며, (2)의 반응은 전자를 받아 수산화물이온을 만드는 환원작용을 cathode(음극)반응이라고 한다. (3)은 전기적으로 중화이다. 부식이 일어나기 위해서는 음극과 양극사이에 완벽한 전기적인 작용이 있어야 한다. 이 경우 전류는 두 개의 상(Phases)이 흐르는데 고체상에서의 전자들은 좋은 전도체가 되는 철금속의 양극에서 Magnetite의 음극으로 흐른다.

액상에서의 전류는 Fe^{2+}에 의해 수소이온(H^+)이 바깥쪽으로 OH^-이온은 안으로 이동하며 수소이온은 낮은 pH에서 쉽게 일어나는 Fe^{2+}의 가수분해로부터 발생한다.

Chloride, Sulphate, Nitrate와 같은 음이온들은 토양속에 늘 존재하며 바깥쪽으로 양이온이 확산되는 것과 균형을 이루며 안쪽으로 확산된다. 가장 부식을 촉진하는 물질로는 염화물이온(Cl^-)과 이산화황(SO_2)이다.

부식이 활발한 Pit에서 이온농도를 측정할 수 있는데 일반적으로 pH4~5 정도이며 염소이온의 농도는 6M이 측정된다. 그러므로 양극 부근은 반드시 염화철의 산성용액을 가지게 된다. 부식은 철심이 존재하는 한 계속되며 산소가 음극지역까지 확산될 수 있는 한 부식은 계속 진행된다.

부식층이 두꺼워지면 확산율은 감소하나 결코 무산소는 되지 않는다. 그리고 철이 모두 소모될 때까지 부식은 계속된다. 다음의 그림은 철제 유물에 발생하는 대표적인 부식의 구조이다.

그림에 제시하듯이 부식된 유물은 분석하면 대체로 세 개의 층으로 구성되어 있음을 알 수 있다. 최외각층인

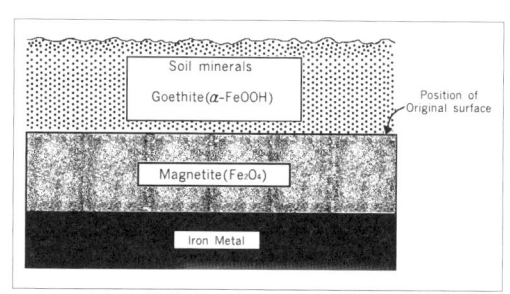

도면 6-1. 철제 유물에 발생하는 대표적인 부식층

Goethite(α-FeOOH : hydrated ferric oxide)는 대체로 푸석푸석한 분말상 태로, 모래와 점토 등과 같은 Soil mineral로 혼합되어 있으며, 보존처리에 있어서 꼭 제거해야 할 부식생성물이다. 그 아래에 존재하는 Magnetite (Fe_3O_4)층은 보호되어야 할 안정한 층으로, 치밀한 형태를 띠고 있다. 이 두 층은 적갈색과 흑색의 색변화 관찰을 통해 상호 구별이 가능하며 철제 유물의 녹 제거 목적은 Soil mineral과 Goethite를 제거하고 Magnetite를 표 출하는데 있다.

(2) 철의 부식화합물

철제유물에 많이 생성되는 주요 녹들은 α-FeOOH (Goethite), β-FeOOH (Akaganeite), γ-FeOOH (Lepidocrocite)의 Oxy-수산화철, Fe_3O_4(Magnetite) 이다. 이외 특수한 환경에서 생성되는 Vivianite [$Fe_3(PO_4)_2$ $8H_2O$; 인산제 1철]는 푸른색을 띠는 특이한 녹으로 자칫하면 청동유물로 착각할 수도 있 다. 이 중 Oxy-수산화철(FeOOH)은 α, β, γ형으로 구조와 성질은 각각 다르지만 녹의 주성분으로 황산이온이 있으면 α-FeOOH, γ-FeOOH의 화 합물이 만들어지고 γ-FeOOH는 염화물이온에 의해 만들어지며 특히 염 분(NaCl)이 많은 바닷가 해변에서 β형의 Akaganeite 녹이 많이 발생한다. 이 녹들은 색깔이 모두 비슷해 구별이 어렵다.

Magnetite(Fe_3O_4)는 강한 자성을 가지고 있으며 철 원자 3개와 산소원자 4개로 구성되어 있고 이 녹은 대체로 다른 녹(Goethite) 밑에 생성되어, 치 밀하고 밀착성이 좋아 방식기능을 갖고 있어 외부의 부식인자들을 차단하 는 검은 색의 좋은 녹이다.

녹을 촉진하는 황산이온 즉 이산화황(SO_2)은 황(S) 원자 1개에 산소원자 2개가 결합한 기체로 주로 연료 중에 황이 연소되면서 발생한다. 그리고 이 산화황에 원소 1개가 더 결합하면 물과 화합해 황산(H_2SO_4)이 된다. 또 염

사진 6-3. 철제유물에 생성되는 각종 녹

화물 이온도 철과 같은 금속에 강한 결합력을 가지고 있어 부식을 촉진시키는 물질이 된다. 철의 부식은 물과 산소의 직접적인 관계에서 황산이온과 염화물이온이 존재하게 되면 부식의 속도가 촉진된다.

철제유물의 부식생성물

① oxy-수산화철 (α-FeOOH ; Goethite ; 침철광)

수용성이며 산성용액에서 안정하고 부식철의 금속표면 부근에 있는 틈에서 볼 수 있다. 다갈색~황갈색의 점토상이다.

② oxy-수산화철 (β-FeOOH ; Akaganeite ; 적철광)

불용성이며 옅은 적갈색으로 hollandite($BaMn_8O_{16}$)구조를 가지고 있다. 대략 2.3 ~6.4%의 Cl을 포함하고 있으며, 세척으로 완전히 제거할 수 없는 공식성 녹이다. 유물을 파손시키는 악성 녹이다.

③ oxy-수산화철 (γ-FeOOH ; Lepidocrocite ; 인철광)

불용성이며 땅에서 발굴된 철기유물의 주요 부식생성물 일종으로 거의 볼 수 없다. Fe^+의 +이온과 쉽게 반응하여 Fe_3O_4(Magnetite)를 형성한다.

④ 산화철수화물 ($Fe_2O_3 \cdot nH_2O$; Hematite ; 갈철광)

갈색으로 흙과 결합된 비결정성 녹이다.

⑤ 사산화삼철 (Fe_3O_4, Magnetite ; 자철광)

불용성으로 검은 색을 띠며 실온에서 생성되는 철의 유일한 산화물이다. 한정된 산소조건 하에서 β-FeOOH, γ-FeOOH이 Fe^{2+}와의 반응으로 부식물과 금속표면 사이에 밀집된 검은 층을 형성한다. 안정한 철의 부식생성물이며, Alkaline sulphite처리 같은 안정법은 Magnetite를 형성시키는 것이 목적이다.

⑥ 산화제이철 (Fe_2O_3 ; Ferric oxide ; 적철광)

천연적으로나 공업적으로 황산철을 가열하여 만든다. 적색을 띤 미세한 결정이다.

⑦ 인산제일철 [$Fe_3(PO_4)_2 \cdot 8H_2O$; Vivianite ; 람철광]

청색이며 주위에 동물 뼈가 있을 경우 생성되는 경우가 많다.

⑧ 염화제일철 ($FeCl_2 \cdot 4H_2O$; Ferrous chloride)

수용성이며 산성용액에 안정하다. 부식철의 금속표면 부근에 있는 틈에서 볼 수 있으며 담녹색(pale green)이다.

⑨ 염화제이철 (FeCl₃ · 6H₂O ; Ferric chloride)

수용성이며 부식된 철기유물 표면에 방울모양으로 나타난다. 적갈색(orange brown)이며 강 산화제 역할을 한다.

⑩ 산염화물 제일철 (FeOCl ; Ferric oxychloride)

불용성이며 보라빛(violet) 결정으로 주요 부식생성물이라 볼 수 없으나 어느 pH 조건 하에서 저농도의 중간 생성물로서 나타난다.

(3) 에반스(Evans) 부식실험

영국의 유명한 부식과학자 에반스는 1920년대에 간단히 할 수 있는 녹 반응에 대한 실험을 제안했다.

먼저 깨끗한 철판을 준비한다. 녹슬어 있으면 사포(sand paper)로 제거하고 알코올로 닦아 낸다. 그 다음 3% NaCl 용액을 만들어(NaCl 을 사용하는 것은 철녹이 잘 슬기 때문이다) 그 속에 tri-potassium hexacyanoferrate(Ⅲ) [K₃Fe (CN)₆ : 적혈염]를 조금 넣으면 옅은 노란 색으로 변한다. 적혈염(赤血塩)은 화학실험실에서 보통 사용하는 물 질로 2가철이온이 있으면 민감하게 반응하여 청색 침전물이 생긴다. 그리고 Phenolphthalein(C₂₀H₁₄O₄) 을 에틸 알코올 용액을 만들어 약

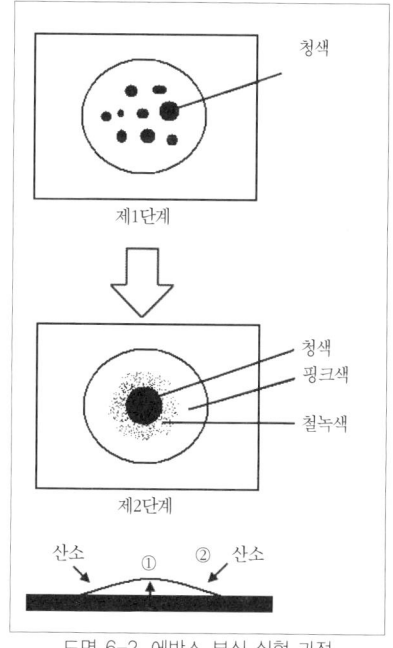

도면 6-2. 에반스 부식 실험 과정

사진 6-4. 에반스(Evans) 부식실험 중

10방울 정도 넣는다. phenolphthalein은 산·알칼리 적정(滴定)에 사용되는 지시약이다. 수용액이 알칼리성으로 되면 핑크색으로 발색한다.

약 30분이 지나면 액체 방울 주변이 핑크색으로 변하고 중심부에서도 청색 침전물이 뭉쳐 주변과의 경계가 분명해지는 것이 관찰된다. 1시간 정도 지나면 중심부와 주변부 경계에서 철 녹이 만들어지기 시작한다. 이 현상을 화학적으로 표현하면,

중심부에서의 반응 : 철에서 2가철 이온이 용출된다. 액체 방울 중심부에서 2가철이온이 Tri-potassium hexacyanoferrate(Ⅲ)과 반응하여 청색 침전물이 생겨나는 것으로 알 수 있다.

$$Fe(금속) \rightarrow Fe^{2+}(2가철이온) + 2e-(여분의 전자) - ①$$

주변부에서의 반응 : 물 분자와 공기 중의 산소 그리고 이온화로 남은 전자 사이에서 알칼리성 수산화물 이온이 만들어진다. 액체 방울 주변부에서 일어나는 이 반응은 지시약이 핑크색으로 발색하는 것을 통해 알 수 있는데 이것은 액체 방울 주변부 두께

가 얇아 산소가 중심부보다 잘 통하기 때문이다.

$$H_2O(물 분자) + O_2(공기 중의 산소) + e^- \rightarrow OH^-(수산화물이온) - ②$$

①과 ②가 서로 반응하여 2가철 수산화물이 생성된다.

$$Fe^{2+} + 2OH^- \rightarrow Fe(OH)_2 - ③$$

2가철의 수산화물을 순수하게 만들면 백색 colloid狀의 물질로 알려져 있으나 반응이 빨라 즉시 산화되어 녹으로 된다.

상기 ①의 반응은 −전하의 전자가 떨어져 나가 철이온이 용출되는 일종의 산화반응으로 전기화학적 용어로는 Anode반응이라고 한다. Anode는 산화반응이 일어나는 전극이다. 이것과 같이 ②의 반응은 전자를 받아들여 −전하의 수산화물을 만들기 때문에 일종의 환원반응으로 Cathode반응이라 한다.

(4) 철의 부식 정도

X선 촬영으로 철제유물의 부식상태를 알 수 있다. 부식 정도는 크게 세 가지로 분류할 수 있다.

---

① 철 표면이 잘 보존되어 있고 몇몇의 pit와 가볍게 부식되어 상태가 양호한 것.

② 부식이 깊어지고 본래의 표면 위에 Goethite가 형성되고 아래 Magnetite층 이 있고 부식되지 않은 금속심이 있는 것.

③ 철은 완전히 부식되어 금속은 전혀 없고 유물은 단지 Goethite와 Magnetite 로 구성되어 있는 것. 때로는 Ferrous Ion이 바깥쪽으로 이동하여 중심이 비 어 있는 것.

보존처리를 하는데 부식상태에 따라 유물의 Cleaning(녹 제거)을 ① 의 경우 기계적(mechanically) 또는 화학적(chemically) 방법으로 처리 할 수 있으나 ②와 ③의 범주에 속 하는 유물은 기계적인 방법으로 Cleaning 한다. ②의 상태 유물은 화 학적 전해법을 이용하여 Cleaning 하면 유물 표면을 손상시키게 되며 ③의 상태 유물은 완전히 파손될 수 가 있다.

따라서 모든 철제유물은 현미경 으로 관찰하면서 기계적인 Cleaning 방법을 채택하는 것이 좋다.

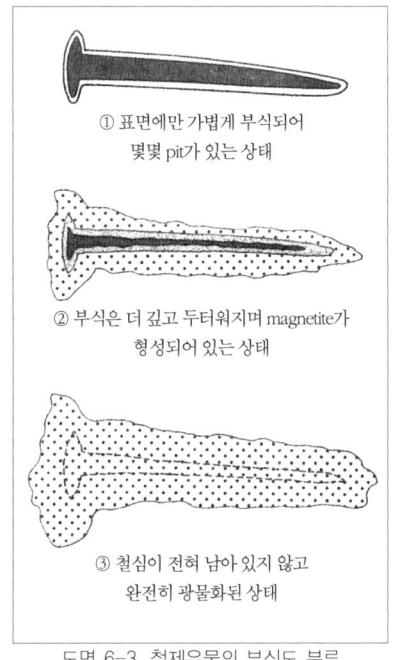

① 표면에만 가볍게 부식되어 몇몇 pit가 있는 상태

② 부식은 더 깊고 두터워지며 *magnetite*가 형성되어 있는 상태

③ 철심이 전혀 남아 있지 않고 완전히 광물화된 상태

도면 6-3. 철제유물의 부식도 분류

(5) 철제유물의 보관 중 파손 형상

철제유물이 보관고 내에서 파손되는 유형은 크게 3가지로 구분할 수 있 다. 유물로부터 완전히 광물화되어 철심이 없는 것은 쐐기형으로 되고, 철 심이 남아있는 것은 판상형 또는 접시형으로 들떠 일어나게 된다. 이 중에 서 특히 판상형으로 파손되는 것은 Akaganeite(β-FeOOH)에 의한 것이 대 부분이며 이러한 형태로 파손되는 철제유물은 원래의 형태로 되돌릴 수 없 게 된다. 다음 그림은 철제유물의 파손 유형들이다.

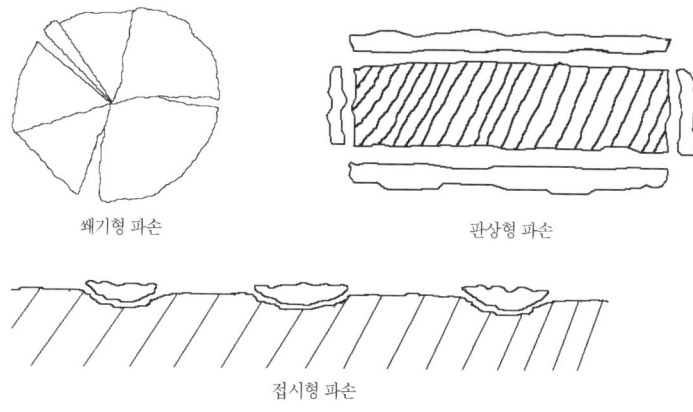

쐐기형 파손   판상형 파손

접시형 파손
도면 6-4. 철제유물의 파손유형 3가지

(6) 철제 유물의 보존

① 녹제거

가. 기계적 방법(물리적 방법)

금속유물은 각 재질에 따라 생성되는 녹의 상태가 다르며 녹을 제거하는 방법에도 차이가 있다. 기계적 방법의 녹 제거는 기기도구(Mechanic tool)와 소도구(Hand tool)로 구분되는데, 이러한 방법은 화학약품을 사용할 때 일어날 수 있는 피해를 막을 수 있다. 그러나 사용상의 테크닉과 녹의 모양, 생성상태에 따라 기기나 도구를 적절하게 선택하여 사용해야 한다.

아래에는 금속유물의 녹 제거과정에서 이용되는 방법 및 기술용어를 간단히 설명한 것이다.

〈금속유물 녹 제거방법 및 기술용어〉

Mechanical	methods	기계적 클리닝
Hand tools →	picking	바늘 등으로 조각조각 떼어냄
	chipping	조각용 및 치과용도구로 벗겨냄(剝離)
	scraping	연마용구로 갈아냄
Mechnical tools →	brushing	솔질
	shot blasting	분말로 분쇄
	grinding	회전으로 갈아냄
	cutting	절단
	polishing	연마

a) Air brasive

이 기기는 질소가스 또는 고압공기에 미립자 유리분말을 혼입하여 미세한 노즐을 통해 초고속으로 목적물에 분사시켜 녹을 제거하는 방법으로 금속유물 보존처리에 널리 사용된다. 이 방법은 특히 철제유물 표면 Cleaning에 가장 효과적인 방법이다. 그러나 갑자기 센 압력으로 유리분말을 흙이나 녹층에 분사하면 그 속에 있는 유기질 같은 매장당시의 자료가 손상될 수 있다. 또한 검은 색의 magnetite층이 박락된 부분이나 녹덩어리가 떨어져 나간 부분에 혼합가스를 길게 분사시키면 백색의 금속심이 드러나게 되므로 조심하여야 한다. Air brasive의 특징은 $10 \sim 50\mu m$의 파우더를 사용하기 때문에 유물에 충격을 주지 않고, 고압공기 또는 질소가스의 압력조절이 용이하고 유량의 조절이 간편하며 열과 화학적인 손상이 없다는 것이다.

b) 소도구

치과용 소도구, 드릴, 초음파세척기, Vibrator tool 등을 녹의 상태에 따라 적절히 응용하여 사용하며 필요에 따라 직접 제작하여 사용하기도 한다. 이 제거방법을 자세히 살펴보면,

- 쪼음(picking)

  예리한 바늘, Vibrator tool등을 수직으로 세워 녹을 쪼아내는 방법이다. 이 방법은 녹 가장자리부터 제거하는 것이 좋은데 중간부위부터 시작하면 금속 심에 균열이 생길 위험이 따르기 때문이다.

- 벗김(chipping)

  소형 정, 조각도 등을 사용하여 녹을 벗겨내는 방법으로 대체로 녹덩어리 제거에 해당된다. 소형정은 소형망치로 강약을 조절하면서 작업을 한다.

- 긁음(scraping)

  핸드드릴과 같은 연마용 도구로 녹을 갈아내는 방법이다. 처리 후에 연마의 광택흔적이 남게 되어 유물로서의 느낌과 분위기가 떨어질 수 있는 단점이 있다.

나. 화학적 방법

화학약품으로 녹을 제거하면 유물표면에는 손상을 주지 않을지 모르나 약품이 금속내부로 스며들게 되어 소지금속의 용해와 재부식의 원인이 될 우려가 있기 때문에 가급적 사용하지 않는 것이 좋다.

② 안정화처리(탈염 및 방청)

출토유물은 대부분 염화이온이 함유되어 있어 땅 속에 있을 때보다 산소가 많은 공기를 쏘이면 갑작스런 환경변화로 유물표면과 내부의 부식인자들이 활발하게 반응하여 발굴 후 아주 빠른 속도로 부식이 진행된다. 이러

한 부식의 요인이 되는 염화물이온을 제거하거나 활성을 억제하기 위해 탈염처리를 하여 유물을 안정화시킬 필요가 있다. 대부분 염화물은 수용성이나 청동유물의 경우 수용성이 아닌 것도 있다.

철제유물의 부식생성물은 α, β, γ-FeOOH, Fe_3O_4, $FeCl_2$, $FeCl_3$ 등이 있다. 염화물 탈염법의 선택에 있어 부식생성물에 함유한 염화물이 어디에 화합물을 형성하고 있는지 알 필요가 있다.

염화물을 제거하는 방법은 알칼리 수용액법, 전기화학적 방법, 환원법 등이 있다. 또 염화물의 활성화를 억제하는 방법으로 Alcohol이나 증류수에 용해하여 사용하는 Benzotriazole법(청동유물에 이용), Silver Oxide(Silver paste) 등이 있다.

알칼리 용액 탈염하는 법을 사용할 때 주의해야 할 점은 주조유물의 경우 Fe_3C, Graphite가 함유되어 있기 때문에 흑연이 파괴되어 원형이 파손될 위험이 있으므로 탈염을 피하는 것이 좋다.

가. Lithium hydroxide(LiOH)

증류수를 사용하지 않고 Alcohol을 사용하는 것이 특징이다. $FeCl_2$, $FeCl_3$를 함유한 유물에 효과적이다. 수분이 함유된 경우는 Methyl Alcohol(CH_3OH)이나 Iso-Propyl Alcohol(1:1) 용액에서 충분히 탈수시키는데 탈수가 완전히 이루어지기까지 3~4회 용액을 교환해 준다.

탈염처리액은 Methyl Alcohol(CH_3OH)과 Iso-Propyl Alcohol(1:1) 혼합액에 0.2% 수산화리튬(LiOH)을 섞은 다음, 두 배의 Ethyl Alcohol을 합하여 처리액으로 사용한다.

처리 용기는 밀폐용 스테인리스 용기가 적당하고 처리 중 가끔 교반(攪拌)해 주는 것이 좋다. 추출용액의 염화물 이온농도를 측정하여 기준치 이상이 되면 새로운 용액으로 교환한다. 처리기간은 철촉은 약 1개월, 대도는 약 6개월이 소요된다.

처리 종료 후 Methyl Alcohol로 가볍게 솔질하여 세척한다. 세척이 불충분하면 리튬이 공기 중의 이산화탄소와 반응하여 탄산리튬(Li_2CO_3)의 결정이 석출되므로 충분한 세척이 필요하다. 세척용액은 2~3회 정도 교환하는 것이 좋다.

건조할 때는 충분한 자연건조 후 열풍식 순환건조기로 강제 건조시킨다. 자연건조가 충분히 이루어지지 않으면 밀폐된 건조기 내에 Alcohol gas가 증발하여 전체적 팽창으로 인한 폭발 등, 위험한 상태가 될 수 있기 때문에 주의를 기울여야 한다.

$$Li + OH^- + Cl^- \rightarrow Li + Cl^- + OH^-$$

나. Sodium hydroxide(NaOH)

해양에서 인양된 철제유물에 주로 이용된다. 수산화나트륨(NaOH) 2% 수용액에 침적하여 염을 추출하고, 추출된 용액의 염화물 이온농도를 정기적으로 측정하여 추출량이 일정하면 용액을 교환한다. 고알칼리를 사용하므로 취급에 주의가 필요하며 공기 중의 이산화탄소와 반응하므로 밀폐용기를 사용하는 것이 좋다. 처리 후 증류수로 수회 세척하여 탈 알칼리처리를 한다. 건조는 가능한 빨리 하는 것이 좋으므로 알코올 탈수나 진공건조를 이용한다. NaOH법은 저렴한 비용으로 방법이 간단하여 소형유물에도 적용된다. 그러나 물세척은 건조 중에 부식이 급속히 진행될 위험성이 있으므로 사용할 때에는 충분한 검토가 필요하다.

다. Alkaline Sulphite(NaOH + Na$_2$SO$_3$)

이 방법은 1975년 N.A.N. North, C. Pearson에 의해 발표된 방법으로 바다에서 인양된 철제유물의 탈염을 위해 채택되었지만 현재에는 고분 등 육지에서 출토된 유물 등에도 폭넓게 사용되고 있다. 이 방법은 다른 탈염처리 방법에 비해 짧은 기간 내에 처리가 가능하다는 장점과 가장 안정한 부식물인 Fe$_3$O$_4$(Magnetite)로 환원시키는 강점을 지니고 있다. 그러나 금속성이 완전하지 않은 철제유물에 대해서는 사용하기 어려운 단점이 있다. 즉, 이 방법은 수산화나트륨과 황산나트륨의 혼합수용액을 사용하여 산화철을 안정한 상태인 자철광으로 전환시키는 동시에 탈염의 효과도 얻을 수 있다.

처리과정은 0.5M(20g/ℓ) NaOH, 0.5.M(31.5g/ℓ) Na$_2$SO$_3$ 혼합용액에 철제유물을 완전히 잠기게 하여 밀폐한 후 온도는 60℃로 일정하게 유지하면서 1주일간 침적한다. 유물이 Alkaline용액에 침적되어있는 동안 공기중의 산소가 침입하게 되면 유물이 파손될 위험이 있다. 이 기간 중 용액은 짙은 갈색으로 변색되는데 이 용액을 교체하는 과정을 6~7회 되풀이하여 용액이 투명할 때까지 반복한다. 교체할 때 용액의 온도변화가 있으면 유물의 파손이 우려되므로 반드시 용액은 60℃로 준비한 후에 유물을 침적시켜야 한다.

이후 용액에서 꺼낸 유물은 잔존 SO$_3$$^{2-}$, SO$_4$$^{2-}$을 증류수 또는 이온 교환수로 깨끗이 씻어 낸다. 제거되지 않을 때는 0.1M(15.8g/ℓ) Ba(OH)$_2$ · 8H$_2$O에 1시간 정도 담궈 잔류한 황산나트륨을 불용성으로 만든 다음 다시 증류수로 세척하여 남아있는 약품을 완전히 세척한다. 이 방법에서 주의해야 할 점은 SO$_3$$^{2-}$ 용액은 대기 중 산소와 즉시 반응하므로 완전하게 밀폐된 용기 내에서 사용해야 한다는 것이다. 만약 표면에 백색침전물이 부착되어 있을 경우, 솔이나 바늘을 이용하여 제거하며, 제거 후에는 증류수에 세

척한 후 아세톤이나 메틸알콜 같은 용매를 이용해 건조시키면 빨리 건조할 수 있다.

처리시에는 Alkaline Sulphite는 강 알카리성이고, Sodium hydroxide는 독성이 있기 때문에 피부에 직접적으로 접촉되지 않게 주의한다. 이 용액을 사용 후 버릴 때에는 4배의 물과 함께 흘려보내야 한다.

라. Sodium Sesquicarbonate(Na_2CO_3 + $NaHCO_3$)

염분이 많은 유적에서 출토된 철제유물에 많이 적용된다. 사용되는 화학약품 중 안전도가 높은 편이지만 탈염 후 유물표면이 pH8이 되면 강화처리에 사용되는 합성수지가 노화현상을 일으킬 수 있으므로 pH7이 되도록 충분한 세척이 요구된다. 비가열법은 Na_2CO_3 : $NaHCO_3$ = 5.2g : 4.2g의 비율로 0.5~0.3%를 증류수에 용해시켜 Sodium Sesquicarbonate 용액을 제조하고 철제유물을 침적시켜, 1주일 간격으로 용액을 교체하면서 약 3개월 이상 Cl^- 이온을 추출한다. 가열법으로는 Sodium Sesquicarbonate 용액(60℃ 전후)에 유물을 침적시킨 후 증류수로 세척하는 방법을 반복하며 매회 Cl^- 이온을 측정하여 변화가 없을 때까지 추출한다. 비가열법은 추출시간이 길지만 유물에 안전하고, 가열법은 추출시간이 짧으나 유물 표면층인 magnetite층이 갈라지거나 박락될 위험이 있으므로 유물의 상태를 잘 관찰하며 추출하여야 한다.

염화물의 제거가 끝나면 증류수와 알코올로 세척하여 상온 건조후에 강제 건조를 한다.

마. Soxhlet 추출법

플라스크에 넣은 물을 가열하여 그 수증기를 냉각기로 보내 냉각된 증류수를 철제유물이 들어 있는 용기(container)로 흘려보낸다. 이 증류수가 염

화물을 용해시키고 용기 내의 오염된 물은 사이펀(Siphon)으로 해서 Flask
로 다시 보낸다. 산소가 없는 분위기를 만들어 주기 위해 200㎜Hg 정도 진
공상태로 하여 가스를 주입한다.

바. 냉온수교체법(Intensive Washing)

온수와 냉수에 유물을 번갈아 침적시킴으로써 수축, 팽창이 반복되는 과
정 중에 유물 내부의 염화물이 빠져 나오게 된다. 80℃ 항온수조에 유물을
6시간 이상 침적한 후 상온의 증류수로 세척하는 방법으로 8회 이상 반복
하며 매회 Cl^- 이온을 측정하여 변화가 없을 때까지 추출한다. 약품으로 탈
염처리한 후에 이 방법을 사용하면 탈염할 때 사용했던 약품을 제거하는
효과도 있다. 하지만 만약 이 처리로 유물이 파손될 경우에는 곧바로 처리
를 중단해야 한다.

사. 철제유물의 방청처리

철제유물에 보이는 녹이란 수산화물 또는 산화물을 주체로 한 화합물이
철제 유물의 표면에서 생성된 부식화합물이다.

고대 철제유물은 오랜 세월 땅속(고분, 사지 등)에 매장되어 있다가 발
굴로 인해 출토되는 경우가 대부분이다. 이러한 유물들은 매장 중에 부식
이 진행되어 표면이 부식화합물로 형성되어 있는 경우가 많으며, 발굴 후
에는 급격한 환경변화로 인해 다시 심하게 부식되어 유물의 형태를 알아
볼 수 없는 상태로 파손된다. 따라서 부식의 원인을 억제하기 위해 여러 종
류의 알칼리성 약제로 탈염하여 안정화 처리를 해 주는 것이 보편적 보존
처리방법이다. 그러나 이 탈염방법도 한계가 있어 탈염처리 후에 유물의
안정을 위해 다시 기화성 방청제로 방청처리를 실시함으로써 보다 안정화
된 상태로 유도한다.

〈방청처리에 사용되는 방청제의 성질〉

명 칭 : Dicyclohexyl ammonium nitrite(DICHAN)

화학식 : $(C_6H_{11})_2NH \cdot HNO_2$

외 관 : 백색 결정성 분말

순 도 : 98.0%이상(아질산분석법)

pH : 6.5±0.5(1% aq)

수용상태 : 무색투명(1%)

알코올상태 : 무색투명(5% 메탄올)

처리방법은 청동유물의 방청처리를 할 때 사용하는 Benzotriazole처리방법과 동일하다.

〈처리방법〉

1. 철제유물을 아세톤으로 세정하여 표면에 기름을 제하고 다시 알코올에 세정한다.

2. 3% 에틸알코올 또는 메틸알코올로 용액을 제조한다.

3. 이 용액에 철제유물이 완전히 잠기게 담근다.

4. 진공함침(감압함침)장치에 넣어 9~10시간 정도 진공함침한 후 상압으로 바꾸어 14시간 정도 지난 후에 꺼내어 표면에 묻어 있는 방청약제를 알코올로 잘 닦아 낸다.

5. 완전히 건조시킨다.

6. 진공함침에 의한 강화처리를 한다.

③ 건조처리

유물을 건조할 때는 일반적으로 일반항온건조기, 열풍순환식 항온건조기 및 진공건조기를 사용하며 온도는 100~105℃로 건조한다. 그러나 유물 표면에 유기물질이 부착되어 있으면 70~80℃로 낮추어 대략 1.5배 정도로 장시간 건조시킨다. 고온으로 건조하면 탄화될 수 있으므로 주의하여야 한다.

④ 진공함침 강화처리(감압함침)

합성수지함침은 약화된 유물의 강화와 방식효과를 얻는데 목적이 있다. 금속유물의 보존처리는 근본적으로 녹이 생성되지 않는 금속으로 만들어 주는 것이 아니고 유물의 수명을 더 연장해 주는 처리방법이라는 것이 타당할 것이다.

처리 후 열악한(습한 장소 RH 60% 이상) 환경에서 보관하면 처리된 유물이라 할지라도 재부식이 일어날 수도 있다. 그리고 합성수지로 처리된 유물도 수년 후 수지의 노화로 재처리가 필요한 경우도 있다.

철제유물은 다른 금속유물에 비해 빨리 부식되어 형태파손이 빠르다. 부식은 내외부에서 진행되는데 내부부식의 경우 체적팽창으로 균열과 들뜸 현상이 일어나 약해진 유물들이 많다. 따라서 약화된 유물은 합성수지로 진공 함침하여 강화처리를 한다. 합성수지의 선택은 삼투효과가 크고 건조가 빠른 수지를 사용하는 것이 좋다. 그리고 수지는 용제에 용해 가능한 것을 사용한다. 현재 주로 사용되고 있는 합성수지는 Acryl Emulsion계 Paraloid NAD-10이다. Paraloid NAD-10은 고형분으로 원액 40%인 용액을 나프타(naphtha)를 용제로 하여 희석해서 사용하는 Acryl resin이다. 유기질 경화용 또는 철, 동합금 등 금속유물 강화 코팅제로 널리 사용되고 있으며, 침투가 잘 되고 처리 후 건조가 빠르다는 장점이 있으나 광택이 많이 나는 문제점이 있다.

이외 일액형(一液型) 불소, 아크릴계 공중합체 수지인 V-FLON(상품명, 大日本塗料株式會社製品)이 있다. 종래 불소계 수지는 이액형(二液型) 불용제형이었으나 유기용제에 용해될 수 있도록 개선된 제품이다. 수지농도는

50%로 나프타 용제에 25% 희석하여 사용한다. 유럽에서는 Wax계 Micro-crystalline Wax (상품명 : RENAISSANCE Micro-crystalline Wax)를 사용하기도 한다.

수지함침은 유물내부까지 충분히 수지가 함침될 수 있도록 진공상태에서 진행하는 것이 좋다. 함침에 앞서 유물을 충분히 건조시키기 위해서는 열풍식 순환건조기가 좋으며 이 기기는 건조기 내 온도를 일정하게 유지할 수 있다. 건조 종료 후 진공함침탱크에 유물을 넣어 약 20~30㎜Hg 감압하여 수 시간 함침한 후 다시 상압으로 전환하여 1~2시간 정도 그대로 방치한 다음 꺼내어 실온상태에서 건조한다. 수지가 완전히 경화되면 동일 방법으로 3회 정도 진공함침을 반복한다.

진공함침(감압함침)을 할 때 진공도의 단위는 Torr와 Pa로 규정하고 있으나 일반적으로 Torr가 널리 사용되고 있다. Torr는 ㎜Hg와 동일한 단위이다. Torr의 단위는 이탈리아 물리학자 토리첼리(E.Torricelli; 1643)의 앞

사진 6-5. 진공(감압) 함침장치

글자를 딴 것이며 대기압 상태를 나타내는 760Torr나 760mmHg, 76cmHg 모두 토리첼리 실험에서 나타난 수은주 길이를 이용한 대기압의 표시이다. KS 규격진공단위는 1기압은 760Torr, 760mmHg, 76cmHg, 101,330Pa이다.

실제 진공도 단위를 사용할 때 착각을 하는 것은 절대 진공도와 게이지 상의 진공도의 차이 때문이다. 게이지상의 진공도는 절대 진공도와는 반대로 대기를 0으로 놓고 완전진공을 760mmHg 또는 76cmHg로 표시하는 것으로 일부 브르동 게이지의 편의를 위해서이다. 따라서 진공함침기에 사용되는 게이지는 절대 진공도 게이지가 아닌 0으로 시작하는 브르동 게이지이므로 절대 진공도를 알기 위해서는 760mmHg에서 게이지상의 진공도를 빼면 된다.

⑤ 접합과 복원

여러 형태의 합성수지와 접착제, 충전제(充塡劑)가 있으나 문화재 보존 처리의 목적에 맞는 재료를 선택하는 것이 가장 중요하다. 사용하는 재료는 열가소성수지, 열경화성 수지로 구분할 수 있다. 열가소성수지는 1차원 형태의 고분자 구조를 가지고 있으며 일반용제에 용해는 되나 열경화성 수지보다 접착력은 떨어진다(Acryl계, Cellulose계). 강화된 철제유물 중 파손, 결손부분을 접합·복원할 때 접합부위가 넓은 면은 Cellulose계, 접합면이 좁고 강한 접착력이 요구되는 부위는 Epoxy계를 사용한다. 한편 접합면에 틈이 생기는 경우는 Phenol계 수지인 Microballoon을 접착제와 혼합하여 접합하면 적절한 강도를 얻을 수 있다. 결손부분의 복원제로는 Epoxy계 Araldite SV427, HV427 등을 사용하는데, 복원 후 유물의 원형에 변형이 없도록 주의해야 한다.

수습된 상태   보존처리전 상태

보존처리후 앞면   보존처리후 뒷면

사진 6-6. 경남 함안 도항리 출토 철제갑옷

Polyurethane foam 포장   Polyurethane foam 해체

보존처리전 상태   보존처리후 상태

사진 6-7. 김해 두곡리 43호분 출토 철제갑옷

보존처리전 상태   보존처리후 상태

사진 6-8. 철제 목가리개

보존처리전 상태   잘못 복원된 부분 해체 모습

복원된 차양 부분   보존처리 후 상태

사진 6-9. 철제투구

⑥ 색맞춤(끝손질)

　복원된 부분의 색맞춤을 할 때에는 유물이 지니고 있는 분위기와 조화, 고고학 연구에 있어 착시현상으로 그릇된 판단의 착오, 전시유물의 관람상의 불편 등을 고려하여야 한다. 접합하거나 복원된 부분을 유물의 색상

과 질감이 비슷하도록 맞춤하고 착색된 부위는 6inch(15㎝) 거리에서는 알 수 있으나 6feet(1.8m) 거리에서는 복원 위치를 확인할 수 없도록 한다는 것이 색맞춤의 기본이다. 색맞춤용 안료는 무기안료를 강화처리용 수지에 섞어 사용한다. 가능한 수용성 수지는 피하는 것이 좋다.

⑦ 보관

아무리 보존처리가 잘된 유물이라 할지라도 온습도 변화가 급격하고 심한 경우에는 재차 부식진행이 될 수 있다는 것을 명심해야 한다.

철제유물의 보관에 있어서 최적의 습도는 앞에서 언급한 바와 같이 RH 18% 이하이다. 그러나 이러

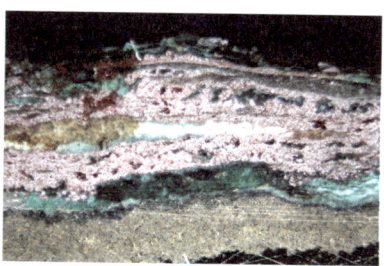

사진 6-10. 청동단면의 각종 녹층

한 분위기를 조성하자면 특별한 설비투자가 요구되어 경제적 어려움이 따르므로 RH 40~45% 정도의 급작스런 변화가 없는 일정한 환경에서 보관되어야 한다.

3) 청동유물의 부식과 보존

(1) 청동유물의 부식

땅 속에 매장되어 있는 구리합금 유물의 부식은 일반적으로 공기와 지하수에 의해 금속표면에는 산화제1동 층이 그 외측은 염기성 탄산동이 형성해 녹층은 평행이 유지되면서 안정된다. 그러나 땅 속에서 염화물의 영향을 받으면 염화 제1동으로 생성되어 녹의 구조 속에 축적되는데 발굴 후 건조상태이면 안정하나, 습도의 환경에서는 공기 중의 수분과 산소가 반응

하여 염화제1동은 염기성 염화동[$CuCl_2 \cdot 3Cu(OH)_2$: Atacamite]으로 되며, 한편으로는 염산은 다시 구리와 반응하여 염화제1동으로 된다. 이러한 사이클로 인해 부식은 더 진행된다. 유물표면에는 Bright green(담록색)의 분말로 부분적 공식이 생긴다. 이러한 염화물에 의해 생긴 부식현상을 청동

청동유물에 생성하는 부식화합물

화합물(녹)명	화학식	색상	특징
Cuprite (산화제1구리)	Cu_2O	Red/Orange	적동광, 불용성, 알칼리와 산 용액에 녹음, 적색안료로 사용.
Tenorite (산화제2구리)	CuO	Black	흑동광, 불용성, 알칼리와 산 용액에 녹음.
Malachite	$Cu_2CO_3(OH)_2$	Dark Green	공작석, 불용성, 치밀한 녹으로 내부 금속을 보호, 녹청색 안료
Azurite	$Cu_3(CO_3)_2(OH)_2$	Bright Blue	남동광 또는 감청석이라 하며 감청색 안료.
Nantokite	$CuCl$	Pale Grey/White	염화제1구리, 불용성 분말
Paratacamite	$CuCl_2 \cdot 3Cu(OH)_2$	Bright Green	염기성염화제2구리로 분말형태 청동병(Bronze-disease)
Atacamite	$CuCl_2 \cdot 3Cu(OH)_2$	Pale Grey	염기성염화제2구리로 분말형태 청동병(Bronze-disease)
Chalcocite	Cu_2S	Black	황화제1구리로 휘동광
Covellite	CuS	Indigo Blue	남동광으로 남색안료
Chalcopyrite	$CuFeS_2$	Black	황동광
Brochantite	$CuSO_4 \cdot 3Cu(OH)_2$	Green	염기성 황산동

사진 6-11. 청동거울과 분말상태 Paratacamite(녹의 세부)

병(Bronze disease)이라고 한다. 청동병은 청동유물에 나타나는 spot모양의
공식성 녹을 말하며 염화물이온이 존재하면 심한 부식을 일으킨다.

$$2CuCl + H2O \rightarrow Cu_2O + 2HCl \qquad\qquad\qquad \rightarrow \quad (1)$$

$$2Cu_2O + 5H_2O + O + CO_2 \rightarrow CuCO_2 \cdot 3Cu(OH)_2 \cdot H_2O \qquad \rightarrow \quad (2)$$

$$12CuCl + 3O_2 + 8H_2O \rightarrow 2CuCl \cdot 3Cu(OH)_2 \cdot 2H_2O \qquad \rightarrow \quad (3)$$

위의 반응을 살펴보면, (1)은 염화물이온이 청동의 주성분인 동과 반응
하여 염화제일동을 형성하고 염화제일동과 수분이 반응하여 산화제일동과
염산을 만든다. (2)에서는 산화동과 수분, 이산화탄소가 반응하여 염기성
탄산동을 형성하며, 한편 염화제일동은 (3)과 같이 수분, 산소와 반응하여
염기성염화동과 염화제이동을 만든다.

청동유물의 녹은 산성(acid), 알칼리(alkaline), 염(salt), 습한(wet) 환경에
서 복잡한 상태로 만들어진다.

(바다에서는 sulphur, oxygen, salt, 공기 중에서는 oxygen, wet chloride
등의 영향으로 만들어진다)

매장 중에

$$2Cu + 2Cl \rightarrow CuCl + e$$

cuprous(염화 제1동)

chloride

nantokite → white/green

$$CuCl + H_2O \rightarrow Cu_2O + 2HCl_2$$

cuprite→ red

$$2Cu_2O + 2H_2O + 2CO_2 + O \rightarrow 2CuCO_3-Cu(OH)_2$$

basic copper carbonate

malachite → green

with exess CO_2 → Azurite→blue

$$2Cu_2Cl_2 + 4H_2O + O_2 \rightarrow CuCl_2-3Cu(OH)_2 + 2HCl$$

hydrochroric acid

basic cupric chloride

paratacamite → bright green

$$HCl + Cu \rightarrow Cu_2Cl_2$$

$$HCl + Cu2O \rightarrow Cu_2Cl_2$$

청동녹의 중요한 요소

Atacamite → dark green

different crystal structure / orthorhombic crystal

바다(sea)에서

$$4Cu + S_2 \rightarrow 2CuS$$

Chalcocite / cuprous sulphide

$$2Cu + S_2 \rightarrow 2CuS$$

Cupric sulphite / Covollite→Black

$$Cu + Cl \rightarrow Cu_2Cl_2$$

바다에서 일어나는 반응으로 육지로 올라오면 paratacamite로 된다.

공기 중에서

$$4Cu + O_2 \rightarrow 2Cu_2O$$

curouse oxid /Cuprite → red

$$2Cu_2O + O_2 \rightarrow 4CuO$$

cupric oxid / Tenorite → black

$$4Cu + S_2 \rightarrow 2Cu_2S$$

$$2Cu + S_2 \rightarrow 2CuS$$

만약 공기 중에 S_2가 있으면 바다에서 일어나는 반응과 같다.

야외 조각물(동상)

$$Cu + SO_2 + 3H_2O \rightarrow CuSO_43Cu(OH)_2$$

Brochantite / green black

청동(Bronze)에 주석(Sn)이 부식되면 표면은 회색을 띈다.

(2) 청동유물의 보존

① 안정화처리

출토된 청동유물의 대부분은 안정화된 유물보다 염화물 침식으로 청동병에 걸린 불안정한 유물들이 많다. 따라서 부식요인이 되는 염화물이온과 잔존한 금속을 격리하는 안정화처리가 필요하다.

청동유물의 부식생성물에 함유된 염화물은 물에 잘 녹는 염화동($CuCl$)과 잘 녹지 않는 염화동($CuCl2$)이 존재하고 있어 탈염처리는 하지 않고 있다. 내부에 잔존하는 금속과 둘러싸고 있는 산화물 층의 표면에 안정한 보호피막을 형성하여 염화물 이온으로부터 보호를 해 주기 위해 화성처리(化成處理)를 해준다.

가. Benzotriazole($C_6H_5N_3$)법

Benzotriazole(B.T.A)법은 구리와 B.T.A가 반응하여 구리금속에 염화물이온의 침식활동을 저지하는 화합물피막을 만들어 부식을 방지하는 방법이다. 이 방법은 신속하게 처리할 수 있는 아주 간단한 방법으로 처리 후에도 Patina의 색조 변색이 거의 없다는 장점을 가지고 있다. 1947년 이래 구리화합물의 부식이나 색조변색 방지를 위해 공업적으로 사용되어 왔지만 1968년에 들어와 구리합금유물에 B.T.A가 처음 사용되기 시작하면서 현재는 모든 청동유물의 방청처리제로 세계적으로 널리 사용되고 있다. 또 발굴현장에서 출토된 청동유물의 응급보존을 위해서 한지에 3% B.T.A 용액에 담구었다가 종이로 포장해 밀폐용기 속에 보관할 때에도 이용된다. 그러나 청동유물의 안정화처리에 사용되는 B.T.A는 기화성을 가지고 있으므로 2~3년 내에 유물표면에서 기화되고 산성조건에서는 불안정하여 동의 표면을 보호하지 못하는 단점이 있다.

Benzotriazole은 잘 알려진 바와 같이 엷은 황갈색을 띠는 냄새 없는 흰색분말이며 녹는 점은 95℃이다. Heterocyclic compound로서 구조식은 오른쪽 그림과 같다.

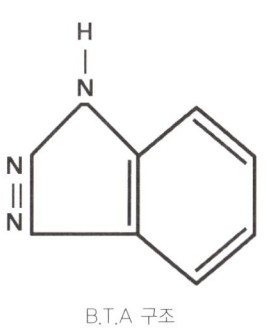

B.T.A가 구리와 구리합금과 접촉하면 표면위에 화학적으로 결합 복합체인 Cuprous

B.T.A 구조

B.T.A가 얇게 형성된다. 이 Cuprous B.T.A는 자연적으로 형성되어 보호효과를 주고 있던 Oxide film의 역할을 강화시키게 된다. 이러한 과정은 Cuprous oxide 층 위에서는 빠른 속도로 진행되지만 Cupric 표면에서는 매우 느린 속도로 진행된다. Copper −B.T.A film 두께는 40~140 Å이라고 되어 있으나 5000 Å인 경우도 있다는 보고도 있다.

염소이온 용액 안에서 억제효과에 대해서는 Evans가 설명한 바 있는데 기초적인 Copper chloride를 형성함으로써 B.T.A와 상호작용을 하게 되어 차단물질을 만든다.

불필요한 흙과 녹을 제거한 청동유물을 Acetone으로 씻어낸 다음 3% B.T.A 용액에 진공함침한다. 함침시간은 30분에서 수 시간 소요되는데, 녹층이 두꺼울 경우 공기의 기포가 올라오지 않을 때까지 함침한다. 함침을 끝낸 유물은

사진 6-12. B.T.A와 Cuprite 안정화 결합 시간은 3분, tenorite는 4~24시간

Methyl alcohol로 잔존 B.T.A를 닦아 낸다. 이 과정을 거치게 되면 산화동 표면에는 열에도 안정한 불활성의 Cu-B.T.A(Polymer film상)막이 형성되지만, 안정성을 위해 RH 80%이상 환경에서 24시간 방치하여 재 부식(New paratacamite)판정 테스트를 해 보는 것이 좋다.

B.T.A가 독성을 가지고 있는 발암물질(Carcinogen)일 가능성에 대해서는 여러 제조공장에서 1년간 관찰을 통해 공해병이나 유해한 영향은 없다고 보고된 바 있지만, B.T.A에 대한 동물실험 결과 아주 느린 속도로 독성이 나타난다는 연구보고가 있기 때문에 인간에 대한 B.T.A의 무해 가능성은 신뢰할 수 없다. 따라서 B.T.A를 사용할 때에는 몇 가지 수칙이 필요하다. 먼저 용액을 만들 때 분말과 알코올 용액의 증기를 흡입하지 말아야 하며 피부에 묻지 않도록 주의한다. 이를 위하여 B.T.A가 들어 있는 Incralac 또는 스프레이를 사용할 때에는 항상 비닐 장갑과 마스크를 착용하며 사용한 용기는 깨끗이 씻어둔다.

나. 산화은법(Silver oxide method : Ag_2O)

산화은법은 산화은 분말을 사용하는 건식처리법이다. 염화동으로 부식된 반점모양의 청동병(Bronze disease) 공식부위를 Scalpel을 이용하여 분말로 된 부식물을 긁어내어 Ethyl alcohol로 반죽한 산화은을 움푹한 구멍에 꼭꼭 눌러 채운다.

산화은은 염화물과 반응하여 염화은으로 되는데 구멍바닥은 습기가 통하지 않는 하단층으로 형성되어 청동병이 진행할 수 없도록 방지한다.

② 진공함침 강화처리

청동유물은 철제유물과 달리 분말상태로 된 유물이 의외로 많아 서로를 고착시켜 형태를 유지하는 처리가 필요하다. 함침 전에 충분히 건조시킨

처리전   처리후

Vibrator tool을 이용한 녹제거

사진 6-13. 신안 출토 청동거울 보존처리

후 아크릴계수지 Paraloid B-72 또는 B.T.A를 함유한 Incralac(상품명)으로 진공함침법에 의해 강화처리를 한다. Incralac은 아세톤과 toluene을 1:5 비율로 혼합한 용액을 용제로 하여 Paraloid B-72 14.6%와 B.T.A 0.4%를 혼합하여 만든다. 내부기압 30~60mmHg에서 1~3시간 함침한다.

4) 금동제 유물의 부식과 보존처리

(1) 금동제 유물의 부식

출토되는 대부분의 금제유물은 수천 수백 년 동안 지하 고분 속에서 다른 종 금속유물인 청동(구리합금), 철 등과 함께 매장되어 있어 청동 녹, 철 녹이 표면에 옮아 붙는 경우가 대부분이다. 이러한 현상은 귀금속에 속하

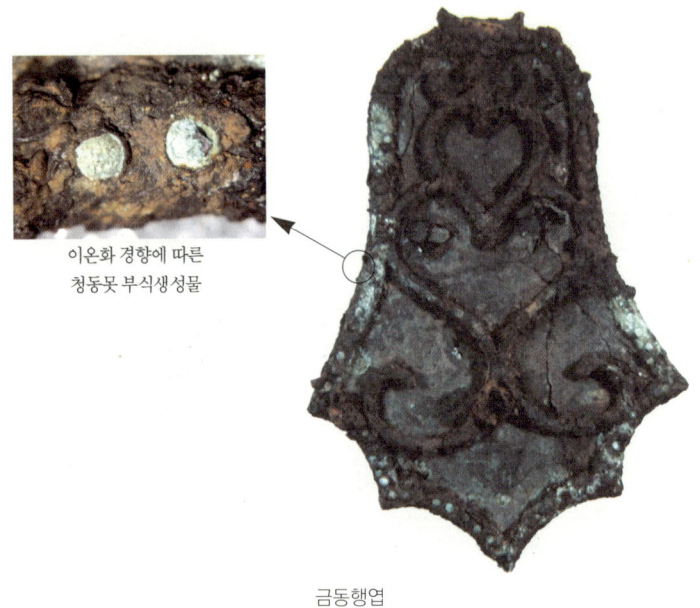

이온화 경향에 따른
청동못 부식생성물

금동행엽

는 금은 부식되지 않지만 귀금속이라고 할 수 없는 철, 청동 등이 금에 비해 부식속도가 빠르기 때문이다. 이를테면 금과 구리금속이 함께 존재하면 귀금속인 금은 음극으로 되고 금보다 비금속인 구리는 양극으로 Galvanic 전지를 형성하면서 더 빠르게 부식이 진행된다. 이로 인해 생성된 녹은 금 표면에 고착되는 것이다. 여기서 우리가 알아야 할 것은 금제유물(금관 등)은 순금이 아닌 금, 은, 동의 합금으로 돼 있다는 점인데, 오랜 세월 고분에 매장돼 있으면서 미량의 합금원소인 동은 산화되고 은(銀)은 어느 한 곳으로 몰려 금보다 먼저 부식되는 것이다.

  흔히 금제유물은 보존처리가 필요하지 않은 것으로 생각할 수 있으나 오히려 보존처리가 다른 금속유물보다 더 까다로울 수도 있다. 금빛을 되살리기 위해 무조건 약품을 사용하면 아주 얇은 구리피막이 제거되어 풍요로운 황금색은 창백한 금색으로 변하며, 은의 원소가 몰려 있는 부위는 더 창백한 색조로 되기 때문에 충분한 고려 끝에 이루어져야 할 것이다. 다음은 금속의 이온화 경향을 나타내는 것으로 이온화 경향이 클수록 더 잘 산화되는 현상을 보인다.

금속의 이온화 경향

Au 〈 Pt 〈 Ag 〈 Hg 〈 Cu+Zn 〈 Cu+Sn 〈 Cu 〈 (H) 〈 Pb 〈 Sn 〈 Ni 〈Fe 〈 Zn 〈 Al 〈 Mg 〈 Na 〈 Ca 〈 Ba 〈 K 〈 Li

---

(2) 금동제 유물의 보존

① 녹 제거

금 자체는 녹슬지 않지만 지하에 매장되어 있는 동안 주변의 동반 금속 유물이 부식되면서 고착된 녹들은 대개 청동녹이 가장 많다. 이러한 녹을 제거하는 데는 화학적 방법과 물리적 방법이 있는데 청동녹의 제거는 화학적인 방법이 많이 이용되고 있다.

가. 화학적 방법

a) Formic Acid법

Formic Acid(HCOOH) 5~10%의 용액을 제조, 솜을 바둑알 크기로 잘라 준비한다. 준비된 솜은 Formic Acid용액에 담궈 사용한다. 제거할 청동 녹 위에 약품에 젖은 솜을 올려 2~3분 기다리면 파란색으로 녹물이 솜에 배어든다. 흐르는 물에 깨끗이 약품을 씻어 내고 같은 방법으로 녹이 제거될

때까지 반복한다. 솜을 사용하여 약품이 흐르지 않을 정도로 꼭 짜서 사용한다. 다른 방법으로 약품이 흐르는 것을 막아 주기 위해서 고 흡수성수지, 고흡수성 Polymer, Vinylacetate · methylmetha acrylate 공중합물을 가수분해하여 자기가교된 물질(スミカケル住友化學社 製品)을 사용하는 방법이 있다. 이 고 흡수성 수지는 아크릴산 비닐 공중합체로 중성이며 수십 배의 물을 흡수한다. 일단 물을 흡수하면 압력을 가해도 이탈되지 않는 장점이 있어 Formic Acid와 반죽하여 사용하면 효과적이다. 특히 금동유물의 경우 금도금층(金鍍金層)에 생성된 녹을 제거할 때 사용하면 들뜬 금박사이로 약품이 침투하는 것을 방지하므로 바탕 금(동, 청동)의 용해를 막을 수 있다. 최근 EDTA · 3Na을 Formic Acid와 같은 방법으로 청동녹을 제거하는데 사용하고 있다.

b) Alkaly glycerol법

모든 청동녹을 제거하는데 사용한다. 약품제조 : 1ℓ 증류수, 120g NaOH, 40㎖ glycerin으로 제조한다.

녹제거 방법은 Formic Acid법과 동일하다.

c) Alkaline rochelle salt법

모든 청동녹을 제거하는데 사용한다. 약품제조 : 1ℓ 증류수, 5g NaOH, 15g sodium potassium tartrate로 제조한다.

1)은 산성, 2)와 3)의 방법은 알칼리성 처리법으로 청동녹 제거에 많이 이용되고 있는 방법들이다. 위의 방법들은 모두 산, 알칼리성 약품으로 사용한 후 잔여 약품이 남아 있지 않게 반드시 흐르는 물에 깨끗이 세척하여 표면을 리트머스지로 pH측정한다.

유물표면에 고착된 청동녹을 완전히 제거하면 적색의 Cuprite녹이 금 표면에 남아 있는 경우가 있다. 이러할 때는 50㎖ 증류수에 황산 2~3방울 떨어뜨린 용액으로 닦아낸다. 이 방법으로 제거되지 않을 때는 황산용액 제조방법과 같은 제조법으로 암모니아용액을 만들어 솜에 묻혀 적색 녹부분에 발라주면 옅은 검은 색으로 변해 오히려 금과 조화를 이룬다.

나. 물리적 방법

녹이 붙어 있는 상태에 따라 제거방법을 달리 선택할 수 있다. 대부분의 녹은 청동녹인데, 표면에 층상으로 일정하게 덮이는 녹은 이쑤시개, Scalpel(수술용 칼), 치과용 소도구 등 처리자가 사용에 편리하게 만들어 사용할 수 있다. 녹을 제거할 때는 녹의 가장자리부터 도구를 수직으로 세워 제거하는데 이때 떼어 낸 자리에 도구의 흔적이 남지 않도록 조심히 작업한다. 이 방법은 약품을 사용하지 않고 제거가 가능한 녹에 적용되는 방법이다. 처리시간이 걸리는 것이 약간의 문제일지 모르지만 유물을 안전하게 보존하기 위해 약품을 사용하지 않고 처리할 수 있다면 이 방법을 택하는 것이 현명하다.

앞에서 언급한 바와 같이 금제유물은 순금이 아닌 은과 동으로 합금되어 은이 집중적으로 몰려 있는 부분, 그리고 동이 산화하면서 금 표면이 풍부한 황금색으로 된 유물들이 있다. 이때 무조건 약품으로 녹을 제거하면 풍부한 황금색은 창백한 금색으로 변색될 수 있다는 점을 유의해야 한다. 출토 금제유물은 지하의 변동 지압, 유물의 하중 등으로 서로 엉켜 붙어 완전한 상태로 출토되는 것은 거의 없으며 대개 찌그러진 파손상태로 출토된다. 찌그러지고 파손된 유물을 원래 모습으로 바로 잡아 주기 위해서는 먼저 녹을 제거한 다음 조심스럽게 바로 잡아주는 작업순서로 진행해야 손상을 최대로 막을 수가 있다.

보존처리전 상태

보존처리후 상태

보존처리전 상태   보존처리후 상태

사진 6-14. 금동사자 손잡이 향로

보존처리전 상태

보존처리후 상태

사진 6-15. 금동이존불
경주 황룡사지 외곽 출토

사진 6-16. 보존처리후 상태
국보 124호 금동관음보살입상

보존처리전 상태   보전처리후 상태

사진 6-17. 금동동탁

　청동·금동유물의 보존처리 방법을 선별하여 아래 5개 항목의 내용같이
알기 쉽게 소개한다.

1. Name treatment(처리 명)

2. Aim of treatment(처리목적)

3. Process of treatment(처리과정)

4. Observation on treatment(처리 중에 관찰)

5. Recommendation(추천)

보존처리전 상태

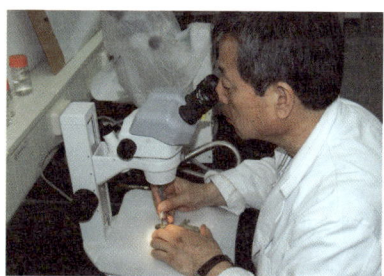

현미경 관찰, 녹 제거 작업

녹 제거 작업, Formic acid

B.T.A 안정화 처리

감압함침 강화처리

보존처리후 상태

사진 6-18. 금동여래입상

□ 1. Alkaline glycerin법, Alkaline rochelle salt법

Alkaline glycerol법

| 1ℓ | H_2O(distilled water) |

| 120g | NaOH |

| 40ml | Glycerol |

Alkaline rochelle salt법

1ℓ   distilled water

5g   NaOH

15g   sodium potassium tartrate

2. 금동유물의 금도금 표면에 생성된 청동 녹(green corrosion)을 제거
할 때 사용한다.

3. 약품은 솜에 적시어 청동 녹을 닦아낸다.

고 흡수성수지를 사용하기도 한다.

건전한 동전은 침적해도 무방하다.

약품으로 녹을 제거한 후 흐르는 물로 깨끗이 세척한다.

이 방법은 녹이 제거될 때까지 반복한다.

깨끗이 세척하여 건조한다.

금동표면에 Cuprite가 남을 수 있다. Cuprite는 5~10% sulphuric acid
로 제거해 준다(깨끗하게 모두 제거되지 않음).

4. 청동유물 Patina에는 사용하지 않는다.

청동 녹으로 솜이 더러워지면 자주 갈아 준다.

깨끗하게 세척한다.

깨끗이 세척하지 않으면 녹이 다시 발생할 수 있다.

5. 청동유물의 patina에는 절대로 사용하면 안된다.

금동유물의 금도금 표면에 생성된 녹을 제거하는데 사용한다.

□ 1. Calgon(NaPO₃ Sodium haxameta phosphate)

2. 15% 증류수

청동 녹제거, cuprite제거

3. 침적 후에 brushing한다.

warm water에 반응이 빠르다.

ultra sonic tank : 단단한 유물에 사용

깨끗하게 세척한다.

외기로부터 오는 부식인자를 차단하기 위해 lacquer(Incralac)를 발라주거나 침적한다.

4. calgon은 반응시간이 늦어 장시간 침적해 둔다.

녹의 상태에 따라 처리시간이 다르다.

calgon은 느리게 반응하기 때문에 처리과정을 관찰할 수 있어 유용한 처리방법이다.

5. calgon은 좋은 방법이다.

□ calgon을 이용한 다른 사용법

모직물을 유리판 위에 놓고 클리닝하는 데 사용 (모직공장에서 사용)

바다에서 인양된 철제유물은 갑자기 태양을 접하면 균열 파손이일어날 수 있어 5% calgon 용액에 침적해 둔다.

□ 1. Electrolytic reduction(전해환원처리)

2. 모든 녹을 제거할 수 있다.

내부에 함유된 염분을 모두 제거할 수 있다.

3. electrolyte(전해물) → 5% sodium carbonate

electricity (전류) → DC 12 or 16V about 2Amps

4. 처리 탱크에 담그기 전 cuprite를 제거한다.

표면에 다시 cuprite가 부착될 수 있기 때문이다.

cuprite가 그대로 있으면 Cl이온이 남아 있게 된다.

이 방법은 원하지 않는 부분까지 제거되는 결점이 있다.

5. 청동유물에는 사용하지 않는다.

건전한 철제품, 납 제품에는 사용할 수도 있다.

최근에는 이 방법을 거의 사용하고 있지 않다.

□ 1. Electrochemical reduction

Aluminium and 15% sodium carbonate

Zinc granule and 15% sodium hydroxide

2. 청동 녹과 chloride제거

3. 얇은 알루미늄에 싸서 처리한다.

증류수로 깨끗이 세척 한다

냉 온수교체, 낮에는 90℃ 더운물, 밤에는 냉수 건조 후 lacquer (Incralac)로 코팅처리 한다.

4. 계속적으로 관찰한다.

5. 최근에는 사용하지 않는 방법이다.

□ 1. Sodium sesquicarbonate 5% in distilled water

2. 염화물 제거

3. anhydrous sodium carbonate(Na_2CO_3) = 26g

anhydrous sodium bicarbonate($NaHCO_3$) = 21g

1 liter distilled water

또는

anhydrous sodium carbonate(Na_2CO_3) = 29g

hydrated sodium bicarbonate($Na_2CO_3H_2O$) = 70g

1 liter distilled water

매주 용액을 갈아 준다

    3회 정도 Cl이온 테스트를 한다.

    건조한 다음 lacquer처리한다.

  4. 탈염시간이 오래 걸림

    Cl이 Sodium sesquicarbonate와 반응하여 NaCl로 되어 Cl이온이 더 이상 추출되지 않기 때문에 새로운 용액으로 자주 교체해 준다.

    푸른색의 침전물이 생긴다.

    * sesqui는 1.5배를 의미한다.

  5. 최근 청동유물에는 사용하지 않는다.

□ 1. Silver oxide

    $Ag_2O + 2CuCl \rightarrow 2AgCl + Cu_2O$

  2. AgCl은 대단히 안정된 물질이다.

  3. 부분적으로 pit狀 bronze disease(paratacamite)의 분말을 긁어낸 후 $Ag_2O + Acl$로 반죽하여 사용한다.

  4. 고습도 하에서 변화과정을 관찰한다.

    70~80%, 24시간 또는 8~9시간.

    lacquer 코팅한다.

  5. Silver oxide는 영구적인 방법은 아님. 필요에 의해 부분적으로 사용해도 좋다.

□ 1. Benzotriazole법

    $BTA(C_6H_5N_3) + Cu = $ complex copper ions

  2. 청동·금동유물의 안정화

    이 방법을 연구한 학자도 Cu + BTA 반응에 대해 자세히 모르고 있다.

BTA가 구리(Cu) 입자를 감싸 보호막을 형성한다.

※ BTA 용액(약제)이 청동유물에 침투하면 부식원인이 되는 염화물을 분리시키는 작용을 한다. 왜 분리되는지 이유는 정확하지 않다.

종전에는 1시간 진공상태에서 상압으로 돌려 준 다음 20분 후에 유물을 꺼내었으나 요즘은 tenorite 녹층까지 침투시켜 주기 위해 4~24시간 진공함침처리를 한다.

상온침적은 1~3일 정도.

3. cleaning 후 paratacamite가 남아 있는지 확인한다.

   ① 1% BTA($C_6H_5N_3$) 증류수

   ② 3% BTA 알코올이 더 효과적이다.

4. 고 습도(80~90%)에서 9~24시간 정도 new paratacamite 발생여부를 테스트한다. 새로운 녹이 확인되면 다시 처리 한다.

5. 1968년 이래 청동유물 안정화 처리에 가장 많이 사용되고 있다.

   최근 청동유물 안정화를 위해 Aceto-nitril(CH3CN)수용액을 이용하는 새로운 처리방법이 연구개발 중에 있다.

5) 은제유물의 부식과 보존처리

(1) 은제유물의 부식

금을 제외한 모든 금속은 녹이 스는데, 은(銀)은 보통 상태에서는 산소와 반응하지 않고 수분을 다량 함유한 공기나 아황산가스(SO_2), 황화수소(H_2S) 등과 반응하여 황산은($AgSO_4$)과 황화은(Ag_2S)으로 된다. 상대습도 60%이상이 되면 황화피막으로 성장하는데, 특히 밝은 은은 황화수소와 반응하

면 처음에는 갈색 변색층을 생성하며 변색 피막이 두꺼워지면 검게 변한
다. 황화수소를 생성하는 물질은 고무, 양모, 염료 등이며 이러한 환경에
서 은제유물을 전시 보관하는 것은 피해야 한다. 따라서 전시할 때 유물을
바로 세우기 위해 지우개를 잘라 끼워 넣는 것도 해서는 안 된다.

$$2Ag + H_2S \rightarrow Ag_2S + H_2$$

또한 염화물(할로겐)이 존재하는 환경에 은제품이 있게 되면 염화물과 반
응하여 염화은이 되는데, 염화은은 자주색을 띄는 녹으로 높은 습도가 지
속적으로 유지되면 분말상으로 되어 결국 은제품을 침식시킨다. 토양 속
에는 용해성 염화물질이 많이 있기 때문에 유물이 흙 속에 매장되어 있을
경우 유물이 파괴될 위험이 높다.

$$Ag^+ + Cl^- \rightarrow AgCl$$

(2) 은제유물의 부식화합물

은제품에 생성되는 녹의 종류(광물)는 다른 금속에 비해 단순하지만 출
토된 은제유물은 염화은이 생성되므로 심한 경우는 분말상태로 형태가 파
손되는 안타까운 일이 발생하기도 한다. 이런 유물들은 보존처리를 통해
쉽게 확인할 수 있다. 염화은은 국부적으로 발생하지만 높은 습도에서는
전체로 퍼져 나가는 전이현상이 일어나기 때문에 황화은과 염화은의 부식
화합물을 제거할 것인가 아니면 그대로 살려 두면서 처리할 것인가는 처
리자의 판단이 매우 중요하다.

황화은은 정도의 차이는 있으나 경우에 따라서는 너무 검게 변해 은이
아닌 것으로 착각할 수 있다. 따라서 녹을 제거할 때는 유물이 지니고 있

사진 6-19. 은제요대. 자주색으로 보이는 부분이 분말상태 ceragyrite 녹

는 전체적 상황판단과 윤리적, 심미안적 면을 고려해야 한다.

(3) 은제유물의 보존

녹 제거의 기준은 다음 장에서 취급하기로 하고 이 장에서는 녹 제거에
사용되고 있는 약품과 그 방법을 소개하고자 한다. 여기에 소개하는 약품

은의 부식화합물

silver sulfide(α-Ag_2S)	acanthite	–	black
silver sulfide(β-Ag_2S)	Argentite	silver glance (휘은광)	black
silver chloride($AgCl$)	ceragyrite	horn silver (각은광)	lavender/ grey
silver bromide($AgBr$)	bromargyrite	–	yellow

들 중에는 최근 사용하고 있지 않는 것도 상당수 포함되는데, 이것은 초창기에 사용된 보존처리 방법에 대해서도 알아두어야 할 필요성이 있기 때문이다.

① 녹 제거

가. Thiourea[$SC(NH_2)_2$]

이 방법은 염화은을 제거할 때 사용하는 방법으로 염화은의 경우 아주 느리게 제거되지만 황화은은 제거되지 않는다. 구체적인 방법은 먼저 손톱 크기의 솜을 5% Thiourea 용액(증류수)에 적셔서 표면을 세척하고 Glass fiber brush(유리섬유 솔)로 닦아 낸다. 그리고 증류수로 깨끗이 씻어 잔류약품을 제거하고 건조기에서 건조한다.

나. Ammonium thiosulfate[$(NH_4)_2S_2O_3$]

염화은과 황화은을 제거할 때 사용하는 방법이다. 15% Ammonium thiosulfate 용액(in 증류수)에 적신 솜으로 표면을 닦아준다. 그리고 용액에 침적하여 Glass fiber brush(유리섬유 솔)로 닦아 내는데, 이 용액의 경우

반응이 빠르기 때문에 흐르는 물에 씻어 가면서 반복한다. 녹 제거가 완료
되면 증류수로 깨끗이 세척한 다음 건조한다.

$$3AgCl + 4(NH_4)_2S_2O_3 \leftrightarrow (NH_4)_5[Ag_3(S_2)_3O_4] + 3NH_4Cl$$

다. Ammonia(NH_4OH : d = 0.880)

부분적으로 염화은이 발생하였을 때 사용하는 방법으로 유물전체가 염
화은으로 되어있는 경우에는 사용하지 않는다. 솜에 Ammonia(NH_4OH)를
적셔 닦아 주는데, Ammonia는 강한 자극적 냄새가 있기 때문에 통풍이 잘
되는 장소에서 사용한다.

$$AgCl + 2NH_4OH \rightarrow Ag(NH_3)_2Cl + H_2O$$

라. Thiourea, Formic acid, Non ionic detergent 혼합용액

황화은을 제거할 때 사용하는 방법으로 84mg Thiourea, 4ml Formic acid,
0.5ml Non ionic detergent를 혼합하여 제조한다. 청동유물의 은상감이 황
화은으로 검게 변했을 경우 이 용액을 면봉에 묻혀 닦아내고 증류수로 깨
끗이 세척하여 건조한다.

마. Formic acid(HCOOH)

은제품에 묻은 청동녹을 제거할 때 사용하는데 10% Formic acid 용액(증
류수)을 묻힌 솜으로 닦아준다.

바. Alkaline glycerol

은제유물에 묻은 청동녹을 제거할 때 사용하며, 청동녹이 많이 묻어 있

을 때는 사용을 하지 않는 것이 좋다. 이 방법은 흐르는 물에 반복해서 씻으며 사용한다.

사. 전해환원방법

전해액은 10% 알칼리 용액(NaOH), 양극은 백금 · 은 · 오스테나이트 · 스테인리스 · 스틸 또는 흑연봉으로, 음극은 처리하고자 하는 금속으로 하여 직류를 통하면 내부에서 수소가스가 발생해 부식된 표면이 서서히 환원되면서 부식층이 재부식된다. 영국에서는 전해액을 Formic acid를 사용하기도 한다.

우리나라의 경우 공주 무령왕릉, 경주 천마총, 황남대총에서 출토된 은제유물을 비롯해 다른 금속유물의 부식화합물 제거에 일부 사용하였다.

아. 전기화학적 환원방법

금속을 아연으로 덮고 10% 수산화나트륨(NaOH) 용액을 넣어 끓이면 수소가스가 발생하면서 표면의 부식층이 연화되는데 이러한 원리로 녹을 제거하는 방법이다. 영국에서는 15% Formic acid와 Aluminium foil를 사용하기도 한다.

그러나 이 방법은 자주색 빛을 띠는 염화은(AgCl)이 생성된 유물에 사용하게 되면 금속이 녹아 구멍이 뚫리는 현상이 일어나기 때문에 최근에는 사용하지 않는다.

② 은제유물의 강화처리

은제유물에서 생성되었거나 다른 재질의 유물에서 옮아 붙은 녹을 제거하는 방법으로 필자가 영국에서 배운 방법임을 밝힌다. 그리고 유럽에서는 Niello(은, 납, 구리와 유황의 흑색합금)를 은의 장식물로 사용한다, Niello

와 은의 부식 합성물인 황화은과 혼돈하지 않도록 주의해야 한다. 우리나라 은제품에는 Niello를 사용한 은제품은 아직 발견하지 못했다.

은제유물의 강화와 외부로부터 다시 발생할 수 있는 부식인자들을 차단하기 위해 강화처리를 한다. 강화제로는 Paraloid B-72를 사용하는데 농도가 올라갈수록 광택이 생기므로 상태에 따라 10~20% 이내로 적절히 조정하여 강화처리 한다.

4. 금속유물의 취급 및 보관관리

1) 취급요령

금속은 일반적으로 견고한 것으로 인식되어 있지만 오히려 금속유물의 경우는 환경에 따라 쉽게 훼손되기 때문에 세심한 주의가 필요하다.

민감한 금속유물을 다룰 때에는 될 수 있는 한 유물에 손을 안대는 것이 바람직하지만 필요에 따라 만져야 한다면 반드시 손에 꼭 맞는 폴리에틸렌 장갑을 끼는 것이 좋다. 장갑을 끼지 않고 맨손으로 금속유물을 만지면 손에 있는 땀이나 기름기가 금속 표면에 남아 금속을 부식시킬 뿐만 아니라, 광택이 있는 금속유물의 경우에는 손의 지문이 남기 때문에 주의해야 한다.

2) 운반

외견상 별다른 문제점이 없어 보이는 금속유물도 X선으로 투시하면 유물내부에 균열이 있는 경우가 많은데, 이러한 유물을 움직일 때에는 신중을 기해 운반상자나 받침을 이용하는 것이 안전하다. 보관상자에 금속유물을 넣어 움직일 때는 반드시 상자의 밑을 받쳐 들어 금속이 무겁다는 생각을 항상 잊지 말아야 한다. 금속유물을 넣은 보관상자를 묶은 끈을 들면 금속의 무게를 견디지 못하고 끊어질 가능성이 있기 때문에 주의해야 한다. 그리고 길이가 긴 칼과 같은 금속유물의 경우는 한 손으로 들어 올리면 매우 위험하기 때문에 두 손을 사용해 칼의 손잡이 부분(柄部)과 몸체(身部)를 골고루 받쳐서 들어 올린다.

3) 전시

보관장이나 전시대 바닥에 금속유물을 직접 올려놓을 때는 금속에 미칠 손상여부를 미리 살펴야 한다. 전시장 바닥재인 나무, 금속, 가죽, 염직물에서 유물에 해가 되는 독성이 발생할 수도 있고, 바닥재 밑에 붙어 있는 접착제가 유물까지 침투할 수도 있기 때문이다. 충분히 건조되지 않은 나무는 산(酸)을 방출할 수 있으며, 그 위에 칠한 라카나 페인트에서 나오는 독성에 의해 유물이 손상될 가능성이 많으므로 세심한 주의가 필요하다. 또 금속유물의 경우, 전시장의 나사못이나 핀이 유물에 직접 닿게 되면 이종 금속 간의 부식(갈바닉 부식)이 발생될 가능성이 많으므로 유물에 해가 되지 않는 플라스틱이나 비닐을 입혀서 사용한다.

4) 보관관리

금속유물을 보관할 때는 그 주위에 뾰족하거나 날카롭게 삐져나온 유물 옆에는 두지 않는다. 유물을 바닥에 내려놓을 때는 쿠션이 좋은 토이론이나 중성지를 깔고 놓아야 하고, 포장할 때도 반드시 중성지와 토이론을 사용해 유물의 파손을 막는다. 과거에는 부식이 심한 유물이나 섬세한 귀금속의 유물을 솜 위에 두는 경우가 많았는데, 이러한 경우 솜이 유물 장식의 섬세한 부분을 잡아당길 뿐만 아니라 수분을 잘 흡수하는 솜의 성질때문에 부식이 촉진될 수 있다. 따라서 얇은 토이론으로 포장하거나 두꺼운 토이론을 유물 크기에 맞게 잘라내어 그 위에 두도록 한다.

금속유물은 대기에 노출되었을 때 습기가 존재하지 않으면 부식이 느리고 잘 발생하지 않는다. 그러나 출토된 유물일 경우 땅 속에서 높은 습도로 매장되어 있다가 습기가 없는 전시장이나 수장고에서 유물 내부의 수분이 증발하여 가용성 염이 결정화되면서 균열이 발생하여 표면이 박락되는 등 금속입자로 부식이 급격히 진행된다. 이러한 금속의 부식은 탈염처리를 실시해 부식인자를 제거하기도 하지만 수분과 산소가 없는 건조한 환경을 만들어 주어 부식속도를 완화할 수도 있다. 또 급격한 온도 차이는 소지금속과 표면 부식생성물 간 수축과 팽창의 정도 차이로 균열이 발생될 수 있다. 그리고 이러한 유물의 균열이나 틈새에서는 수분이 응축되는 결로현상이 발생하여 금속의 부식을 가속시킨다. 부식은 대기 중의 습기 함량과 온도뿐만 아니라 먼지 및 오염된 공기 등에 의해서도 영향을 받는다. 먼지나 오염된 공기는 습기가 금속 표면에 쉽게 응축할 수 있게 도와주는 역할을 하기 때문에 유물의 보관 장소는 항상 청결하게 유지해야 한다.

금속유물의 수장고에서 보관은 RH(상대습도) 40~45%와 먼지가 없는 깨끗한 환경에서 보관한다. 만약 부득이한 경우에 유기질 유물과 같이 수장할 때는 RH 55%까지는 유용하다. 온도는 인간이 느끼는 쾌적한 온도 19±2℃로 설정해준다. 그러나 만약 수장고의 환경을 제어할 수 없을 경우에는 밀폐용 Polythene Box에 Plastic foam(토이론)을 완충제로 사용하여 Silica gel과 Humidity Indicator Card를 넣어 보관하면 최소한의 습도의 변화를 막을 수 있다. 근래에는 탈산소와 제습이 되는 RP System을 넣고 Escal film으로 밀봉하는 방법을 사용한다. 이러한 방법은 보존처리가 되지 않은 철제유물에 적용하여도 효과를 얻을 수 있다.

제7장 목제유물의 보존

1. 수침목재보존의 역사

　수침목재의 보존은 1850년 덴마크 후넨 섬(Island of Funen)에서 수침목재유물이 다량으로 출토되었는데 아무런 조치없이 방치해 두었다가 목재에 함유한 수분이 증발해 수축과 변형이 일어나는 것을

사진 7-1. 출토 목재 건조후 수축

확인하고 최소한의 원형 훼손을 막아 주기 위해 시작되었다. 이때 덴마크 국립박물관에 문의하여 소개받은 처리방법이 Herbst. C. F가 발표한 칼륨명반[$KAl(SO_4)_2 \cdot 12H_2O$]법이다.

　이 방법은 목제유물에 칼륨명반 95~100% 수용액을 상온에서 함침하여 목재에 함유한 수분을 명반으로 치환해 실온에서 건조한다. 그리고 아마인유를 목재 내부에 스며들게 한 다음 투명한 바니시 또는 밀랍을 표면에 바르는 방법인데 여기에 사용되는 칼륨명반은 조해성이 커 습도조절이 가능한 장소에서 보관되어야 한다.

　또 독일의 과학자 Rathgen은 1898년에 출판한 그의 저서에 파라핀(융해)법, 아마인유법, 글리세린법, 크레오소트유(Creosote oil)법 등을 소개하면서 바이킹선과 같은 대형 유물은 표면에 아마인유를 도포하는 것 이외는

방법이 없다고 지적하였으며, 실제로 크레오소트 유와 아마인유법을 1904
년 Oseberg 바이킹선의 보존에 사용하였다. 그러나 바이킹선은 원래부터
상태가 좋은 배였기에 성공할 수 있었다고 할 수 있다. 그 후 덴마크에서
Rosenberg, Georg에 의해 50년간 칼륨명반법에 대해 연구가 진행되었으나
1900년에서 1950년대까지는 수침목재 처리가 거의 개선되지 않았으며 좋
은 결과를 얻지 못했다.

후넨섬에서 발견된 수침목재의 명반법 보존처리 이후 100년 정도 지나
서 에테르(Ether)를 이용하는 새로운 보존처리방법이 덴마크 국립박물관의
Borge Brorson Christensen에 의해 창안되었다. 이 방법은 표면장력이 물
(72dyne/㎝)의 약 4분의 1이하인 에테르(17dyne/㎝)로 목재에 함유한 수분
을 치환한 후 진공건조하여 변형을 막아 주는 방법이다.

근년에 우리나라에서도 저습지(바다, 연못지 등)의 발굴조사가 증가함에
따라 출토수침목재 유물이 상당수 출토되고 있다. 그 대표적 수침출토목
재 유물로는 신안 침몰선의 목재 일괄, 경주 안압지 목선, 다호리 칠기 칼
집 등 목재 일괄, 신창동 유적 현악기외 목재 일괄 등을 꼽을 수 있다. 이
목제유물은 다행히 다습한 매장환경(저습지)에 묻혀 있었던 관계로 유물의
형태가 온전하게 잘 남아 있었는데 만약 이 유물들이 건조한 매장환경에

사진 7-2. 건조되어 심하게 수축된 신목재

있었다면 이렇게 유지될 수 없었을 것이다.

저습지에서 오랜 기간 매장되어 있던 목제유물들은 제작 당시 형태를 잘 유지하고 있으나 거의 대부분의 목재들은 심하게 부후되어 현재의 목재와 비교하면 화학적, 물리적 성질에 큰 차이가 있다. 출토 수침목재는 대개 나무의 주요 성분인 Cellulose, Hemicellulose가 크게 감소되는 반면에 수분은 과포화 상태로 되면서 물리적 강도는 현저하게 떨어지게 된다. 이와 같이 수분을 과포화로 함유하고 있는 출토목재를 "수침목재(Waterlogged Wood)"라고 하며, 수침목재의 보존을 위한 과학적 연구는 오랜 역사를 가지고 있다.

2. 목재의 구조 및 구성성분

나무는 뿌리(根), 줄기(幹), 잎(葉)으로 되어 있는데 목재로 이용되는 것

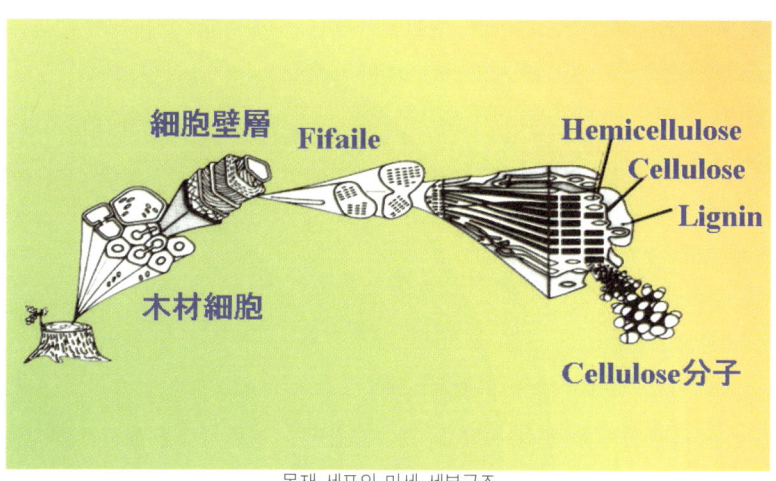

목재 세포의 미세 세부구조

은 줄기이다. 줄기는 외부에 수피가 있고 그 내부에 목부가 있으며 중심부
에 수(髓)가 있다. 뿌리는 나무를 땅위에 고정시키는 것 이외 영양분과 수
분의 흡수와 공급을 담당한다. 줄기는 영양분, 수분의 통로이며 저장소이
다. 잎은 햇볕을 받아 탄소동화작용을 하여 생장에 필요한 영양분을 만든
다.

나무의 생장은 위로 자라는 것을
신장생장이라 하며 옆으로 굵어지
는 것을 비대생장이라 한다. 때문
에 목재에 생장 방향성이 세 방향
과 세 단면으로 생긴다. 나무의 줄
기 방향을 축 방향 또는 섬유방향

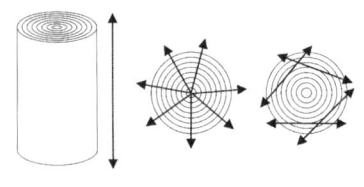

도면 7-1. 목재의 3방향

(longitudinal)이라 하며, 이 축 방향에서 직교하는 수선(髓線)의 방향을 경
단방향(徑斷方向) 또는 방사방향(radial), 연륜에 대해 접선을 이루는 방향
을 절선방향 또는 접선방향(tangential)이라 하며, 줄기의 가로방향 단면을
횡단면(cross section), 수선방향의 단면을 방사단면(radial section), 연륜(年
輪)과 접선으로 절단된 단면을 접선단면(tangential section)이라 한다.

나무는 열대목과 같이 생장 계절이 차이가 없는 경우는 그 경계가 뚜렷
하지 않다. 봄부터 생장이 시작하여 여름에는 생장속도가 크게 저하하며,
가을과 겨울에는 휴식기에 들어간다. 계절에 따른 생장속도의 차이는 새
로운 세포분열로 봄, 여름같이 생장속도가 빠른 시기에 생긴 세포는 크게
확대되고 생장속도가 늦은 시기에 생긴 세포는 확대되지 않는다.

나무는 동심원상으로 매년 성장을 거듭하는데 이러한 성장을 통해 목재
를 구성하는 세포의 외형이 변화한다. 이를 도면 7-2에서 살펴보면, ML
은 세포간층이며 P는 제1차막, S1은 제2차막의 외층, S2는 제2차막의 중
층, S3은 제2차막의 내층, W는 우상층을 나타낸다.

나무를 수평으로 절단하면 담색부
분은 춘재(春材)라 하고, 짙은 부분을
하재(夏材)라고 한다. 나무가 매년 생
장하는 증거로 연륜(annual ring)이 형
성되는데 춘재와 하재가 한조가 되어
일년이 된다. 나무의 줄기는 횡단면으
로 보았을 때 중심부와 바깥 부분의
색깔이 다르며 바깥 담색부분을 변재
(sapwood)라 하고 안쪽 짙은 부분을
심재(heartwood)라 한다.

변재부와 심재의 구조는 비슷하나
생리적 기능은 다르다. 변재부에는

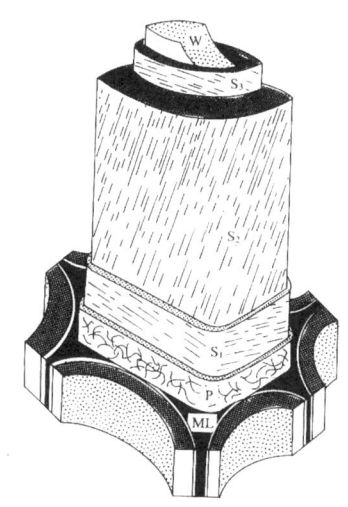

도면 7-2. 목재의 세포벽 구조

방사유세포가 살아 있고 전분과 지질이 들어 있으며 함수량도 많다. 세포
에는 세포간의 수분과 양분이 이동하는 벽공의 통로가 있다. 심재부는 방
사유세포 조직이 거의 죽어 세포내강에는 페놀성 물질이 침착되어 재색이
짙고 벽공이 폐쇄되어 통수기능이 저하된다. 나무의 주성분은 셀룰로오스,
헤미셀룰로오스, 리그닌으로 구성되어 있고, 수지(樹脂), 회분(灰分)은 부
성분(副成分)이다. 주성분이 세포막을 구성하고 있는 모양을 살펴보면, 셀

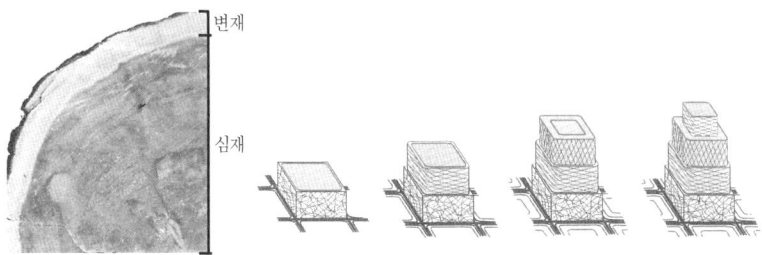

도면 7-3. 목재의 변재와 심재 및 목재의 세포벽층 성장의 구조모식도

룰로오스는 골격물질, 리그닌은 충전물질, 헤미셀룰로오스는 양자 간에 다리와 같은 역할을 하는 메트릭스 물질이라고 할 수 있다.

목재의 성분 및 그 특성을 자세히 살펴보면 셀룰로오스는 목재 건조 중량의 50~60%를 차지하고 목재의 세포막을 구성하는 가장 중요한 유기화합물로, 원소성분은 탄소 44.2%, 수소 6.3%, 산소 49.5%로 구성되어 있으며 $(C_6H_{10}O_5)_n$으로 표시한다. 헤미셀룰로오스는 세포막에 함유되어 있는 셀룰로오스 이외의 다당류의 총칭이며, 리그닌은 목질소라고도 하는데, 목재의 세포를 목질화시키며 단단하게 하는 접착제의 역할을 한다.

3. 목재와 함수율

목재의 노화상태를 파악하는 척도로 함수율, 그 중에서도 최대함수율이 자주 이용된다. 먼저 함수율이란 목재의 함수상태를 표시하는 것으로, 목재의 실제 질량에 대한 함유 수분의 질량의 비를 %로 나타낸 것이다. 이를 식으로 표시하면 다음과 같다.

$$u = m - m0 \ /m0 \times 100$$

u: 함수율   m : 함수목재의 질량   m0 : 목재실질질량(건조질량)

또 최대함수율이란, 목재에 있는 모든 빈틈에 물이 가득 차 있는 상태를 나타내며, 포화 상태에 있는 목재의 함수율로 다음의 식으로 표시된다.

$$umax = mw - m0 \ /m0 \times 100$$

umax : 최대함수율   mw: 포화목재질량

최대함수율은 목재의 부후가 진행될수록 증가하게 되는데 이것은 목재 세포벽을 구성하고 있는 성분은 감소함에 반해 물이 들어갈 수 있는 빈틈은 증가하기 때문이다.

4. 목제유물의 보존

1) Cleaning과 사전조사

출토 수침목재에 토사나 점토 등이 묻어 있을 때는 부드러운 솔로 털어낸 다음 임시 보관한다. 출토장소에 따라 철 화합물 등 침전물이 흡착되어 있으면 보존처리액이 목재 내부까지 잘 침투되지 않아 처리 후 목재표면에 재 결정물질이 석출되는 경우가 있다. 따라서 임시보관 전에 이러한 물질은 제거되어야 한다. 특히 칼슘이온, 황화이온이 많은 지역은 건조 종료 후에 목재표면에 황산칼슘 결정이 석출되는 경우도 있다. 이들 목재에 흡착된 금속이온의 제거는 일반적으로 EDTA · 2Na[Ethylene diamimnetetra-acetic acid]를 이용하고 있다. 철의 침전물 제거가 곤란한 경우에는 산이나 알칼리를 이용하기도 한다. 이 방법은 처리 후에 충분히 이온수 등으로 씻어내야 한다. 바다에서 인양된 목재유물은 염화물이온, 나트륨이온 등 해수의 성분이 완전히 저하되었음을 확인한 후에 보존처리를 하는 것이 좋다.

보존처리 전에는 필요에 따라 X선 사진촬영(X-radiography)으로 비파괴 구조조사를 한다. 육안으로 판별이 불가능한 묵서와 같은 문자는 적외선 TV카메라로 조사하면 새로운 사실의 발견도 기대할 수 있다.

2) 목재유물의 강화처리

(1) Polyethylene Glycol(PEG) 함침법

일반적으로 수침출토목재의 보존처리는 PEG함침법이 세계 각국에서 널리 이용되고 있다. 이 방법은 목재에 함유된 수분을 PEG[Polyethylene Glycol]로 치환하여 탈수와 동시에 강화하는 방법이다.

PEG는 Ethylene oxide($CH_2CH_2O_-$)n의 중합물로 그 중합도의 차이에 따라 액체와 고체상태로 분류된다. 평균 분자량이 1000 이하는 액체상태, 1000~2000은 Paste 상태 그 이상은 백색 고체(밀랍형)이다. 일반적으로 가역성 윤활제 그리고 화장품 등으로 이용되는 무독성 물질이다.

출토목재의 보존처리에서는 평균 분자량이 약 3,350 정도의 PEG-4000이 사용되고 있다. 이것은 상온에서는 고체형(입자형)이며 응고점은 55℃ 전후 물에는 40%(20℃) 전후에서 용해된다. 보존처리의 처음 단계에서는 통상 10~20% 정도의 저농도 PEG수용액으로 함침하여 이후 서서히 PEG 농도를 높여 마지막 단계는 100% 가까운 농도까지 함침하는 것이 기본방법이다.

출토목재의 보존처리에 사용되는 PEG의 물성은 다음의 표와 같다.

PEG의 물성

종 류	평균분자량	응고점(℃)	pH	형 태
PEG-200	200	–	5.5	무색 투명한 액상
PEG-400	400	–	5.5	
PEG-1000	1,000	37	5.5	밀랍상의 고체
PEG-1540	1,540	45	5.5	
PEG-2000	2,000	51	5.5	
PEG-4000S	3,350	62	6.5	박 편 상

함침이 끝난 유물을 PEG용액에서 꺼내어 표면에 묻은 PEG를 닦아 상온에서 건조시키면 PEG는 경화되어 유물의 형상이 남게 된다. 그런데 이 방법으로 처리된 목재는 검게 변하는데 이때 Alcohol 등 PEG가 용해되는 유기용제로 목재표면에 묻은 PEG를 닦아 주면 원래의 색조로 되돌릴 수 있다.

최근 고분자 PEG의 보존처리 과정에서 유물이 수축, 변형된다든가 균열이 발생되는 등의 사례가 보고되고 있기 때문에 다음에서는 그 원인과 대책 등에 대해 언급하고자 한다.

PEG처리 중에 실패의 원인은 PEG함침 용액의 농도 조절에 원인이 있다고 생각할 수 있다. PEG수용액이 목재에 함침되는 모양을 간단한 실내 실험으로 재현하면 다음과 같다. PEG수용액에 침적된 목재는 처리액과 목재에 함유된 수분 사이에 농도차가 생겨 먼저 목재에 함유된 표층 부근의 수분이 방출되고 다음에 느린 속도로 PEG수용액이 목재 속으로 확산 침투되었다가 다시 동일한 모양으로 내부로 스며들어가는 것을 알 수 있다. 중요한 것은 목재에서 수분이 방출되는 속도에 비해 PEG수용액이 목재에 침투되는 속도가 장시간을 요한다는 것인데 이 때문에 처리액이 목재 내부까지 충분히 침투된 다음, 처리용액의 농도를 서서히 상승시킬 필요가 있다. 만약 처리액과 목재내부에 함침된 용액 사이에 급격한 농도 차이가 생기게 되면 목재 안의 수분이 급격히 방출하여 자연건조와 같은 현상이 처리 중에 발생하게 된다. 이러한 것이 실패의 원인이 된다. 특히 처리 후반 고농도의 PEG수용액을 함침하는 경우 용액의 점도가 현저히 높아져 함침이 어렵게 이루어지기 때문에 장시간에 걸쳐 처리하는 것이 중요하다. 또 하나의 실패 원인은 목재의 수종적 특성과 관련된 것인데 특히 활엽수 중에 목심이 남아 있는 목재는 처리 중에 변형과 균열이 생긴다고 하는 보고가 있다.

사진 7-3. PEG 함침탱크(국립공주박물관)

이들 목재의 대부분은 표면 부근이 심하게 부후되어 있는데 반해 내부 목심부분은 부후되지 않고 단단하고 치밀한 상태로 유지되고 있는 것으로 알려졌다. 이 같은 목재에 고분자 PEG함침을 하면 썩은 부위에는 PEG 함침이 잘되나 단단하고 치밀한 목심부는 수분과 치환이 잘 되지 않고 오히려 수분만 방출시켜 함침처리 중에 목재를 변형시키는 원인이 되는 것으로 밝혀졌다. 또한 목심 부분의 함수율이 250% 이하인 경우에는 PEG 4000의 침투확산이 거의 불가능한 것으로 알려져 있다.

이 문제를 해결하기 위해 독일의 P·Hoffman은 저분자량의 PEG를 병용해 사용하는 2단계법을 개발했다. 이 방법은 목재 내부로 쉽게 함침을 시키기 위해 먼저 PEG2000 등 저분자 PEG를 목심에 함침하고 난 다음 고분자로 함침하는 방법으로 저분자 PEG로 먼저 처리를 해 목심 내부를 안정한 상태로 만들어 변형이나 균열을 방지한다.

PEG처리법은 유기용제를 전혀 사용하지 않기 때문에 대형유물에서 소형유물까지 대량처리가 가능해 폭넓게 이용되고 있는 방법이다. 그러나 PEG

자체가 흡습성을 갖고 있기 때문에 상대습도 80% 이상인 환경에서는 목재에 함침된 PEG가 다시 용해될 수도 있어 이 같은 환경에서 보관되지 않도록 주의를 해야 한다. 또한 금속재질과 복합된 유물에는 사용하지 않는 것이 좋다.

(2) 진공 동결건조법

진공동결건조법은 동물이나 식물조직의 건조를 비롯해 일상식품 등에 광범위하게 이용되고 있다.

일반적으로 수용액을 동결시켜 동결상태 그대로 진공 속에서 수분을 직접 승화(고체 상태에서 기체 상태로 증발)시키는 방법이다.

출토목재는 과포화로 수분을 함유하고 있어 직접 함유된 수분을 동결시키면 체적팽창을 일으켜 유물이 손상될 위험이 있기 때문에 일반적으로 함유수분을 제3부틸알코올로 치환한다. 제3부틸알코올은 에틸알코올이나 메틸알코올과 달라 응고 때 유물을 단시간에 동결시킬 수 있어 유물에는 손상을 주지 않는다. 제3부틸알코올로 치환한 후에 부후된 목재를 강화해주기 위해 PEG 4000으로 함침한다. 함침이 끝난 목재는 −40℃ 전후의 온도에서 완전히 동결시킨 후 약 1/7000기압의 고진공환경에서 건조를 시킨다. 동결이 불충분한 상태에서 진공상태가 될 경우 자기동결에 의해 유물에 손상을 줄 수 있기에 주의가 필요하다.

진공동결된 목재는 PEG법과 달리 목재내부에 분산된 공극이 생겨 온습도 변화에도 우수한 완화 특성을 가지기에 높은 습도에서도 안정하게 유지된다. 진공 동결건조법은 처리 후 목재의 색조가 검게 되지 않고 오히려 건조 후에 밝은 색조를 띄기에, 특히 목간 등 묵서가 있는 유물의 처리에 적합하다.

진공 동결건조법으로 처리된 모든 목재는 제3부틸알코올로 치환하는 것

보존처리 전 상태   보존처리 후 상태

사진 7-4. 목제갑옷 틀. 경북 경산 임당저습지 출토(4~5세기, 삼국시대)
(국립중앙박물관)

이 아니다. 특히 침엽수재는 활엽수재와 비교해 부후 진행이 일어나지 않아 함수율이 300% 전후 이하의 것이 대부분이고 이 같은 침엽수재는 통상 40~60% 정도 PEG수용액을 함침한 후에 진공 동결 건조법으로 처리한다.

진공동결건조법은 종래 PEG함침법과 비교하면 처리기간이 크게 단축된다. 그러나 부후가 심해 약화된 활엽수재에 이 같은 방법을 사용하게 되면 동결 및 건조단계에서 균열과 변형 등이 발생할 수 있다고 한다.

최근 함침 강화제로 PEG 4000보다 저분자량인 Sucros, Lactose를 목재에 함침하여 동결 건조하는 방법이 연구되고 있다. 그러나 고분자물질보다 저분자물질이 침투성이 좋고 비교적 단기간에 목재 내부까지 거의 완전히 함침된다는 보고는 있지만 실제 실용화단계에 있다고 말할 수 없다. 저분자 물질을 이용한 방법으로 실용화된 방법으로는 1차 Mannitol 처리

후 PEG로 함침하는 방법이 있으며 동결건조법과 병행한 처리도 일부에서
는 사용하고 있다.

(3) 고급 Alcohol 함침법

PEG 4000보다 분자량이 낮아 상온에서 안정된 물질이 존재하고 있지만
목재 보존처리에 사용되는 물질은 많지 않다.

합성저분자 재료를 함침 강화제로 이용하는 최대 장점은 합성고분자 재
료에 비해 같은 농도의 경우 일반적으로 점도가 낮으면서 침투성이 양호
해 함침처리가 단기간에 이루어진다는 점과 목재내부까지 쉽게 함침된다
는 점이다. 일본에서 저분자 재료로 고급 Alcohol을 수침유기질 유물의 처
리방법에 실용화한 것은 1990년경으로, 철 바탕에 옻칠을 한 소형 철갑편
등 복합재료를 사용한 유물에 응용되었다.

고급 Alcohol이라는 것은 분자량이 큰 Alcohol로 일반적으로 탄소 수가 6
이상의 쇄식 Alcohol을 가리키는 경우가 많다. 천연유지를 원료로 하는 천
연고급 Alcohol과 석유 원료에서 얻은 합성고급 Alcohol이 있다. 공업적으
로는 합성세제의 원료나 계면활성제 등으로 이용되고 있다. 출토목재의 함
침 강화제로 세틸알코올{CetylAlcohol: $[CH_3(CH_2)_{14}CH_2OH]$}이나 스테아릴
알코올{Stearyl Alcohol: $[CH_3(CH_2)_{16}CH_2OH]$}이 사용되고 있다. 상온에서는
고체형태로 유지되고 융점은 50℃~85℃로 물에서는 용해되지 않으며 Etyle-
Alcohol이나 Metyl-Alcohol(50℃)에 잘 용해된다.

보존처리는 먼저 알코올로 완전히 탈수를 한 다음 알코올과 고급 알코올
의 혼합용액에 함침한다. 다음 단계로 실온에서 약 50℃ 정도 범위의 온도
제어가 필요하다. 세틸알코올의 Metyl-Alcohol은 30℃에서 105[g/100g], 40
℃에서는 590[g/100g]으로 용해되는 성질이 있으므로 주의해야 한다. 함침
에 사용하는 고급 알코올의 최종 농도는 목재의 부후 정도에 따라 조정한

다. 일반적으로 침엽수재는 50% 정도의 고급 알코올로 함침하는 것으로 충분하다. 한편 부후가 심한 활엽수재의 경우는 80~90% 정도까지 농도를 높일 때도 있다.

함침이 끝난 목재는 표면에 부착된 고급알코올을 Etyle-Alcohol 등으로 세정한 다음 자연건조로 남은 알코올을 증발시킨다. 알코올이 증발하면서 목재표면에 고급알코올이 백색결정으로 재 석출하면 다시 알코올로 세정한다든가 열을 가해 용해하여 제거하는 것이 가능하다.

고급 알코올 함침법은 유기용제와 저분자재료를 사용하고 있기 때문에 PEG법에 비교하면 훨씬 함침하기 쉽고 단시간에 간단하게 처리되지만 고급알코올 자체가 경화될 때 다른 재료와 비교하면 수축되는 비율이 약간 큰 경향이 있어 함수율이 높은 활엽수재를 처리할 때는 최종 함침용액의 농도에 주의할 필요가 있다.

제3부틸알코올과 고급 알코올처리법은 유기용제를 사용하기 때문에 방폭시설 등 특별한 장치가 필요하다. 고급 알코올 함침법 처리에서 실패하는 주된 원인은 완전히 탈수시키지 않으면 내부의 잔류한 수분에 의해 고급 알코올의 치환이 저해되어 부분적으로 함침이 이루어지지 못하는 것이고, 이는 수축과 변형의 원인이 된다. 특히 옻칠제품의 경우는 전면에 옻칠이 남아 있으면 탈수가 완전히 이루어지지 못하고 칠 막의 하층상태(밑칠 없이 직접 목질에 칠이 도포되어 있는 경우)에 따라 전혀 탈수가 안되는 경우도 있다. 이 경우에는 통상 목질유물보다 더 긴 시간 탈수하는 등 주의가 요구된다. 이것은 고급 알코올법에만 국한되는 것이 아니라 다른 방법에서도 실패의 원인이 될 수 있다. 탈수가 완전하게 되지 않으면 고급 알코올의 함침단계에서 옻칠막이 박락될 수 있다는 것도 예상할 수 있다.

고급 알코올법은 출토목재 이외 씨앗류, 바구니 등 편물, 짚, 덩굴, 칠 제품, 칠지, 목재와 금속복합제품(수침상태) 등에 폭 넓게 이용될 수 있다. 특

히 고급 알코올은 수분을 흡수하지 않기 때문에 처리 후 보관을 생각한다
면 금속과 목재의 복합제품에는 최적의 방법이라고 말할 수 있다. 그러나
처리하는데 유기용제를 취급하기 때문에 인화성이나 인체에 대한 영향(M-
Alc을 사용하는 경우)이 있어 대형유물 처리에는 적당하지 않으며 설비와
시설이 안 된 장소에서는 적용될 수 없는 단점이 있다.

(4) 당(糖)알코올 함침법

당(糖)알코올 함침법 중 많이 사용되는 방법은 주제로 Lactitol ($C_{12}H_{22}O_{11}$)
을 이용하는 방법으로, 이 방법은 먼저 60℃로 가열한 상태에서 수용성의
Lactitol을 물에 서서히 첨가하여, 그 농도를 최종적으로 약80% 정도까지
높인 후 유물을 꺼내어 50℃의 온도조건에서 건조하는 과정을 거친다.
Lactitol의 분자량은 344로 PEG4000에 비해 약 1/10 이하이기에, 목재내부
로의 침투가 빠르고, 함침기간도 단축시킬 수 있는 장점이 있다. 다음의 표
에 당알코올법에 이용되어지는 여러 당류의 물성을 제시한다.

당(糖)알코올법에 이용되어지는 당류의 물성

종류	화학식	분자량	70℃에서의 용해도
Sucrose	$C_{12}H_{22}O_{11}$	342	76%
Glucose	$C_6H_{12}O_6$	180	77%
Lactitol	$C_{12}H_{22}O_{11}$	344	85%
Maltitol	$C_{12}H_{22}O_{11}$	344	80%
Mannitol	$C_6H_{14}O_6$	182	41%
Xilitol	$C_5H_{12}O_5$	152	87%

(5) 기타 유기용제를 사용하는 방법

출토목재의 처리방법은 새롭게 개량이 거듭되었다. 그 하나가 알코올에 탈수한 유기용제에 치환하여 천연수지나 합성수지를 함침하는 방법이다. 고전적인 것으로는 알코올, 에테르, 다마아르(Dammar) 함침법이 있고, 표면장력이 낮은 에틸·에테르를 이용한 함침강화재료로서 천연수지의 마르 또는 로진을 이용하는 방법이다. 이 방법은 표면장력이 작은 용제를 이용함으로써 자연건조를 해도 유물에 손상이 일어나지 않는데 착안한 것이다.

이 방법은 역시 화재 및 폭발의 위험성이 있는 유기용제를 이용하기 때문에 특별한 주의가 필요하다(Ether의 융점은 35℃). 또 함침강화재료는 분자량으로 인하여 고농도 용액은 함침되지 않으며 부후가 큰 목재에는 충분한 강화가 이루어지지 않는다. 이 방법을 개량한 방법으로 Ethyl·Ether 보다 비점이 높은 Xylene으로 치환하여 안정성을 높인 방법이 개발되어 있지만 함침강화재료는 고분자재료가 사용되고 물에 녹지 않는 물질을 이용하고 있어 금속과 목재로 구성된 복합재질의 유물 등에 적용할 수 있다. 또 같은 방법으로는 Acetone, Rosin 함침 등 일부 적용되고 있다.

최근 유기질 중에 양단이나 피혁제품처럼 유연성이 있는 유물에 대해 처리 후에도 유연성을 그대로 유지할 수 있는 방법이 연구 개발되었다. 유연성을 유지하기 위해서는 강화재료 자체가 유연성을 가지고 있어야 하는데 특수한 Silicon수지가 이용되는 Silicon수지 함침법이 있다. 이 방법에서 단백질이 잔존하여 포르말린 수용액으로 단백질을 고정시킬 필요가 있는 유물일 경우 알코올로 탈수를 한다. 다음 단계에서는 용제 치환을 한다. 용제로는 염화메틸이 사용된다. 용제치환이 종료되면 염화메틸렌과 실리콘수지의 혼합용액으로 함침하고 필요에 따라서는 미세하게 조금 감압할 때도 있다. 최종 단계로 용제에 혼합되어 있지 않은 실리콘수지로 유물에 함침한다. 함침할 때는 실리콘수지가 경화하지 않게 저온에서 느리게 가압

과 감압을 수 십 회 반복한다. 함침 종료 후에 유물표면에 부착된 실리콘
수지를 세정하여 상온에서 경화한다.

   이 방법은 기본적으로 유연성이 필요한 유기질의 유물에 적용되는 방법
이며 실리콘수지가 표면에 잔존하면 젖은 듯한 색조와 광택이 나고, 경화
후에는 제거되지 않는 결점이 있기 때문에 선택적으로 사용하여야 한다.
그러나 유기질 유물과의 유연성이 유사하고, 온·습도 변화의 영향을 거
의 받지 않기 때문에 처리 후의 보관이 아주 안전한 장점을 가진다.

제8장 토기 · 도자기유물의 보존

1. 토기 · 도자기의 조성

원료는 점토이며, 점토의 주성분은 고령토로 지구 표면의 지질적 풍화작용으로 토양층 상단에 많이 침전되어 있다. 고령토는 알루미늄, 규산염의 수화물이다. 점토는 보통 운모, 수정, 장석, 철 화합물과 같은 다른 광물을 포함하고 있어 좀처럼 순수물질로 발견되지 않는다.

점토를 가열하면 비가역적 변화가 발생하고 이때 생성된 것들은 소성온도에 따라 土器(Clay ware), 陶器(Earthenware), 石器(Stoneware), 瓷器(Porcelain)로 구분된다. 토기는 700~800℃의 온도에서 구워지는 신석기시대 토기이고, 도기는 800~1000℃의 신라 · 가야토기이며, 석기는 1000℃의 삼국시대 또는 통일신라 경질토기이다. 마지막으로 자기는 1200~1400℃의 가장 높은 온도로 구워지는 것으로, 고려청자 · 조선백자가 이에 속한다.

2. 손상요인

도 · 토기의 손상은 크게 물리적인 손상과 침전 및 얼룩 등에 의한 손상, 화학적인 손상으로 분류해 볼 수 있다. 도 · 토기는 기공이 많은 다공성이기 때문에 물리적인 손상은 매우 쉽게 일어나며, 먼지 침전물 등이 균열이나 기공 사이에 들어가 얼룩을 발생시킨다. 그리고 구성물질이 화학물질에 노출되면 화학적인 손상이 느리지만 지속적으로 진행된다. 이처럼 도·토기의 손상은 다양한 원인에 의해 일어나는데 일부 경우는 한 가지 요인이 단독으로 일어나지만, 많은 경우는 여러 요인들이 복합적으로 작용하여 손상이 발생한다.

1) 물리적인 손상

도·토기의 물리적인 손상은 도·토기를 사용하기 전인 제조상의 결함에서 기인할 수 있다. 이러한 손상에는 많은 원인이 있는데 그 중 대부분은 제대로 된 형태를 갖추지 못한 동체, 잘못된 모양과 구조, 균일하지 않은 소성, 태토에 첨가한 비가소성 물질(fillers : 작은 모래, 조개껍질, 화산재, 짚 등)의 양이 적거나 너무 빨리 건조시켰을 경우, 태토 내부에 들어 있던 공기가 빠져 나오지 못했을 경우에 나타나는데, 주로 동체가 찌그러지거나 균열이 발생하고 도·토기 표면이 부풀어 오르고 터지는 등의 손상이 나타나게 된다.

출토유물의 경우 토기 손상요인의 대부분은 무너진 무덤의 토압에 의한 파손이다. 다음으로는 취급 부주의에 의한 도·토기의 파손으로 발굴 후 정리하는 과정이나 운반, 전시 또는 보존처리를 진행하는 동안의 부주의에 의한 것이다. 이 밖에도 홍수나 화재, 지진과 같은 재난들도 도·토기에 균열을 발생하게 하거나 파손시키는 주된 원인이 된다.

보관 중에 겹쳐 쌓아 놓아 서로 부딪치는 경우, 특히 동체에 균열이 발생되어 있거나 약한 부분은 쉽게 손상을 입는다.

2) 화학적인 손상

도·토기는 화학적으로 비교적 안정하나 습기가 많은 지역(특히 강산이나 강염기가 있는 곳)에 매장되었거나, 화재, 보존처리할 때 사용하는 약품 등에 노출되었을 때 화학적인 손상이 발생할 수 있다. 아주 높은 온도의 화재를 당하는 경우에는 태토의 조성이나 유약의 성분이 변할 수 있다.

낮은 온도에서 소성된 토기는 습기가 있는 상황에 놓이게 되면 태토가 수화되어 형태가 일그러지거나 변화할 수도 있다. 또한 높은 온도에서 번조된 도·토기도 광물입자로 된 filler가 물에 녹을 수 있다.

매장된 도·토기가 지하수와 접촉해 있을 때 산성을 띠게 되는데 칼슘을 함유한 filler는 지하수에 씻겨나가 외관상 기공이 있는 것처럼 보일 수 있다. 보존처리할 때 철 얼룩을 제거하기 위해 사용하는 강산도 칼슘을 포함하고 있는 도·토기에 영향을 끼친다. 또 과일 주스 등을 담는 용기는 주스에서 나오는 산으로 인해 유약이 손상될 수 있으며, 자연의 납 화합물로부터 얻은 연유(鉛釉)는 산에 의한 손상이 일어나기 쉽다.

도·토기에 영향을 미치는 용해성염으로는 염화물, 질산염, 인산염 등이 있으며, 주로 매장되어 있는 동안 토양이나 주변에 있는 여러가지 물질을 통해 흡수하게 된다. 염화물은 바닷물이 주된 원천이지만 소변이나 동물의 조직 등에서도 생성된다. 질산염과 인산염도 유기물질이 부패하면서 생성되는데 가마터의 재에서 높고 고농도의 인산염이 발견되기도 하며 식품이나 화학물질 속에서 가용성 염을 흡수하기도 한다.

염에 의한 손상과정을 살펴보면 도·토기 내부가 기공이 많은 다공성이기 때문에 매장되어 있는 동안 모세관현상에 의해 물과 함께 가용성 염이 녹아 들어가게 되고 나중에 물이 증발하면 염은 도·토기 내부에 남게 된다. 이러한 염은 매장되어 있는 동안이나 발굴 후 기공 내에 존재했던 용액들이 건조되면서 결정화된다. 이렇게 염을 흡수하고 있는 도·토기를 상대습도의 변화가 심한 곳에 전시하거나 보관하게 되면 고습상태에서 가용성 염류는 몸체 안으로 용해되어 들어가고 저습일 때는 표면으로 이동하여 재결정을 이루게 된다. 이러한 환경의 변화는 도·토기 표면에 염류를 농축시킬 뿐만 아니라 결정화되는 과정이 반복되어 균열을 확대시키고 때로는 도·토기가 완전히 파괴되는 결과를 초래하기도 한다.

도·토기가 수분을 많이 함유하고 있는 경우 온도가 낮아 얼었다가 온도가 상승하여 녹는 과정이 반복되면 부피가 팽창된 얼음의 압력에 의해 표면 박락이 발생할 수 있으며 균열이 일어나거나 형태가 파괴되기도 한다. 이러한 도·토기 중 표면손상이 심한 것은 경화제로 강화시키는 처리가 필요하다.

도·토기의 손상 중 충격에 의한 손상 다음으로 빈번하게 일어나는 파손 원인은 보존처리에 대한 무지에서 오는 손상이 많다. 즉 보존처리 방법이나 재료선택이 잘못되었을 때, 또는 처리 미숙으로 인한 손상이 대부분이다.

보존처리할 때 잔류물을 제거하기 위해 사용되는 공업용 세척제는 납 성분이 많이 들어 있는 연유와 유약 위의 장식들에 악영향을 끼칠 수도 있다. 동물 뼈와 함께 매장된 것도 연유에 영향을 미칠 수 있는데 이것은 뼈로부터 나온 인산 이온이 세척제 역할을 하기 때문이다. 또, 산소가 없는 상황에서 식물이나 동물이 부패하여 혐기성 박테리아를 성행하게 하여 연유를 검게 하거나 장식의 효과를 사라지게 할 수 있다. 혐기성 박테리아는 황화염을 황화수소로 바꾸는데 이 황화수소는 연유의 납 이온과 반응하여 검은 색의 황화납을 생성한다.

3) 먼지 및 침전물, 얼룩 등에 의한 손상

먼지나 침전물은 직접적으로 도·토기에 물리적인 손상을 일으키지는 않는다. 그러나 이것들은 도자기의 미적인 측면에서 볼 때 심미성을 격하시킬 뿐만 아니라 이 물질들이 습기를 흡수하여 곰팡이 등의 발생을 초래함으로써 생물학적인 손상 원인을 제공하기도 한다.

음식을 준비하거나 담기 위해 만들어진 도 · 토기는 균열이나 기공에 음식물이 스며들어 얼룩을 남길 수 있다. 기름기가 있는 얼룩은 특히 용기가 가열되면 도 · 토기 내부에 깊숙이 침투되어 오염물의 제거가 더욱 힘들어지게 한다.

용기가 꽃병으로 사용되거나 물을 끓이는데 사용되었을 경우 내부에 석회 침전물이 생성될 수 있다. 토양 속에 매장된 도 · 토기에는 석회, 석고, 또는 실리카와 같은 침전물이 부착되어 얼룩이 발생할 수 있으며, 해양에서 발굴된 도 · 토기에도 표면에 탄산칼슘 고착물이나 패각류 등이 고착되어 있는 것을 볼 수 있다.

습도가 높은 곳에서는 유약이 발라져 있지 않은 용기에 곰팡이가 생성될 수 있다. 대기 또는 유기체의 잔여물(폴리비닐 아세테이트와 같은 특정 수지도 포함)에 존재하는 곰팡이의 포자가 도 · 토기에 붙어서 습도가 적정한 수준에 다다르면 성장하기 시작하는 것이다.

땅에 매장된 도 · 토기에서 가장 일반적으로 발견되는 얼룩은 철에 의한 것이다. 토기는 철분의 함유량이 높은 곳이나 철제유물과 같이 매장되었을 경우 용해성 철 화합물을 흡수한다. 그 결과 황색을 띤 얼룩이 발생하게 되는데 이것은 보기에도 좋지 않을 뿐만 아니라 제거하기도 힘들다. 이렇게 오염된 도 · 토기가 부패된 식물과 함께 존재하면 식물에서 형성된 타닌산이 철 화합물과 반응하여 타닌철을 생성하기도 한다. 녹색 얼룩은 도 · 토기가 동제품과 함께 매장된 경우에 발생될 수 있다.

마지막으로 도 · 토기 보존처리에 사용되는 재료를 주의깊게 사용하지 않으면 그 물질이 필요하지 않은 부분까지 흔적을 남길 수 있다. 접착제의 경우 접합면 이외의 다른 곳까지 퍼져서 오염시킬 수 있으며, 시간이 경과하면 변색될 수도 있다. 접착테이프도 제거 후 접착성분이 남아 있으면 변색으로 인해 표면을 오염시킨다. 필기구에 의한 무분별한 표시도 얼룩을 생성시킨다.

3. 토기 · 도자기유물의 보존

우리나라에서 유물을 통해 볼 수 있는 도 · 토기 보존처리는 매우 다양하게 나타나고 있다. 현재 토기의 접착 및 복원에는 옻칠, 아교, 점토, 순간접착제, 세메다인-C®(Cellulose계), 실리콘 수지, 공업용 접착제, 시멘트, 석고, 지점토, 폴리에스테르 수지, 아크릴 수지, 에폭시계 접착제 등이 사용되고 충전제로는 흙, 마이크로 발룬, talc, 고령토 등이 사용된다. 옹기의 경우는 보존처리 수량이 많지 않아 처리 사례가 많지 않으나, 토기에는 접착제로 시멘트, 아크릴 수지, 에폭시계 접착제 등을 사용한 사례가 많이 발견된다. 도자기의 접착 및 복원에는 옻칠, 아교, 점토, 금속, 목재, 순간접착제, 세메다인-C®, 실리콘 수지, 공업용 접착제, 석고, 지점토, 폴리에스테르 수지, 아크릴 수지, 에폭시계 접착제 등이 사용되었고 충전제로는 흙, 마이크로 발룬, talc, 고령토 등이 사용되었다. 또한 결손부에 다른 도자기편을 접합하거나 다른 편을 결손부 지지대로 사용하고 그 위에 에폭시 수지 등으로 채색과 유약효과를 내는 처리법도 보인다.

도 · 토기의 보존처리는 발굴할 때 출토되는 양이 많고 처리 재료를 주변에서 쉽게 구할 수 있는 장점 때문에 비전문가에 의해 보존처리가 많이 이루어졌다. 따라서 보존처리에 많은 물질들이 사용된 것을 발견할 수 있으며, 처리 재료선택이 잘못되거나 방법이 미숙하여 오히려 유물에 손상을 입히고 있는 경우도 종종 보이고 있다.

1) 처리 전 조사

처리 전 조사는 처리하고자 하는 도·토기의 현재 상태를 정확하게 파악하여 앞으로의 처리방향을 설정하는 과정이다. 먼저 육안 및 현미경 관찰을 통해 도·토기의 색깔 및 제작기법, 문양, 유약의 박락과 같은 재질의 손상여부를 파악하고, 확인이 어려운 내부 균열이나 예전에 복원된 부분 등은 X선투시촬영이나 자외선램프로 확인한다. 또한 각종 분석장비로 도·토기의 태토와 유약을 분석하여 주요성분 및 미량성분을 알아내고, 소성온도 및 산지를 추정하여 도자사연구자료로 제공한다.

그리고 처리 전 상태를 사진으로 촬영하고, 스케치나 실측을 통해 처리하고자 하는 도·토기의 규격과 주요 특징을 기록한다. 결손된 부분이 남아 있지 않아 형태를 정확히 알 수 없는 경우에는 관련자료를 충분히 조사하여 복원에 대비한다. 위의 과정들을 기록카드에 사진과 글로 상세하게 기록하여 남기고 처리 계획에 따라 필요한 약품과 각종 도구 등을 준비한다.

시각, 촉각, 청각을 이용하는 물리적 특성 및 상태조사는 육안이나, 현미경, 경도계와 같은 기기를 사용하는데, 유물의 색상, 경도, 기공도 및 흡수율, 강도 등을 조사한다. 도·토기의 색깔은 여러 요소들이 조합되어 나타난 결과인데, 점토의 조성, 유약의 종류, 장식, 가마의 종류 및 소성온도가 표면색에 영향을 미치는 요소들이다. 따라서 도·토기의 색깔을 자세하게 관찰하면 외부 보존환경의 영향에 의해 표면 또는 태토의 색깔이 변화된 것을 알 수 있으며, 또한 흠집이나 균열에는 모세관 현상에 의해 이물질로 오염되어 얼룩이 남아 있는 것을 알 수 있다.

도·토기의 경도는 그것들의 내구성과 손상 및 외부압력에 대한 저항성에 영향을 미치는 요소로 도자기를 다루거나 보관관리, 그리고 보존처리하고자 할 때 경도를 아는 것은 매우 중요하다. 경도를 측정할 때는 모스

경도계를 이용하는데, 그 10가지 물질의 경도는 다음과 같다.

> 활석 : 1, 석고 : 2, 방해석 : 3, 형석 : 4, 인회석 : 5, 정장석 : 6, 석영 : 7,
>
> 황옥 : 8, 강옥 : 9, 금강석 : 10   (손톱의 경도는 방해석과 형석의 사이 정도이다)

　도·토기의 기공도 및 흡수율은 태토의 성분이나 정제되는 정도에 따라 다르게 나타난다. 토기의 경우는 태토의 정제여부 및 첨가되는 비가소성 물질에 따라 다르게 나타나는데 기공도는 약 5~15%, 흡수율은 20~25% 정도이다. 도자기의 경우는 기공도가 약 2%, 흡수율이 약 0.5% 이하이며 백자가 가장 낮다. 기공도가 큰 유물은 외부의 오염물이 쉽게 흡수되어 얼룩을 형성하며, 내구성이나 외부압력에 대한 저항성이 낮기 때문에 취급에 주의해야 한다. 기공도 및 흡수율의 측정은 저울이나 부피 측정계를 이용하여 조사한다.

　강도도 경도와 마찬가지로 내구성과 손상이나 외부압력에 대한 저항성에 영향을 미치는 요소이다. 따라서 취급과정 뿐만 아니라 보관관리에 중요한 요소로 작용하므로 만능재료시험기 등으로 압력이나 장력 등을 측정하여 각각의 유물의 상태에 따라 알맞은 취급 및 보관관리가 이루어져야 한다.

2) 내부구조 및 복원부분 조사

　주로 X선을 이용하여 도·토기의 내부 균열을 관찰할 수 있으며 과거의 잘못된 수리 부위(리벳이나 못 등의 기계적인 결함)를 확인하고 각종 복원제(석고, 합성수지) 사용의 조사에 활용하므로써 앞으로의 보존처리 방향을 설정하는데 기여하고 있다. X선으로 촬영할 때는 삼차원의 형상이 이차원으로 나타나므로 다른 각도로 여러 번 찍어보고 그 상들을 비교해서

판단하여야 한다.

또, 가시광선보다 파장이 짧은 약 380㎚ 이하의 자외선을 빛이 완전히 차단된 장소에서 도자기에 비추면 유물의 표면에 있는 각각의 표면 구성요소나 유약의 조성에 따라 미묘한 차이를 가진 다양한 색깔의 형광을 방출하게 된다. 이것으로 도자기 복원에 사용된 합성수지와 같은 유기물질의 사용을 조사할 수 있는데 자외선을 사용할 때는 자외선이 짧은 파장을 가지고 있기 때문에 피부와 눈이 자외선에 노출되지 않도록 보호 장비를 착용하여야 한다.

지류나 섬유류 문화재에 많이 이용되는 적외선도 도자기의 숨겨진 표면을 검사하는데 사용되는데, 염이나 탄산염의 물질 또는 탄소 등으로 덮여 숨겨져 있는 장식들을 찾는데 유용하게 이용된다.

편광현미경은 광물이나 토기의 박편을 광학적으로 관찰하는 현미경으로, 일반현미경의 집광렌즈 및 대물렌즈 뒤쪽에 각각 니콜프리즘(편광장치)이 장착되어 있는데 이 편광(한정된 방향으로만 진동하는 광파)으로 광물의 겉면을 조사하고 그 구조를 분석하는 장비이다. 광물의 크기, 모양, 입자 간의 배열 · 비율 · 조직 등의 광물입자 확인이 가능하고, 겉면처리, 슬립, 변성하는 광물 종류를 통해 소성온도의 추정이 가능하다.

중성자방사화분석(NAA : Neutron Activation Analysis)은 중성자를 시료에 조사해 구성원소 내 원자핵을 여기(勵起)시키면 구성 원소들은 불안정한 방사성동위원소로 변형되는데 이들이 안정한 동위원소가 되기 위해 0.1 ~ 2 MeV 에너지의 감마선을 방출하는 것을 이용한다. 이 감마선은 특정원소에 대해 고유에너지를 가지므로 그 구성 원소들의 성분을 확인(정성)하고 감마선의 강도로 관련성분의 농도를 확인(정량)할 수 있다. 도 · 토기, 동전, 유리, 안료, 흑요석 등 유물의 성분분석이 가능(Pb를 제외한 모든 미량원소의 분석이 가능)하다.

X선 회절분석법(XRD : X-ray Diffraction Spectroscopy)은 점토질 유물, 유약, 태토면 결정형태, 안료, 색채 분석이 가능하지만, 유물에서 소량의 시료를 채취하여 분석하므로 손상우려가 있다.

X선 형광분석(XRF : X-ray Fluorescence Spectroscopy)은 도 · 토기의 태토 성분조사, 특정성분분석으로 제작산지의 과학적 규명, 사용원료 · 재료 · 공급지 조사에 이용된다.

이 밖에도 주사전자현미경, 뫼스바우어분광분석(MS: Mössbauer Spectroscopy), EPMA(Electron Probe Micro Analysis), 유도 결합 플라스마 발광분석법(ICP-AES) 등이 있으며, 전자회전공명(ESR : Electro Spin Resonance), 열발광법(TL : Thermoluminescence Dating) 등으로 연대 측정이 가능하고, 시차열분석(DTA), 열중량분석(TGA), 열팽창분석(TEA)법 등으로 소성온도를 추정할 수 있다.

3) 기록

기록은 보존처리에 있어서 꼭 필요하다. 처리 전 조사를 통해 밝혀진 내용들은 보존처리 과정 중 처리에 필요한 자료로 활용되며, 보존처리 과정 중에 일어난 모든 행위들은 미래에 재처리를 위한 자료로서도 매우 중요하다. 또한 관련전문가에도 유용한 자료를 제공하기 때문에 아주 작은 내용도 상세하게 기록되어야 한다.

보존처리 내용을 기록하여 관리하기 위해서는 일반적으로 기록카드가 많이 사용되고 있는데 각 기관의 특성에 맞게 체계가 갖추어진 기록카드에 처리 전 조사 내용은 물론, 분석 데이터, 처리 전 · 후 및 처리과정 사진촬영, 처리약품, 처리방법 등 보존처리 중 발생한 모든 사항에 대해 글이나 그림 등으로 상세하게 기록한다. 근래에는 이를 컴퓨터에 전산 입력하여 여러 사람이 쉽게 공유하는 방법이 모색되고 있다.

보존처리에 있어 처리 전 상태나 처리 과정의 모든 사항을 글로 표현하는 것은 한계가 있다. 즉 글이나 그림으로 표현할 수 없는 색이나, 모양, 장식, 조직 등은 사진을 이용하면 훨씬 효과적으로 유물을 설명할 수 있는 중요한 수단이 된다. 특히 작은 부분을 크게 확대한 사진이나 현미경을 통해 찍은 사진은 육안으로 확인이 되지 않았던 제작기법 등도 밝힐 수 있는 자료를 제공하기 때문에 사진촬영은 보존처리 과정에서 매우 중요한 것이다.

사진촬영용 카메라는 종류가 다양한데 일반적으로 35㎜ 카메라가 많이 이용되며, 인쇄용 사진에는 120㎜ 카메라로 촬영하는 경우가 많다. 요즘에는 활용도가 높은 디지털카메라가 아주 유용하게 사용되고 있다.

4) 세척 및 해체

태토가 매우 약한 연질토기가 젖어 있을 경우에는 큰 흙덩이 정도만 제거하고 밀폐용기에 넣거나, 습기가 마르지 않도록 조치하여 처리실로 옮긴 다음 물에 적신 솜으로 토기를 덮고 거즈로 감싸 서서히 건조시키면서 부드러운 솔로 이물질을 제거하는 것이 좋다. 연약한 연질토기는 물을 사용하기보다는 표면의 먼지나 흙을 털어낸다는 기분으로 처리한다. 먼저 흙덩이는 대나무 칼 등으로 조심스럽게 떼어내고 부드러운 붓으로 털어 낸다. 매장환경 내에서 젖은 흙으로 뒤덮인 토기 표면은 그 흙이 감싸 보호해주는 역할도 하였기 때문에 통풍이 잘 되는 그늘에서 서서히 건조시켜 붓 등으로 흙을 털어 낸다. 이때 매장하면서 발생된 미세한 균열이 건조되면서 확대되어 파손되는 경우가 많이 발생하기에 주의하여 처리한다.

만지면 표면이 부스러질 정도로 약한 연질토기는 Paraloid B-72를 유기용제로 2~5% 정도의 농도로 용해시켜 스프레이 등으로 토기 표면에 뿌려준다. 다음 강화제가 완전히 굳으면 면봉에 유기 용제를 적셔 표면에 부착된 흙 등 이물질을 조금씩 제거한다.

비교적 단단한 토기는 표면에 부착된 이물질을 부드러운 솔로 털어주는데, 이때 파편의 깨진 단면에 부착된 이물질은 각종 도구를 사용하여 가능하면 전부 제거해 주어야만 나중에 올바른 접합이 가능하다.

바다에서 인양된 도자기는 거즈로 감싼 다음 흐르는 수돗물이나 지하수에 2~4주 정도 침적시켜 염분을 제거한다. 물의 온도를 40~50℃ 정도로 유지시켜 주면 염분의 용출이 더 효과적으로 이루어진다. 흐르는 물을 사용하기가 어려울 경우에는 수조에 증류수를 넣고 그 속에 도자기를 침적시켜 온도 조절이 가능한 교반기를 사용하여 물을 순환시키면 보다 효과적으로 탈염처리를 할 수 있다. 또한 초음파세척기를 사용하여 온도를 적당하게 올린 다음 침적하는 방법도 있다. 제거되지 않은 패각류는 0.6~0.8N 정도의 염산용액에 침적시킨 뒤 대나무 칼이나 치과용 소도구로 조심스럽게 제거한다. 패각류의 제거가 끝나면 염분을 제거하던 방법으로 중화처리를 실시한다.

도자기 표면의 먼지 및 침전물은 따뜻한 중성세제로 세척하고 기름기는 유기용제로 제거한다. 식물성 얼룩은 염소표백, 단백질이나 탄수화물 오염은 효소표백으로 세척한다. 균열내부나 빙렬 내부에 스며든 오염물은 과산화수소수를 10% 이하로 희석한 용액을 묻힌 솜 등으로 감싸 오염물을 표면으로 용출시켜 제거한다. 이밖에도 초음파세척기를 사용하여 틈새에 부착된 미세한 먼지나 이물질을 제거하기도 한다. 화학적인 방법으로 세척하였을 경우 내부에 약품이 남아 있지 않도록 처리한다.

세척할 때 가장 주의하여야 할 사항은 학술적으로 매우 가치있는 문양, 채색물질, 섬유질과 같은 유기물 및 제작기법을 알 수 있는 여러 가지 단서를 제거해 버리는 실수를 범하지 말아야 한다는 것이다.

또한 이물질을 제거할 때 표면손상의 우려가 있으면 제거하지 말고 그대로 두는 게 좋다. 완전히 젖어 있는 연질토기의 경우 현장에서 너무 오랫

동안 노출되거나 보관상 부주의로 인해 급속히 건조되면 수축으로 인해 균열이 발생하거나 휘어짐과 같은 변형이 발생할 수 있으므로 급격한 건조가 일어나지 않도록 주의한다.

그리고 도 · 토기 해체 및 세척 과정 중에 사용되는 약품은 반드시 그 약품의 위해(危害) 여부를 먼저 테스트한 다음 사용하여야 한다. 또한 세척할 때 사용되는 화학약품이나 세척액들이 2차 오염을 일으키는 원인이 될 수 있으므로 항상 주의하여 세척에 임하도록 한다.

세척이 끝난 도 · 토기는 상온에서 자연 건조하는 것이 좋다. 먼저 연질토기의 경우에는 통풍이 잘 되는 서늘한 실내에서 건조시키는데, 수축, 휨, 표면의 균열, 균열부분의 확대 및 파손 등에 유의하면서 서서히 건조시킨다. 반면에 경질토기나 도자기는 상온에서 자연 건조시키거나 처리시간의 단축을 위해 열풍건조기에 넣고 50℃ 이하의 온도에서 건조시키는 것이 좋다.

염분이 많은 지역에서 출토된 토기나 기존에 접합 복원된 토기를 해체하여 재처리하고자 하는 경우는 먼저 사용된 접착제의 종류를 파악한 다음 어떤 물질에 용해되는지를 테스트한 후 침적하여 해체하는데 석고나 에폭시 수지처럼 용해되지 않는 물질은 뜨거운 물에 침적하여 기존 복원제를 제거하거나 치과용 소도구를 사용하여 제거한다.

에폭시 수지는 용해성이 없지만 디클로르메탄(Dichloromethan)에 팽창되어 유연해지므로 이 용제를 사용하는 것도 좋다. 유물 표면에 부착된 이물질은 치과용 소도구를 사용하거나 스팀세척기를 이용하여 제거하는데 유약 등 표면이 손상되지 않도록 주의해야 한다. 파편 단면에 단단하게 부착된 이물질은 스팀세척이나 정밀분사가공기, 또는 에어컴프레서 등을 사용하여 제거하되 주위의 유약이 손상되지 않도록 주의 한다.

리벳과 같은 금속으로 접합된 도자기는 치과용 소도구나 쇠톱 등으로 잘

라내고 땜납은 녹여낸다. 이때 철산화물이 고착되어 분리가 어려울 경우
는 산을 쓰기도 하는데 산은 도·토기의 칼슘성분도 함께 녹이므로 가급
적 사용을 자제하여야 한다.

5) 강화처리

도·토기는 제조상의 결함이나 물리적인 힘에 의해서, 또는 좋지 않은 환
경에 오랫동안 노출된 경우 손으로 다루거나 세척하는 과정에서 작용하는
힘만으로도 쉽게 손상될 수 있다. 매우 심각한 경우는 발굴된 유물에 포함
되어 있는 물의 표면장력에 의해 형체를 유지하고 있다가 건조시키는 것
만으로도 붕괴되기도 한다. 이런 경우에는 유물의 수습은 물론, 보존처리
가 끝날 때까지 다루기도 어려울 뿐만 아니라 처리 후에 다시 손상이 일어
날 가능성이 많다. 따라서 이러한 손상을 방지하기 위해서는 발굴현장에
서 일시적으로 보강하여 응급조치를 취하고 유물을 수습하거나 오랫동안
유지시키는 강화처리가 필요하다. 강화처리는 모든 도·토기에 적용하는
것이 아니고 강화처리를 하지 않으면 형태유지나 보존관리가 어려운 토기
에 한정하여 실시하며, 도자기의 경우에는 유약이나 장식이 갈라지고 가
루로 되면서 표면에서 떨어질 때 강화처리가 필요하다.

먼저 발굴현장에서 분리되어 수습이 어려운 도·토기는 주변의 토양과
같이 수습하여 보존처리실로 옮겨 체계적으로 분리한 다음 보존처리가 이
루어져야 한다. 조그마한 충격에도 파손될 우려가 있는 유물은 먼저 파손
위험 부분에 대한 강화처리를 실시한 다음 수습하는 것이 좋다. 또한 유물
의 상태에 따라 강화처리 방법을 다르게 적용해야 하는데 각각의 상황에
따라 붓이나 스프레이, 주사기, 피펫을 이용하여 강화처리하고, 경우에 따
라서는 강화제에 침적하거나 감압함침기를 사용하여 처리한다.

태토가 연약한 연질 토기나 환경의 변화로 인해 약해진 토기 중 만지기

가 어려울 정도로 약한 토기는 분무기에 2~5% 정도의 강화제를 넣고 토기 표면에 분사한다. 분사된 강화제가 경화되면 위의 방법을 4~5회 정도 반복하여 강화 처리한다.

표면이 부스러질 정도의 연질토기는 2~5% 농도의 강화제에 침적시킨 후, 기포가 표면으로 올라오지 않을 때까지 두었다가 꺼내어 표면에 묻은 강화제를 킴 와이퍼스와 같은 산업용 종이와이퍼로 조심스럽게 닦아낸 다음 상온에서 건조시킨다. 좀 더 유물 깊숙이 강화제를 침투시킬 필요가 있을 경우 진공함침기에 넣고 감압함침한다.

유약이 약화되어 박락되기 쉬운 부분에는 Paraloid B-72나 수용성 에멀젼 등의 강화제를 피펫이나 주사기에 넣어 주입하는 방법으로 강화처리를 실시한다. 강화처리에는 어떤 수지를 사용하더라도 토기의 색상은 약간 진하게 변색되므로 먼저 색상의 변화가 어느 정도인지 실험을 해 본 후에 강화처리를 한다. 또한 강화제를 희석할 때 빨리 기화되는 유기용제를 사용하면 토기표면에 수지성분이 많이 남아 있게 되므로 사용하지 않는 것이 좋다.

강화제는 잘 침투되는 물질이어야 하며, 사용된 강화제가 도·토기의 외관을 바꾸어서는 안된다. 또한 어떠한 보존환경에 보관하느냐가 강화제의 노화에 영향을 끼치므로 환경변화에 보다 안전한 강화제의 선택이 중요하다. 현재 많이 사용되는 강화제로는 Caparol(수용성 에멀죤 초산비닐수지)과 같은 수용성수지가 있다. 이 수지는 한번 경화되면 녹지 않으므로 표면이 부스러질 정도로 약한 토기에 한해서 사용한다.

강화처리 후 강제로 건조시킬 경우 토기 내부에 침투한 수지가 밖으로 흘러나오거나 급격한 건조로 토기가 파손될 수 있고, 용제에 용해된 강화제를 사용한 경우 고온에서 빠르게 건조시키면 용제가 기화하면서 열이 발생하고 이 열이 빠져 나가면서 유물이 냉각되어 수분이 발생하고 수지에 응축하면서 흰 얼룩이 발생할 수도 있다. 따라서 강화제의 용제가 아주 서서히 기화되도록 조치(폴리에틸렌 시트 등으로 덮어서)하여 약 2일 이상 상온에서 자연 건조시킨다.

6) 접합

접착제로는 순간접착제인 Loctite 401(Cyano-acrylate계)이나 Araldite (Rapid type)을 사용하여 접합하는데 크기가 비교적 작은 도·토기는 순간접착제를 사용하고 힘을 많이 받거나 큰 것은 Araldite(Rapid type)를 사용하여 접합한다. 이때 접합한 파편들은 접착제가 완전히 굳을 때까지 모래상자에 넣어 놓거나 각종 고정용 도구를 사용하여 고정시킨다. 접착제는 다음 사항을 고려하여 선택하도록 한다.

접합 후 깨진 조각들이 충분히 붙어 있을 수 있는 접착강도를 유지하여야 한다. 또한 접착제의 자체 강도인 응집력과 피접착물과의 접합강도인 접착성이 알맞은 것을 선택하되 가능하면 접합하고자 하는 도·토기보다 강도가 약한 것을 선택한다.

점성(점도)은 도·토기의 기공성과 관련이 큰 성질로 기공이 많은 도·토기에는 점도가 높은 접착제를 선택하여야 하는데 그 이유는 점성이 낮은 접착제를 기공이 많은 토기에 사용하면 기공으로 접착제가 흡수되어 접착이 잘 안될 뿐만 아니라 주변을 오염시킬 수 있기 때문이다. 반대로 기공이 적으면 점성이 낮은 접착제를 사용한다.

또한 제거할 때 도·토기에 영향을 주지 않고 쉽게 제거할 수 있는 가역성이 큰 접착제를 선택하도록 하는데, 에폭시수지처럼 가역성이 부족한 접착제는 가역성이 있는 수지를 파손 단면에 바르고 접합하는 등 처리 방법을 개선하도록 한다.

그리고 사용하고자 하는 접착제가 다른 보존처리 재료 및 도·토기 안의 물질과 화학반응을 일으키지 않아야 하며, 수축에 따른 응력에 의해 도·토기가 손상되지 않는 범위 내에서 적합성 여부를 판단하여 선택한다.

색깔이나 투명성은 모든 경우에서 중요한 것은 아니지만 접착제 선택을 할 때 어두운 색보다는 밝은 색을 선택하는 것이 좋으며, 무색의 투명한 것을 사용할 경우, 다음 과정의 색맞춤 작업에 유리하다.

일반적인 보존처리 재료에 요구되는 조건은 영속성이지만 영원히 처음의 상태를 유지하는 물질은 없으므로 가능하면 오랫동안 유지할 수 있는 견고한 접착제를 선택한다. 그리고 온도나 습도, 빛 등 환경요인에 오래 견딜 수 있는 것이 좋다.

또 보존처리할 때 접착제를 편리하게 사용할 수 있는 것도 중요하다. 각각의 유물상태에 따라 경화되는 시간을 고려하여 접착제를 선택하는데 주제와 경화제로 구성된 이액형 접착제의 경우, 혼합을 쉽게 할 수 있는지의 여부를 고려하여 선택한다.

그리고 인체에 영향이 적고 안전한 접착제를 선택하되, 부득이하게 독성이 있는 접착제를 사용하는 경우에는 보호장구를 착용하고 후드와 같은 시설을 이용하여 작업하도록 한다.

접착제의 선택 후 직접적인 접합과정에 들어가기 전에 먼저 각 파편들 간의 접합 우선순위를 확인하고 어긋난 접합을 방지하기 위해 예비접합을 실시한다. 예비접합을 통해 확인된 접합순서에 따라 저부에서부터 구연부쪽으로 접합하는 것이 일반적인 방법이지만 처리하고자 하는 도·토기의 상태에 따라 다른 순서로 접합을 할 수도 있다.

접합할 때는 나중의 재처리에 대비하여 각 파편 단면에 유기용제에 잘 용해되는 Paraloid B-72와 같은 아크릴계 수지 5~10%로 강화시키고, 수 십개의 파편으로 파손된 도·토기는 먼저 작은 파편들을 순간접착제로 접합하여 비교적 큰 파편으로 만든 다음 접합한다. 도·토기의 구연부가 좁거나 높이가 높아 접합 후 내부의 복원과 색맞춤이 어려운 경우에는 접합과 복원, 그리고 색맞춤을 동시에 실시하고, 예비접합할 때 사용한 접착테이프는 빠른 시간 내에 제거하고 접착제가 접합면 밖으로 흘러나오지 않게 주의하여야 한다. 만일 접착제가 흘러서 도·토기 표면에 묻었다면 접착제가 굳기 전에 바로 아세톤과 같은 유기용제로 제거한다. 또한 접합한 부분이 조금이라도 어긋나게 접합되면 나중에는 파편 간에 틈이 많이 벌어지거나 크게 어긋나게 되므로 처음부터 세심하게 접합하도록 한다.

7) 복원

복원할 부분에 비닐로 싼 고무찰흙이나 종이 또는 비닐테이프를 붙이고 그 위에 복원제를 채워 넣는 것으로 간편하고 손쉽게 복원할 수 있으나 표면이 약한 토기나 유약이 탈락될 우려가 있는 도자기에는 이 방법을 사용하면 안된다.

구연부 등이 일부 결손되고 나머지 부분이 남아 있을 경우에는 먼저 자유 수지를 이용해 잘 남아 있는 부분에 Wax판을 대고 열을 가해 틀을 뜬 다음, 그 판을 결손부에 대고 복원제로 채워주는 방법을 사용한다.

구연부가 좁아 도·토기 내부에 대한 처리가 어려운 경우에는 도·토기 안쪽에 풍선이나 에어백 등을 넣고 공기를 주입하여 부풀린 다음 결손부위를 복원제로 채워 준다. 풍선이나 에어백은 복원제가 완전히 굳은 다음 제거한다.

다른 복원방법은 결손부에 먼저 에폭시 수지판이나 SN-시트, HM-시트 등으로 보강한 후, 그 위에 복원제를 덧씌워 주는 것이다. 이 방법으로 복원하게 되면 복원 후 표면정리를 하지 않아도 되며 도·토기와 비슷하게 질감을 낼 수 있고 복원제가 굳기 전에 색맞춤도 실시할 수 있는 장점이 있다.

아주 복잡한 문양 등이 있는 도 · 토기의 경우에는 실리콘루버를 사용하여 결손부위 주위의 문양을 떼어 낸 다음 그 거푸집을 이용하여 복원한다. 이 방법은 시간과 노력이 많이 소요되는 단점이 있다.

주구나 손잡이 등이 결손된 도 · 토기는 석고, 고무찰흙 등으로 먼저 복원하고자 하는 곳의 모양을 만든 다음 그것을 실리콘루버로 틀을 제작하고, 그 모형 틀을 사용하여 복원 부위를 제작하여 부착한다. 양쪽에 동일한 형태의 손잡이나 장식이 있고, 한쪽만 결실되었을 때에는 남아 있는 곳의 장식이나 손잡이를 실리콘루버로 틀을 뜨고 주구의 처리와 동일한 방법으로 복원한다.

복원정도는 처리자에 따라 여러 가지로 나누어질 수 있는데 먼저 각 파편들을 접합한 흔적이 나타나지 않게 토기의 내부와 외부를 전부 메워주는 방법이 있다. 이 방법은 보존처리 후에 접착제의 접착력이 떨어지더라도 결손부위를 수지가 보강하고 있어 다른 방법에 비해 가장 안전하게 보존관리할 수 있는 장점이 있다.

두 번째 방법으로 내부는 첫 번째와 같이 파편들끼리 접합된 선도 모두 메워 주되 외부는 결손된 부분만 수지로 보강하고 각 파편들의 접합 선을 그대로 보이게 하는 방법이다.

세 번째로는 결손부만 복원하고 내부나 외부의 접합된 파편들의 선을 그대로 두는 방법이다. 이 방법은 나중에 접착력이 약해져 재파손의 우려가 있다.

복원과정에서 가장 주의하여야 할 사항은 담당자 임의대로 복원을 하지 말아야 한다는 것이다. 복원을 하지 않았을 경우 보존상 문제가 있거나 미적으로 눈에 거슬리는 부분을 복원하는 것을 원칙으로 한다. 구연부분 등을 복원할 때는 먼저 그 유물에 관련된 각종 자료들을 사전에 철저하게 조사하고 전문가와 협의를 거쳐 복원하도록 한다. 그리고 접착제가 도 · 토기 표면에 묻거나, 접착제 성분이 복원부분 주위를 변색시키지 않도록 주의하여야 한다.

8) 색맞춤 및 유약처리

토기를 색맞춤할 때는 기본이 되는 색을 먼저 바탕에 칠하고 그 밖에 특징있는 색들을 하나씩 채색하여 완성한다. 처음에는 색상을 엷게 시작하여 점점 진한 색으로 바꿔 가면서 칠한다.

도자기의 경우에는 색맞춤 후에 유약처리를 실시하거나 색맞춤과 유약처리를 동시에 하는 방법이 있다.

첫 번째 방법은 아크릴물감, 수채화물감 등 적합한 물감을 사용하여 색맞춤한 다음 그 위에 아크릴 수지나 Epoxy계 수지를 표면에 도포하여 유약과 같은 효과가 나도록 하는 방법이다.

두 번째 방법은 유약처리 재료로 사용되는 Epoxy계 수지에 각종 무기안료나 Araldite Color로 복원부분에 도포하는 것으로 첫 번째 방법처럼 도포후 색상의 변화는 없으나 한 번에 색을 맞추기 어려워 여러 번 반복해서 실시해야 하는 단점이 있다.

빙열이 발생되어 있는 도자기는 유약처리 후 날카로운 도구로 홈을 파서 빙열처럼 나타내거나 붓으로 가는 선을 그려 빙열과 같은 효과가 나도록 한다.

색맞춤의 정도는 보존처리 규범에 색맞춤 부분이 30㎝ 거리에서는 식별이 가능하게 하고 전시되었을 경우 일반 관람객은 거의 식별하지 못할 정도가 되도록 권장하고 있다. 하지만 위의 규범대로 색 맞춤을 하는 것은 매우 어렵기 때문에 전문가와 협의하여 색맞춤의 정도를 결정하는 것이 좋다.

색맞춤할 때 사용 재료가 표면까지 침범하지 않게 하고, 얼룩이 생기지

보존처리전 파손 상태

보존처리후 상태

사진 8-1. 백자항아리

보존처리전 상태

보존처리후 상태

사진 8-2. 가형토기

처리전   처리후

실리콘루버를 사용한 복원

복원 후 색맞춤

사진 8-3. 결손된 부위 복원과정 및 색맞춤

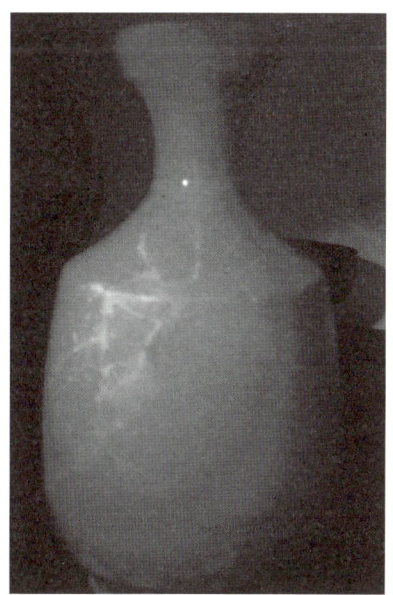

사진 8-4. 자외선 조사로 복원된 부위 확인

않도록 주의해야 한다. 만일 물감이 표면에 떨어졌을 경우에는 굳기 전에 빨리 제거한다. 그리고 덧칠 등으로 도 · 토기 본래의 색상이 왜곡되어 보이는 일이 없도록 각별히 주의해야 한다.

9) 마무리

색맞춤이 완료된 도 · 토기는 처리 전의 상태와 많은 변화가 있을 수 있으므로 변화된 내용을 기록카드에 기록하고 처리 후 사진 촬영을 실시한다. 그리고 지금까지 보존처리 과정 중에 일어났던 모든 사항을 상세하게 기록한다. 특히 사용한 약품과 방법에 대한 기록은 나중에 혹시 있을지도 모르는 재처리에 대비하여 아주 작은 부분까지 세심하게 기록한다.

4. 토기 · 도자기유물의 취급 및 보관관리

1) 취급요령

도 · 토기를 다루면서 일어나는 주된 손상은 예기치 못한 곳에서 갑자기 발생한다. 이러한 손상은 미리 일어날 가능성에 대비를 잘하고 주위 환경을 완벽하게 정비하면 최소화할 수 있다. 먼저 유물을 취급 또는 이동시키기 전에 그러한 필요성에 대하여 문제를 검토하고 대안을 고려하는 것이 좋다.

도·토기의 손상원인 중 대부분은 취급 부주의에서 오는 파손이다. 따라서 도·토기를 취급할 때는 실수로 인한 파손이 일어나지 않도록 하는 것이 무엇보다 중요하다. 도·토기를 취급할 때 손은 건조한 상태를 유지하여야 하며, 장갑을 끼면 미끄러져 손상될 수 있으므로 가급적 끼지 않는 것이 좋으나 땀 등 오염물질이 표면에 영향을 줄 우려가 있는 경우라면 손가락과 손바닥이 PVC로 코팅된 장갑이나 수술용 장갑을 사용한다. 반지, 시계, 귀걸이 등 몸에 부착된 장신구는 물론 상의 주머니 속의 필기구나 라이터 등의 물건도 꺼낸 다음 작업에 임한다.

도·토기는 바닥과 가까운 낮은 자세와 위치에서 취급해야 하며, 잡을 때는 항상 두 손으로 조심스럽게 다루어야 한다. 항아리는 구연부위와 바닥을 함께 잡거나 두 손으로 안전하게 받쳐 든다. 목이 있는 도·토기는 목과 바닥을 동시에 잡는다. 뚜껑이 있을 경우는 뚜껑을 분리하고 난 다음 몸체를 다룬다. 또한 도·토기를 들 때에는 반드시 수리여부를 확인하고 취약한 부분이 있는지를 먼저 확인하여 약한 부분에 힘이 가해지지 않도록 한다. 또한 귀와 같은 돌출된 부분만을 잡아서는 안되고 반드시 바닥을 받쳐 잡는다.

2) 운반

도·토기를 이동할 때는 에어비닐과 같은 완충재가 채워진 바구니나 상자에 넣어 운반한다. 오동나무 상자를 취급할 때는 상자를 묶은 끈만 잡고 들거나 앞으로 끌어당기는 것은 피해야 한다. 끈이 풀어지거나 끊어지면 손상의 위험이 있으므로 한 손은 상자의 바닥을 잡고 다른 한 손은 끈이나 몸체를 잡아 이동한다. 이동할 때 가장 좋은 방법은 바퀴가 달린 이동용 밀차를 사용하는 것으로 운반 중에 걸려 넘어지거나 떨어뜨리는 등 만일의

사태에 미리 대비한다. 운반차량은 진동이 적은 무진동 차량 및 유물을 전
문적으로 운반하도록 설계된 온 · 습도 조절이 가능한 차량을 사용한다.

3) 전시

도 · 토기를 전시할 때는 전시케이스 바닥에 융과 같은 완충재를 깔아 혹
시 도 · 토기가 넘어지더라도 손상을 최소화할 수 있도록 하여야 하며, 관
람객들의 손에 직접 닿지 않도록 고정된 전시 케이스나 유리로 차단된 단
독장을 사용하여 전시하여야 한다.

전시케이스는 밀폐될 수 있도록 하고, 조명은 케이스 내부보다 밖에 설
치한다. 그리고 조습제를 놓을 수 있는 공간을 따로 확보하고 쉽게 교환이
가능하도록 설계된 것을 사용한다. 유리는 강화유리를 사용하여야 하며, 깨
질 때 큰 파편으로 파손되는 것보다는 자동차 유리처럼 잘게 부서지거나
필름이 부착되어 깨질 때 파편이 발생하지 않는 것을 사용한다.

굽이 평평하지 않아 흔들리거나 넘어질 우려가 있는 도 · 토기는 반투명
한 실리콘 막대 등으로 받침대를 만들어 주거나 투명한 낚시 줄과 같은 끈
으로 묶어 고정시킨다. 또 지진과 같은 만일의 사태에 대비하기 위해서는
바닥에 특수 물질을 깔거나 혹시 넘어지더라도 주위의 도 · 토기에 부딪히
는 일이 없도록 충분히 간격을 유지하여 전시하도록 한다.

4) 보관관리

도 · 토기의 보관은 비록 비용이 많이 들기는 하지만 각각의 규격에 맞는
보관상자를 제작하여 그 안에 보관하는 것이 효과적이다. 이렇게 하면 혹
시 있을지도 모르는 불의의 사고에 최대한 대비할 수 있고 도 · 토기를 보
관대에서 취급할 때나 이동할 때에도 안전하게 옮길 수 있다. 그리고 상자
내에 어떤 형태의 유물이 들어 있는지, 귀나 주구, 손잡이 등 돌기된 부분

이 있는지를 알 수 있는 사진을 상자 외측에 부착하고 그 밖의 특징 및 취급상 주의사항, 보존처리 여부 등을 기록해 둔다면 불필요한 취급을 최소화하여 운반과 취급에 많은 도움이 될 것이다.

포장할 때는 솜 포대기 또는 에어비닐과 같은 완충재로 기물을 싼 다음 오동상자에 넣는 것이 좋다. 이때, 목이나 손잡이, 주구, 귀 등을 먼저 한지나 중성지로 감싸서 보호한 다음 본체를 포장하도록 한다. 뚜껑이 있는 경우에는 서로 분리하여 포장하는데, 작은 뚜껑이 분실되지 않도록 포장재료 위에 표시하여 해포할 때 포장재료와 함께 버려지는 일이 없도록 해야 한다. 컨테이너에 유물상자를 넣을 때는 무거운 것을 아래에 넣고 균등하게 무게가 배분될 수 있도록 배치하며, 상자와 상자는 충분하게 거리를 두고 사이를 완충재로 채운다.

해포작업은 원칙적으로 포장 순서의 반대로 진행한다. 유물목록과 대조하면서 하나하나 이상 여부를 확인하면서 해포한다. 직접 포장에 참여하지 않은 사람이 해포할 수도 있으므로, 포장 방법을 기록하여 두거나 사진촬영 또는 스케치하여 놓음으로써, 업무의 효율을 높이고 또 유물의 안전을 도모한다.

보관대는 금속, 유리, 나무와 같이 강하고 안전한 재질로 제작하고 별도의 보관상자가 없는 경우에는 가능하면 나무로 제작하는 것이 안전하다. 보관상자에 넣지 않고 보관대에 도·토기를 보관할 때에는 간격을 충분히 유지해 혹시 넘어지더라도 옆에 있는 도·토기에 닿지 않도록 배치한다. 또한 내부에 있는 도·토기를 쉽게 관찰할 수 있도록 유리가 부착된 문이 있으면 더욱 좋다. 보관대가 너무 깊으면 안쪽에 있는 유물을 다루기가 어려우므로 적절한 깊이가 되도록 하고 많은 유물을 보관할 때는 작은 유물이 앞쪽에 오고 큰 유물이 뒤쪽에 가도록 배치하는 것이 좋다. 기와나 묘지석과 같이 편평한 유물을 쌓아서 보관하는 것은 절대 피해야 한다. 크기가 커서 보관장에 보관이 어려운 도 · 토기는 형태, 무게, 상태 등을 고려하여 안전받침대를 제작하여 보관한다.

보관대에는 각자 정해진 장소에 유물을 보관하여야 하며, 보관상자와 마찬가지로 보관대에 일목요연하게 유물 목록을 부착하여 둔다.

도 · 토기의 전시 및 보관에 알맞은 온도는 $20 \pm 2℃$, 습도는 45% 이하이다. 온도가 급격하게 변화하게 되면 열에 의한 충격을 입어 손상이 발생할 수 있다. 따라서 발열성 조명은 가능하면 전시 케이스 밖에 설치하는 것이 좋다. 합성수지로 처리한 도 · 토기는 습도의 변화로 인해 사용된 수지가 손상을 받는다. 리벳 접합이나 손잡이, 주구 등에 금속으로 수리된 부분도 습도가 상승함에 따라 금속이 부식되어 손상이 발생할 수 있으며, 염화물이 도 · 토기 내부에 남아 있는 경우에도 습도가 변하게 되면 염의 결정과 용해 과정의 반복으로 손상을 입을 수 있다.

빛에 의한 손상은 그리 크지 않으나 합성수지로 접합하거나 결손부분을 복원한 도 · 토기는 자외선의 영향으로 변색되거나 접착력이 약화되며, 수지를 연하고 끈적거리게 만들어 먼지 및 오염물의 부착이 쉬워지고 결합이 약화된다.

오염물질도 도 · 토기를 손상시키는데 합판과 같은 목재에서 방출되는 포름알데히드는 인체에 해로운 것은 물론 유약의 표면을 손상시킬 수 있다. 또한 미세한 먼지들이 표면에 쌓이게 되면 습도의 변화에 따라 미생물의 발생으로 인한 손상을 초래할 수 있다.

지진과 같은 큰 진동은 도 · 토기의 손상에 매우 치명적이다. 미세한 진동도 장기간 계속되면 균열이 발생된 도 · 토기에 영향을 주어 균열을 더 확대시키거나 나중에는 파손되는 결과를 초래하기도 한다. 따라서 내진시설이 갖추어진 건물에 보관하며, 전시할 때에도 진동에 넘어지지 않도록 개발된 특수 수지를 도 · 토기 바닥에 부착시키는 방법도 있다.

제9장 유물의 보존환경

 문화재를 보존하여 온전한 상태로 후손에게 물려주는 것은 문화유산헌
장에도 정하고 있는 오늘날을 살고 있는 우리들의 책임이며, 이러한 귀중
한 문화재를 보존하기 위해 파손된 유물은 과학적, 전통적 방법으로 수리
복원하여 원형을 되살리기도 한다. 이렇게 수리 복원된 유물도 온도 · 습
도와 보존환경의 변화가 심하고 부식의 영향 물질이 존재하는 장소에서는
노화와 파손이 일어난다. 문화재를 보존하기 위해 여러 과학적 방법으로
보존처리를 했어도 각 재질에 알맞는 보존환경을 설정하고 적절한 조건을
유지해 주지 않으면 새로운 노화현상으로 인한 파손이 일어난다. 따라서
문화재 보존환경은 문화재 영구보존에 가장 중요한 부분이며 소홀히 해서
는 안 되는 요소이다.

1. 일반적 보존환경 조절 – 온도 · 습도 · 조도

 IIC(국제문화재 보존학회), ICOM(국제박물관회의), ICCROM(국제보존
수리복원센터) 등에서는 문화재의 온습도에 관한 보존환경을 다음과 같이
정하고 있다.

작품재질별 온·습도및 조도표

작 품 재 질	온 도	습 도	조 도	비 고
금속 및 석재	20 ±2℃	45% 이하	1500~750 Lx	
목재 및 지류	20 ±2℃	55~65%	750~300 Lx	
도자기·유리	20 ±2℃	45% 이하	–	굽지 않은 채색자기
유 화	20 ±2℃	50~55%	150 Lx 이하	: 150Lx 이하
염색품(판화포함)	20 ±2℃	55~65%	80 Lx 이하	유리가 부착된 경우
동양화 및 수채화	20 ±2℃	55~65%	100 Lx 이하	: 300Lx까지 가능
가죽 등 자연재료	20 ±2℃	50~65%	100 Lx 이하	
필름류	10 ℃이하	30~45%	150 Lx 이하	

위의 표에서 온도 기준은 관람객이 쾌적함을 느끼는 환경온도로 설정되어 있으며 급격한 온도변화는 습도변화의 요인으로 작용하므로 주의하여야 한다. 한 달 평균 온도 변화는 0.5℃ 이내로 유지한다. 습도는 상대습도를 나타내는 것으로 한 달 평균 습도변화는 3% 이내로 유지한다. 고습도(70% 이상)일 경우에는 섬유 등의 재질로 된 작품에서 곰팡이 등 세균에 의한 작품 훼손이 일어날 수 있으며, 저습도(50% 이하)일 경우에는 목재 및 종이로 된 작품이 건조되어 비틀림현상 등에 의한 훼손이 일어날 수 있으므로 유의하여야 한다.

조도는 일반적으로 금속유물에는 크게 영향을 주지 않으나 여기서는 일반적인 보존환경 측면에서의 기준이기에 전시 연출과 감상자의 측면을 고려하여 조도량을 결정하여야 한다. 유물이나 작품 보존을 위해서 1회 전시에 총 조도량은 100,000Lx를 초과하여서는 안된다. 따라서 100,000Lx에 전시품의 적정 조도와 1일 조명시간을 곱한 값을 나누면 각각의 재질별로 전

시허용 기간을 산출할 수 있다. 예를 들어 적정 조도가 50Lx이고 하루 전
시시간이 8시간인 전시품의 경우, 위의 식에 대입하여 보면, 총 83일간 전
시를 할 수 있다. 이렇게 전시기간을 산출하면 가급적 이 기간에 맞게 유
물이나 작품을 교체하여 준다. 이를 통해 유물이나 작품이 장시간 전시로
인한 스트레스를 줄이고, 회화류에서 주로 나타나는 변색이나 노화를 방
지할 수 있다. 이렇게 재질에 따라 보존환경은 많이 차이가 나므로 각 재
질별로 별도의 수장고나 전시케이스를 만들어 주어야 한다. 그러나 현실
적으로 전시기획이나 보존관리상 많은 어려움이 따르므로 전문가와 상의
하여 전시하거나 보존관리하는 것이 바람직하다.

2. 보존환경에 영향을 미치는 요소

다음에서는 1967년 IIC(국제문화재 보존과학회 The International Institute
for Conservation of History and Artistic Works)가 발표한 박물관환경에 대
한 기초 안내서를 소개한다.

1) 공기

공기는 대략 1의 산소와 4의 질소로 되어 있으며 이외 소량의 CO_2 가스
와 희 가스(稀gas)를 포함하고 있다. 보존과학자들은 박물관 소장품에 미
치는 위해(危害) 성분으로 공기 중의 산소, 먼지, 아황산가스를 꼽고 있다.
질소, 탄산가스, 희 가스는 불활성이다. 황화수소, 오존과 같은 다른 성분
들도 때로는 문화재에 악영향을 준다.

(1) 산소

박물관 소장품에서 생기는 화학변화의 대부분은 공기 중의 산소와 결합하여 발생한다. 철녹, 바니스황변, 염직물의 퇴색 등은 오히려 빛이 존재하는 경우에 생기며 이것은 광산화라고 한다. 염직물은 산소를 제거한 용기에 밀봉하였을 경우 일부 염료에 따라 산소가 없는 환경에서 퇴색이 더 빨랐다. 그러나 완전 밀봉하여 보관하는 것은 무엇보다 중요하다. 완전 밀봉하여 보관하였을 때 광산화한 것이 복원되는 사례도 있었다. 그러나 광산화를 억제하기 위한 일반적 방법은 조명을 조절하는 것이다.

(2) 아황산가스

아황산가스는 문화재에 있어서 아주 치명적인 손상을 주는 물질이다. 아황산가스는 쉽게 황산으로 변하고, 황산은 종이, 목면, 마, 프레스코화, 석탄화, 대리석, 금속(금은 제외)을 침식시킨다. 공기 청정화 법령에 의하여 많은 대도시의 공기 중 먼지(塵埃)는 감소하고 있지만 오염원(예를 들어 연료를 연소하는 곳 등에서 발생하는 아황산가스)으로서의 아황산가스 제거는 실시되고 있지 않다. 따라서 공기 중의 아황산가스의 농도는 공업의 발달에 따라 증가하는 실정이다. 런던에서는 보통 공기 중 먼지(塵埃)양의 2배나 되는 아황산가스가 존재하고 있다. 아황산가스는 활성탄 필터를 통하여 공기를 통과시키거나, 물을 분무함으로써 박물관 내의 공기로부터 제거할 수 있다. 활성탄 필터를 1회 통과하여 아황산가스가 모두 제거되는 것은 아니지만(대표적인 제거량은 60%) 대부분의 공기를 재순환시킬 경우 아주 만족할 수 있는 결과를 얻을 수 있다. 공기 조절장치 중의 연속적인 분무를 이용하게 되면, 아황산가스의 수준은 낮출 수 있다. 그리고 이 분무는 부식성, 휘발성이 아닌 첨가물로서 알칼리성인 것이 좋다.

(3) 진애(塵埃)

박물관 내의 유물에 부착되는 모든 먼지는 공기에서 오는 것으로 도시에서는 타르상(狀)의 물질이 부착한다. 표면에 쌓인 먼지는 공기 중의 수분을 흡수하여 금속부식의 요인이 된다. 회화, 조각, 염직물은 완전하게 클리닝하기 어렵다. 먼지에는 완전히 제거되지 않는 물질이 있기 때문이다. 도시 또는 공업지대 박물관에서는 공기를 여과시켜 주는 장치가 필요하다. 해변가의 박물관(공기 중의 염분) 및 건조지대(바람으로 운반되는 모래와 먼지)도 여과장치를 설치해 주어야 한다.

실내에 들어온 공기 중에 부유하고 있는 고체를 제거하는 방법에는 두 가지가 있다. 첫 번째는 천 필터 또는 발포 플라스틱 필터와 같은 미세통로를 통해 여과하는 방법이고 두 번째 방법은 정전기침전법(靜電氣沈澱法)이다. 정전기침전법은 아주 유효한 여과조작 방법이지만 소량의 오존이나 질소산화물을 생성시키므로 유기물을 전시하는 박물관에는 추천할 수 없다.

천 필터를 설치하면 유입된 공기 중에 현탁(懸濁)한 먼지는 99.995%이상 제거가 가능하다. 그러나 필터를 통과하려면 상당한 압력강하(壓力降下)가 일어나기 때문에 강력한 송풍기(fan)를 설치해야 한다. 이러한 고효율의 청정화를 위해서는 다른 공기 청정화처리가 되어 있을 때 비로소 효과를 얻을 수 있다. 따라서 이러한 방법은 공공박물관에서는 실행 불가능하다. 그러나 필터로 먼지(塵埃)의 95%를 제거하는 것은 무리한 일은 아니지만, 실험에 사용하는 먼지(塵埃)는 크고 거칠며, 실제 공기 중의 먼지는 실험용보다 미세하다. 따라서 실험에서 95%가 되었다 하여도 실제 사용에서는 효과가 95% 이하일 수 있다. 공기에 부유하고 있는 오염물질은 어떠한 형태의 것이라도(고체상태 또는 기체상태) 1㎥당 μg로 표시하는 것이 좋다. 대도시 동절기의 부유먼지는 수백$\mu g/㎥$에 달하지만 하절기에는 $100\mu g$ 정도이다. 이것을 95% 제거하면 실내공기는 통상 청정한 지역의 부유물 양과 같은 정도를 유지할 수 있다.

(4) 기타 공기오염물질

오존은 미국의 몇몇 도시(특히 로스엔젤레스)에서 심각한 오염원인이 되고 있다. 오존은 공기 중에서 빛과 자동차 배기가스의 반응에 의하여 생성된다. 오존은 셀룰로오스를 포함하는 많은 유기물에 유해하며, 고무 소재에 현저한 작용을 한다. 따라서 오존은 박물관에 있어 위험한 오염물질이라고 할 수 있다. 저비용으로 효과적인 오존 제거장치의 제조는 그다지 어려운 것은 아니다. 특수필터가 없는 경우 활성탄도 매우 유용하다.

황화수은은 고농도인 경우만 아니면 제거하는데 특별한 장치가 필요한 것은 아니다.

2) 상대습도

20℃의 공기는 $1m^3$에 약 3~17g의 수증기를 함유하고 있다(2000㎥ 전시실내에는 5~35ℓ의 물에 해당한다). 습한 공기는 찬 공기보다 수분을 많이 유지하고 있어 일정량의 공기 중에 존재하는 수분의 실제 양을 말하는 것은 의미가 없다. 이 수분의 절대량은 온도에서 공기가 함유하고 있는 수분의 최대량 100으로 나누어 상대습도(RH)를 얻는다. 따라서 수분을 최대한 함유한 공기는 온도에 관계없이 RH는 100%이다. 또 완전히 건조한 공기의 RH는 0%이다. 일정한 RH를 유지한 유물은 온도가 변화해도(타당한 범위) 수증기를 방출하거나 흡수하지 않는다. 그러나 공기의 온도가 상승하거나 건조한 공기와 교환되면 유물은 건조해지기 시작한다. 반대로 온도가 하락하거나 습한 공기가 유입되면 습해진다. 이와 같은 변화는 수분을 전혀 함유하지 않은 유물(예를 들면 금속), 수분을 거의 함유하지 않는

유물(예: 유화), 수분의 방출이 쉬운 유물(예: 다공성 도자기류)은 거의 문제가 없다. 그러나 목재, 상아, 천연직물과 같은 경우에는 흡수성이 있어 수분을 흡수한다든가 방출할 때 상당한 체적변화가 발생하여 목재의 휨과 같은 변형이 일어난다. 그리고 흡수성 차이가 있는 재료에 접합되어 있는 경우 (예를 들면 목재나 캔버스에 유화를 칠한 것) 접합부에서 접합파괴가 일어나기도 한다.

예를 들어, 온대의 겨울은 인간의 쾌적한 생활을 위해 강력한 실내난방이 필요하기 때문에 습도조절을 하지 않으면 목제품에 심각한 변화가 발생한다. 난방으로 습도가 50%에서 20%로 내려가면 목재는 급격하게 건조되고, 습한 목재보다 가소성(可塑性)이 적어지며 응력의 영향으로 균열이 생기게 된다. 종이나 다른 흡수성 재료도 저습도에서는 위험하다. 반대로 70%이상의 고습도에서는 곰팡이가 생길 위험이 있다. 고습도에서는 공기보다 온도가 낮으면 표면에 물이 응축될 위험이 있다. 실제로 벽에 걸린 그림의 경우 그림의 뒷면은 실내의 기후환경과 전혀 다른 환경을 가지고 있을 가능성이 있다.

일반적으로 박물관의 상대습도는 40~60% 사이로 일정한 습도를 정하여 유지하는 것이 이상적이다. 회화유물의 경우에는 보통 상대습도를 55%로 유지해주고 있다. 유물에 맞는 적절한 상대습도를 선택하면 선택된 상대습도 치(値)를 일정하게 유지해 주는 것이 아주 중요하다(통상 ±3% 또는 ±4%로 유지).

건조지역에서의 습도는 가능한 55% 정도는 지켜야 하며 가습기를 이용해 40% 이하로 절대 내려가지 않게 해야 한다. 가습기는 미세분무형, 증발형 또는 가열형의 방법으로 공기 중에 수분을 방출하는 장치로 습도센서로 조절한다. 분무형 가습기는 물과 같이 경수(硬水)의 염류도 공기 중으로 나오게 되므로 가습기는 증류수를 사용해야 한다. 고습지역에서는 제습기를 작동하여 곰팡이와 응축이 생기지 않도록 하기 위해 RH를 70% 이하로 유지해야 한다. 이 경우 실내공기를 흡습제로 순환시켜 주며, 흡습제는 정기적으로 가열하고 건조시켜 습한 공기를 배기하도록 한다. 상대습도는 조건에 따라 다르지만 가열 또는 냉각으로 조절하는 것이 대부분이다. 실내 전체가 습도조절이 불가능할 때는 전시케이스 내에만 습도조절을 할 수 있다.

3) 빛

화학반응이 일어나려면 에너지가 필요하다. 표면색의 변화는 거의가 빛으로부터 그 에너지를 가져온다. 박물관에서의 빛이라고 하는 것은 태양이나 형광등에 의해 생긴 것이든지 아니면 텅스텐 백열등에서 생긴 것이든지 생성된 파장대를 다음 세 가지로 나눌 수 있다.

1) 자외선 : 파장 3000~4000Å
2) 가시광선 : 파장 4000~7600Å
3) 적외선 : 파장7600Å 이상

위의 순서는 효력이 낮은 순서대로 나열한 것이다.

(1) 자외선

자외선은 일반적으로 아주 유해한 복사선이며, 가시광선에서 특히 스펙트럼의 단파장단의 청색광은 넓은 범위에서 가해작용한다. 그러나 적외선의 작용(가열작용이외)은 거의 무시할 수 있다.

유리는 단파장 자외선(약 3000~3250Å)을 제거하지만, 유리가 아무리 두꺼워도 그 이상은 효과가 없다. 그러나 시판되고 있는 백색 페인트는 다량의 자외선을 흡수한다. 열대지역의 박물관에서 만약 낮에 백색 벽으로부터의 반사 빛만 전시물에 닿는다면 자외선의 위협은 거의 제거된다. 그리고 백색 벽은 직사일광이 전시물에 닿지 않도록 역할을 한다.

자외선은 자외선 필터를 사용하여 제거하여야 한다. 이것은 주광에 있어서도 아주 중요한 것으로 필터는 정기적으로 교환해 주지 않으면 안 된다. 형광등에 따라 많은 양의 자외선을 방사하는 것은 필터를 끼우지 않으면 안되며, 텅스텐 등에 자외선 필터를 사용하는 것은 의미가 없다고 생각할 수 있다.

(2) 가시광선

가시광선은 자외선보다 피해는 적지만 유해한 것이므로 억제하지 않으면 안된다. 조명치(1평방피트당 루멘으로 측정한다. 100Lx=약1루멘/평방피트)는 절대로 커지지 않도록 해야 한다. 일정한 수준으로 인공광을 억제하는 것은 그다지 기술적으로 어려운 것은 아니지만, 주광은 많이 변화하므로 과도한 강한 빛을 차단하고 전시기간 중 충분한 빛을 확보하기 위해서는 광전지나 전기조작식 셔터로 자동제어하는 방법이 유용하다.

4) 검사

환경 제어장치를 설치할 때는 장치가 효율적으로 작동하는지 확인할 필요가 있다. 특히 습도의 경우, 장치가 제대로 작동하지 않으면 매우 손실이 크다고 할 수 있다. 따라서 모든 제어장치는 끊임없이, 규칙적으로 검사해야 한다.

습도는 계속 기록하고, 그 기록은 반드시 보관하도록 한다. 먼지(塵埃)필터효과, 아황산가스 농도, 자외선과 일광의 제어는 정기검사(대체적으로 1개월에 1회)로 충분하다. 이러한 모든 환경기록은 박물관 직원의 책임으로 지속적인 관리가 필요하다.

5) 제한적인 환경조절

이상과 같이 추천한 방법으로 환경조절을 하면 비용이 많이 들어 경제적인 이유 때문에 박물관에서는 사용방법이 제한적이 될 수밖에 없다. 그렇다 하더라도 극단적인 방법을 선택하지 않도록 해야 할 것이다.

제 10 장 **보존처리 사례**

1. 금동관 보존

이 금동관은 경상북도 고령군 지
산동 산에 위치한 사적79호 대가야
고분 중에 제32호 석실에서 출토되
었다. 발굴 당시에는 바닥의 내돌
위에 파손된 상태로 밀착되어 있었
고, 금동관이라고 하기보다 청동관
으로 보일 정도로 청동녹이 심하게
발생되어 있었다.

사진 10-1. 금동관 출토 상태

보존처리 전 유물의 상태를 기록(처리전 사진, 처리전 중량, 처리전 상
태기록)을 하고 표면에 생성된 청동녹을 제거하였다. 표면의 청동녹을 제
거하고 금색 표면을 표출시키기 위해 Formic acid, Alkaline glycerin을 사
용하였다. Formic acid 10%(증류수), Alkaline glycerin(증류수 1ℓ, NaOH
120g, glycerin 40㎖) 혼합용액을 만들어 사용한다. 알칼리 글리세린은
Formic acid보다 강한 녹제거 약품이다.

청동녹 제거 방법은 탈지면(솜)을 미리 바둑알 크기로 잘라 각각의 용액
을 사용할 만큼 비커에 덜어 그 용액 속에 탈지면을 담궈 녹을 제거하고자
하는 부위에 약품이 흘러내리지 않을 정도로 짜서 표면에 밀착시킨다. 1~3

분이 지나 솜에 파랗게 녹물이 녹아 스며들면 솜을 걷어내고 흐르는 수돗
물로 표면에 묻은 약품을 조심스럽게 닦아 낸다. 이러한 과정을 금 표면이
표출될 때까지 반복한다.

최근에는 솜 대신 water absorbent를 사용한다. 금동유물의 표면에 금도
금막이 완전하게 남아있지 않고 군데군데 금박이 탈락된 부위가 있을 경
우, 탈락된 부위로 약품이 스며들어 바탕금속인 청동이 녹아 금박이 탈락
될 수 있는데 이때는 솜을 사용하지 않는다. Formic acid로 제거되지 않는
녹은 Alkaline glycerin으로 제거한다. 전자는 산성이고 후자는 알칼리성이
어서 번갈아 사용하는 것도 좋은 방법이다.

이렇게 약품을 적신 솜으로 닦아 내는 화학적 녹제거과정은 금도금 마무
리단계에서 광쇠로 연마한 최후의 기술적 흔적을 현미경으로 관찰하여 최
후의 연마방향과 동일한 방향으로 닦아 녹을 제거해야 한다. 그렇게 하지
않으면 고대 제작기법이 손실될 수 있다.

이러한 과정을 통해 청동녹을 제거하면 금도금 표면에 붉은 색의
Cuprite(Cu$_2$O)가 군데군데 발생해 있는 것을 볼 수 있는데 이 녹은 100㎖
에 황산 2~3방울 떨어뜨려 닦아낸다. 녹 제거과정이 끝나면 잔존 약품은
증류수로 수회 반복하여 씻어내어 건조시킨다.

녹제거 과정이 끝난 후 바탕금속인 청동의 안정화를 위하여 Benzotriazole
1% 용액(BTA, 증류수)으로 부식억제 처리를 하였다. 금동유물은 대체로
BTA 3% 용액(ethyl alcohol)을 사용하지만, 물 보다 표면장력이 낮은 알코
올이 금박사이로 스며들어가 금박을 탈락시킬 위험이 있기 때문에 영국에
서는 BTA 1% 용액(증류수)을 사용한다.

BTA 함침법은 진공함침법과 상온함침법이 있으나 주로 진공함침법으로
감압하여 내부 깊이 침투하여 접촉하게 한다. BTA의 함침시간은 청동산
화물에 따라 함침시간이 차이가 있는데, 예컨대 Cu$_2$O(cuprite) 산화물이 있

으면 3분 정도 함침으로 충분하나 CuO(tenorite) 산화물은 BTA 방청제가 구리바탕금속까지 침투해 반응하는 시간이 4~24시간이므로 BTA 함침시간은 24시간 해주는 것이 일반적이다. 함침이 끝나면 함침조에서 유물을 꺼내 건조 후에 BTA 백색분말이 표면에 생기지 않게 알코올로 가볍게 세척을 해준다.

안정화 처리 후에는 BTA 부식억제 효과판정 테스트를 위해 데시게이터 또는 이축비닐로 유물이 들어갈 수 있는 공간을 만들고 그 공간을 상대습

보존처리 전 상태

표면에 생성된 청동 녹 제거

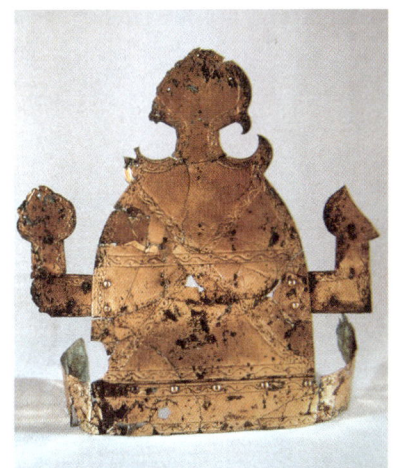
보존처리 후 상태

밀폐 케이스에 보관

사진 10-2. 금동관. 고령 지산동 32호분 출토

도 80% 이상 고습도에서 하룻밤 방치하여 new paratacamite가 발생하는지를 관찰한다. 만일 침상(針狀)의 녹이 발생되면 BTA 처리를 다시 한다.

BTA는 화합물을 만들기 때문에 용제 등에 의해 제거되지 않지만 약화된 부위의 강화와 표면보호막을 형성하여 외부로부터 부식인자를 차단해 주는 효과적 처리를 위해서 수지함침처리로 강화시켜 준다. 강화함침처리는 nitrocellulose lacquer에 BTA를 혼합한 Incralac(상품명)으로 진공함침하는데, 10% 미만의 Incralac으로 강화처리를 하여 광택을 줄인다. 만약 보존처리 전 청동유물을 포장하여 보관해야 할 경우에는 기화성방청제인 BTA 0.5~2% 용액에 한지를 담그었다 건조시켜 사용하면 효과적이다.

2. 상감유물 보존

이 철제금은상감(鐵製金銀象嵌) 거울걸이는 1995년 7월 15일부터 9월 10일까지 서울 호암갤러리에서 개최된 "대고려국보전"에 처음 소개된 유물이다. 이 유물은 보존처리 전에는 심하게 녹이 슬어 정확한 형상, 용도 및 기능을 알 수 없었으나 1995년 1월 15일~5월 20일에 걸쳐 과학적인 보존처리를 실시하여 새로운 금속공예품으로서 옛 모습을 되찾게 되었다. 특히 심하게 녹이 슬어 육안으로 전혀 확인할 수 없었던 화려하고 다양한 문양을 X선투과조사로 발견하여 고고학 및 미술사연구에 새로운 연구자료로 제공할 수 있게 되었다.

한반도에서 상감기술의 기원과 도입 연대는 분명치 않으나 중국 전국시대(戰國時代)에 확립되어 한대(漢代)에 발전한 상감기술이 한반도에 전해진 것으로 본다.

한반도의 상감유물 중 가장 오래된 것은 백제에서 전래된 奈良縣 天理市

石上神社의 칠지도(七支刀)가 있다. 전장 86cm
의 검(劍)으로 양날(兩刃)에 각각 3개의 가지
가 있는 특이한 철검으로 양면에 61자의 명문
이 금(金)으로 상감되어 있고 명문의 내용 중
에「태화사년 오원 십육일병오정양」의 연기가
있어 서기 369년에 제작된 것으로 전해지고 있
다.

국내 발굴 출토유물 중 가장 이른 시기의 것
은 천안 화성리 A-1호분 출토 철제 은상감환
두대도(전장 80.9cm)가 있으며, 고고학 조사에
의하면 4세기 말에서 5세기 초에 해당되는 것
으로 보고 있다. 현재 보존처리로 확인된 상
감유물은 30여점에 이른다. 이러한 조사에
따르면 한국에서 상감기술은 늦어도 4세기 말
부터 사용하기 시작하여 5~6세기에는 한반도
전체에 폭넓게 사용되었다고 보여진다. 이렇
게 시작된 상감기술은 고려, 조선시대로 이어

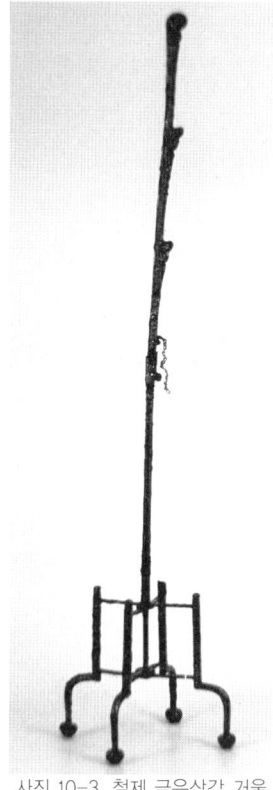

사진 10-3. 철제 금은상감 거울
걸이

지면서 그 기법도 다양화된다. 상감기술은 은상감, 면상감, 포목상감, 고
육상감 등이 있으며 시대에 따라 상감기술도 변화된다. 고대부터 사용된
상감재료는 과학적 분석조사를 통해 금, 은, 동 세 종류의 금속이 사용되
었음을 이미 필자가 밝힌 바 있다.

1) 보존처리 전 상태

철녹이 심하게 생성되어 정확한 형태파악은 불가능한 상태이다. 'H' 형
에 2개의 철봉이 대각선으로 연결되어 있고 그 위로 긴 철대가 연결되어 있

다는 정도이다. 철대는 아랫대와
윗대로 분리되어 있어 접었다 폈다
할 수 있으나 철녹으로 인해 고정
되어 있다. 아랫대에는 섬유질 흔
적이 남아 있다.

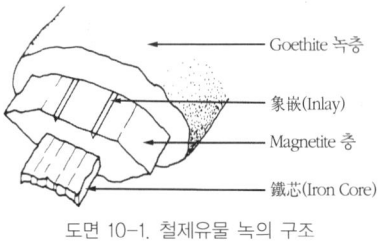

Goethite 녹층

象嵌(Inlay)

Magnetite 층

鐵芯(Iron Core)

도면 10-1. 철제유물 녹의 구조

표면은 흙과 철녹으로 혼합된 함
수산화철 Goethite (α- FeOOH)로 덮혀 있고 그 밑층은 Magnetite (Fe$_3$O$_4$)
로 되어 있다. 녹은 심하게 슬었으나 파손은 되지 않았으며 철심은 자성테
스트 및 중량으로 보아 상당히 많이 남아 있다. 보존처리 전 전체길이는 약
35cm이며 'H'형 다리는 16.4cm이다. 이 유물과 같이 출토된 유물은 청동거
울 5점과 거울을 감쌌던 천이 있다.

2) X선촬영조사(X-ray Radiography)

대부분 출토된 철제상감유물은 철녹으로 덮여 있어 상감의 존재를 외관
상으로 확인하기는 불가능한 상태이다.

X선 투과촬영은 물질의 밀도와 비중에 따라 투과도가 다른 특성을 이용
한 비파괴조사법으로 육안으로 보이지 않는 상감 중에 문양, 명문과 유물
의 제작기법, 부식정도 등을 조사하는 중요한 기기이다.

철제금은상감거울걸이에 대한 X선 조사에서 발견된 문양은 선문, 귀갑
문, 파상문, 화문, 당초문, 환문, 연화문이며 한 유물에서 이렇게 다양한 문
양이 발견된 것은 극히 드문 예이다.

사용기기는 Softex(Protest-150S)이고 X선 촬영조건은 130Kvp, 3mA,
3min와 130Kvp, 2mA, 3min이다.

3) 안정화처리

탈염에 의한 안정화처리는 알칼리용액인 Sodium Sesquicarbonate(탄산나트륨, 탄산수소나트륨복염)법을 다음과 같이 실시하였다.

1) 5% Sodium Sesquicarbonate : 7일간 침적

2) 40℃ 증류수로 탈알칼리 처리

3) Ethyl Alcohol로 탈수

위의 방법을 반복하여 안정화처리를 하였다.

철제유물의 염화물은 수용성이나 표면에 존재하고 있는 것이 아니고 녹의 세공 깊숙이 존재하고 있어 완전히 탈염시키는 것은 현재 어떠한 방법으로도 불가능하다. 따라서 탈염처리방법의 개선과 새로운 방청처리법을 개발하는 것이 향후 철제유물의 보존에 있어 중요한 연구과제이다.

4) 강화

녹 층 밑에 숨겨진 상감문양의 표출은 소형도구를 사용하여 물리적 방법으로 녹을 제거하기 때문에 사전에 유물을 강화하여 파손되지 않도록 예방해 주어야 한다. 따라서 약화된 녹의 입자를 단단히 강화시켜 주기 위해 20% Paraloid NAD-10 합성수지(아크릴계수지)로 3회 진공함침하여 강화처리를 선행하였다.

합성수지를 이용한 진공함침처리법은 약화된 유물을 견고하게 강화해 주는 것과 녹의 발생을 촉진시키는 염화물이온에 공기 중 수분과 산소, 특히 수분의 침입을 방지해 주기 위한 것이다. 특히 염화물 자체만으로 부식은 진행되지 않으나 수분을 흡수하게 되면 가수분해로 인해 녹물방울이 발생되어 유물은 강화되면서 붕괴된다. 그러나 기공이 많고 거친 표면에 수분

이 흡수되지 않도록 코팅한다는 것은 쉬운 일이 아니다.

5) 상감문양표출(녹 제거)

이미 합성수지로 강화된 철 녹은 실체현미경으로 유물을 관찰하면서 소형 pen 드릴로 문양의 근접부분까지 제거한 후, 다시 수술용 칼(Scalpel), 바이브레툴(소형 pen) 등을 수직으로 세워 조심스럽게 조금씩 표면의 녹을 제거하여 문양을 표출하였고 철녹에 의해 고정되었던 부분의 기능을 회복시켜 용도를 알 수 있게 되었다.

이 작업은 철제유물 상감표출에 있어 고도의 테크닉이 요구되는 기술로서 한 번의 실수로 인해 역사의 물적 증거가 소실될 수 있기 때문에 끈기 있는 자세가 요구된다.

6) 보존처리 후 형상

보존처리 후 전체높이는 77㎝로 'H' 자형의 다리 중심에 뚫린 구멍을 통하여 철주가 끼워져 있다. 다리는 서로 펴고 접을 수 있게 되어 있으며 철주는 중간부분을 중심으로 세우고 접을 수 있게 되어 있다. 세웠을 때 고정하는 장치로 은사슬이 달려 있고 철주 상부는 거울을 걸 수 있도록 두 개의 돌기가 있다.

이 유물 전체에 상감된 문양은 선문, 당초문, 와문, 파상문, 연화문, 귀갑문, 연화문, 화문 등 8종류로 금과 은을 사용하여 화려하게 장식하였다. 다양한 문양이 장식된 철제금은상감거울걸이의 부위별 문양 및 재질을 다음의 표와 같이 정리하였다.

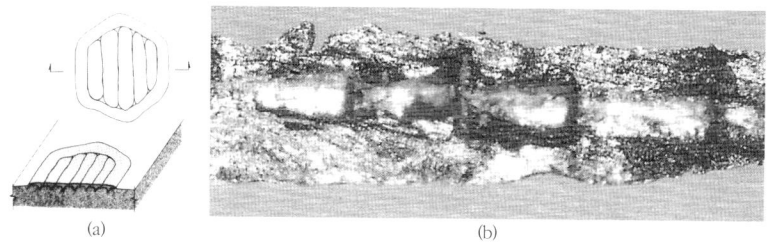

사진 10-4. 귀갑문에 나타난 상감기법(a), 홈 정질자국(b)

부위별 문양 및 재질

부위		문양		재질	비 고
철 주	상부	선문 당초문 와문		금+은 금+은 금+은	부분 금 사용 연접 사용
	측면	파상문 연화문		금 금	
	하부 (원주)	선문 파상문 연화문		은 금 금	종선 10 종선 4
	중앙원주 (각부)	선문 파상문		은 금	종선 6 종선 6

부위		문양	재질	비고
상부연봉	연화문		금+은	4 개소
H자형각	상부 사각면 (철주)	선문 파상문 귀갑문 귀갑문	은 금+은 금 은	약 1.5㎝ 문융 반복 유사면상감 선상감
	하부 사각면 (ㄱ자형)	서문 파상문 연화문 귀갑분 귀갑문	은 금+은 금 금 은	내측, 은 1/3 유사면상감 선상감
	연봉형족	연화문		금+은	
+자형대	상부상면	귀갑문 귀갑문	금 은	유사면상감 선상감
	하면	선문 파상문	은 금+은	

	부 위	문 양		재 질	비 고
十자형대	하부상면 하면	귀갑문 선문		금+은 은	2중 금은선상감 횡선 3
	중앙원석	화문		금+은	상, 하 2개소

(1) 상감기법 조사

현재까지 알려진 우리나라의 고대 상감기법은 선상감, 면상감, 고육상감, 포목상감 등이 있다. 가장 고식으로 알려진 선상감은 정으로 쪼아서 V자형의 홈을 파고 그 속에 금, 은, 동의 재질로 문양과 명문을 시문하는 것으로 삼국시대의 금속유물에 처음 사용된 기법으로 알려져 있다.

상감에 사용된 재료분석은 에너지분광분석기(EDS ： Energy Dispersive Spectroscope, Model; Oxford ISIS)가 부

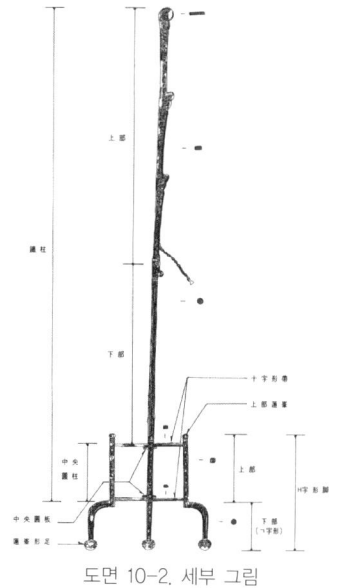

도면 10-2. 세부 그림

착된 주사전자현미경(SEM : Scanning Electron Microscope, Model; JEOL 5800LV)을 사용하였다.

　조사방법은 텅스텐(W)필라멘트를 20KeV로 가속시켜 생성된 전자빔을 시료면에 주사하여 발생하는 이차전자와 반사전자로 시료표면을 관찰하고 시료표면에서 발생되는 특성 X선을 이용하여 조성성분을 분석하였다. 이외 실체 현미경(Nikon : SMZ-2 TUFX-ⅡA)으로 근접 확대촬영하여 귀갑문의 시문기법을 밝혀내었다.

　위와 같은 조사방법으로 밝혀진 상감기법은 다른 선상감유물과 달리 아주 얇게 파낸 V자형 홈에 금, 은을 각각 넣고 금속의 특성인 전성을 잘 살려 압착으로 두들겨 양 옆으로 얇게 퍼지게 제작한 매우 특이한 선상감기법이다.

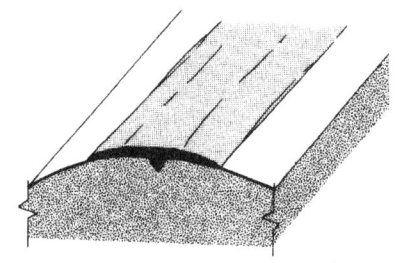

도면 10-3. 선상감에 나타난 상감기법

　면상감으로 보이는 귀갑문은 앞에서 설명한 것과 같은 기법으로 귀갑가장자리와 외부를 각각 은상감과 금상감한 이중귀갑문이다. 내부귀갑은 종열 5개소에 홈을 파 그 속에 금을 각각 시문하여 하나의 면으로 보이도록 제작하였다. 내안으로는 금박법 또는 면상감으로 착각할 수 있다. 홈의 정질은 ◁◁◁◁식으로 마디마디가 끊길듯이 선으로 연결시켰다.

　상감재료의 조사는 상감시편에 대한 단면을 EDS로 정량하여 아래와 같은 분석결과를 얻었다. 이에 대해 정리한 상대적인 조성성분은 다음의 표와 같다.

　다음의 조성성분과 같이 순도가 높은 금과 은을 사용하여 전연성의 특성을 살려서 새롭게 창안된 변형 선상감기법으로 화려한 문양을 제작할 수 있었던 것으로 보여진다. 따라서 철제금은상감거울걸이는 선상감을 모태

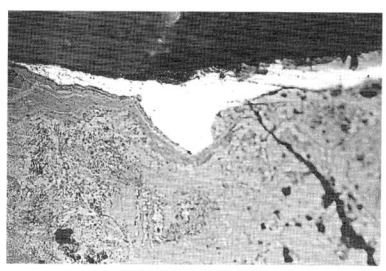

(a) 상감단면 광학현미경사진

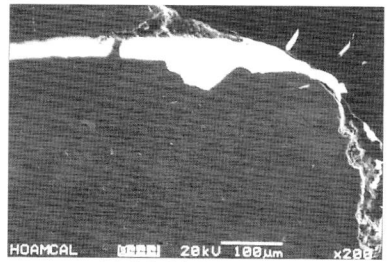

(b) 상감단면 전자현미경으로 조사한
반사전자상

사진 10-5. 상감기법 조사

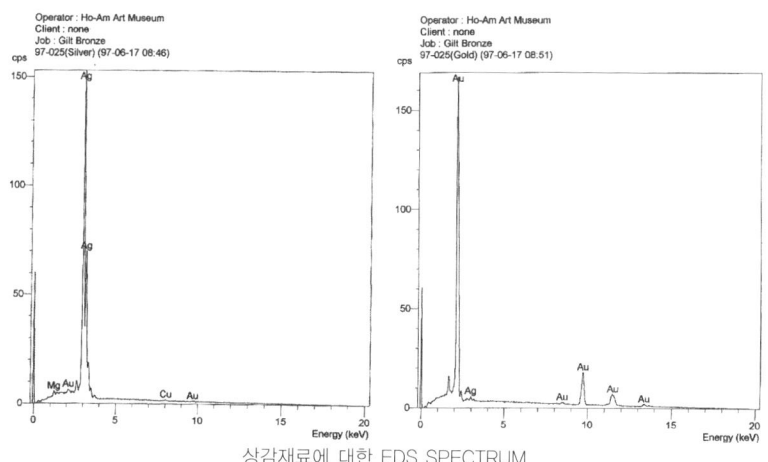

상감재료에 대한 EDS SPECTRUM

상감재료에 대한 EDS분석 결과(wt%)

	Au	Ag	Cu
금상감재	98	2	–
은상감재	1.5	98	0.5

로 한 변형된 선상감기법(선상감전연기법은 필자가 편의상 붙인 용어)임을 과학적인 조사로 확인하였으며 이 기법을 가칭 선상감전연기법으로 명명하고자 한다.

3. 갑주류 보존

玉田古墳群 出土의 鐵製短甲 · 鐵製馬冑의 보존처리

1) 처리전 상태

(1) 철제 단갑

원형 확인이 불가능할 정도로 완전히 파손된 상태이다. 파편은 출토 당시 주위의 흙과 철녹이 혼합되어 표면에 고착되어 있어서 정확한 제작 구조를 알 수 없었으나 X선 촬영으로 그 구조를 확인 할 수 있었다. X선 필름 판독 결과 각각 부위별로 횡장철판으로 재단하여 철판과 철판이 가로로 길게 겹치게 한 다음 반원두정으로 고정시켜 단감의 모양을 이루게 하였다.

  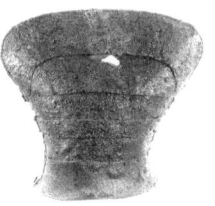

처리전   처리후

사진 10-6. 철제갑옷처리후

(2) 철제마주

발굴 당시에는 어느 정도 마갑의 원형을 유지하고 있었으나 심한 부식으로 유물을 수습하는 과정에서 파손된 상태였다. 대부분의 철제유물이 그러하듯이 수습과정에서 부서지는 경우가 많다. 이때 부서진 파편들은 실

처리전　　　　　　　　　　　　　　　처리후

사진 10-7. 철제마주(馬胄)

제 보존처리 과정에서 제자리에 정확히 접합되기에 어느 부위에서 떨어진 파편이라는 기록이 필요하다.

2) Cleaning

유물 표면의 흙과 산화물이 혼합되어 고착된 Goethite(α-FeOOH)는 Air Brasive(정밀분사가공기)로 Glass Bead와 질소 gas의 혼합물을 초음속으로 분사시켜 제거하고 그 아래층에 있는 Magnetite(Fe_3O_4)층이 나타날 때까지 계속하였다. 그러나 Goethite를 제거할 때 Magnetite층 아래에 있는 금속심이 노출되지 않도록 주의하였다.

3) 탈염

Intensive washing과 3% Sodium sesquicarbonate법을 채택하였다. 5~10회 걸쳐 탈염처리한 뒤 다시 냉온수 교체법으로 Mohr법에 의한 Cl^-이온 농도가 10ppm 이하가 될 때까지 실시하였다. 탈염처리 과정 중에는 유물의 상태를 수시로 관찰하고 이상이 발견될 때에는 즉시 중단하였다.

4) 건조

대부분의 유물은 전기건조기에 넣고 약 105℃에서 일주일 정도 건조하였으나 유기물질이 부착된 경우에는 온도를 50℃ 이하로 낮춰 건조시키거나 상온에서 자연건조시켰다.

5) 안정화

철제유물의 부식억제를 위한 안정화처리는 AR-22(상품명) 및 D.A.N (Dicyclohexyl Ammonium Nitrite) 0.3% 용액을 사용하였다. 먼저 유물을 방청제에 완전히 잠기게 한 다음 함침기에 넣고 감압함침(진공도 700㎜Hg)하였다.

6) 경화처리

약화된 재질의 강화 및 외부부식인자로부터의 차단을 위한 표면 Coating은 Paraloid B-72 20% 용액을 사용하였는데 안정화 처리와 같은 방법으로 실시하였다.

7) 접합복원

판상으로 탈락된 파편들은 Cellulose계 접착제인 Cemedine-C에 Phenol계 수지인 Micro balloons를 혼합하여 접합하였고 절단부분은 Epoxy계 접착제인 Araldite(Rapid type)와 Micro balloons을 혼합하여 접합하였다.

복원은 유물의 해석상 문제점이 생기지 않는 범위 내에서 처리하였는데 Araldite SV427, HV427(주제, 경화제)로 하였다.

8) 색맞춤 및 마무리

접합복원이 끝난 유물은 단갑의 미세한 녹가루를 복원부위에 살짝 뿌려

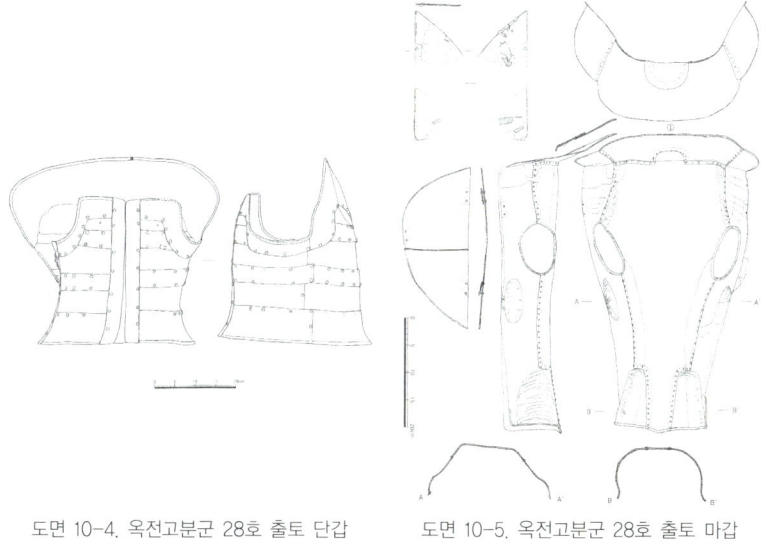

도면 10-4. 옥전고분군 28호 출토 단갑   도면 10-5. 옥전고분군 28호 출토 마갑

고착시킨 후 천연안료를 사용하여 고색처리를 실시하였다. 처리후 사진촬영 및 필요할 경우 실측을 하였으며 기록카드 작성을 완료하였다.

4. 야외 금속문화재 보존처리

야외환경에 전시(보관)되어 있는 야외문화재(이하 조각품으로 칭함)는 사계절의 환경변화에 그대로 노출(露出)되어 있어 지역적 환경영향에 따라 부식·손상 정도의 차이가 다르다. 특히 최근 환경오염으로 산성화가 심해짐에 따라 산성비, 산성눈, 산성안개 등으로 인해 조각품은 피해가 더 심화되어 가고 있다. 야외 조각품의 보존을 위해서 먼저 조각품이 구성하고 있는 재료와 놓여 있는 환경 그리고 손상 메커니즘에 대해 이해를 해야만 한다.

1) 용두사지 철당간(鐵幢竿) 보존처리

충북 청주시 상당구 남문로 2가 48-19에 소재한 국보 제41호 용두사지 철당간은 고려 광종 13년(962년)에 건립된 것으로 주철로 만들어진 야외 철제 기념물이다. 야외에 노출된 문화재는 환경오염에 의해 손상을 입기 쉽고 특히, 당간지주와 같은 철제 문화재는 오랜 세월이 흐르는 동안 Oxy-수산화철의 녹이 생성되어 있어 이산화황을 불러들이는 흡착활성의 성질을 가지고 있다. 따라서 보존처리를 하지 않고 그대로 방치한다면 지속적인 부식활동으로 인하여 많은 손상을 입을 수 있다. 환경오염에 따른 문화재의 보존에서 가장 중요한 또 다른 관점은 그 환경인자의 영향이 빠른 시간 내에 나타나는 것이 아니고 오랜 기간 잠복한 후에 나타나므로 그 현상이 나타날 때에는 이미 문화재를 보존하기 어려운 경우가 발생될 수 있기 때문에 용두사지 철당간의 보존처리가 이루어지게 되었다.

(1) 처리전 상태

1983년 국립문화재 연구소에서 보존처리한 바 있던 유물로, 당시의 보존처리는 당기가 있는 3단을 제외한 표면에 합성수지로 코팅하였고, 위 아래로 길게 균열이 발생한 10,11,12단과 외부에서 부식인자가 침투될 수 있는 부분들은 Araldite HV427과 SV427로 복원한 것으로 확인되었다.

양쪽 지대석은 완전히 맞물리지 않았고, 동서쪽의 바닥은 철당간이 지면에 떠있고 흙이 노출되어 있었다. 주변 정비시 강회로 떠있는 곳을 메운 부분이 있었고, 강회가 없어진 부분은 물이 철당간 아래로 흘러 들어가고 있었다. 주철통의 표면은 거푸집을 만들 당시 물레를 돌려 만든 흔적이 전체적으로 많이 남아 있었으며 주조결함이 큰 곳을 보완하기 위한 보강주조 부분이 여러 곳에서 관찰되었다. 1단 밑의 테두리는 좌우로 균열이 많이 발생되어 있었으며, 3단 철통 표면에 조성 연도를 보여주는 당기(幢記)가 양

주(陽鑄)되어 있
었는데 당기 사
이에 탁본시 먹
물이 스며들어
부식된 것으로
보이는 검은 자
국이 남아있었
다. 당기가 있는
3단은 전체적으
로 흙갈색의 광

사진 10-8. 용두사지 철 당간(1)

택이 났으며 그 외의 철당간 표면은 검붉은 녹으로 덮여 있고 부분적으로
붉은 녹이 흘러내려 있었다.

이전 보존처리에 사용된 코팅제는 너무 오래되어 풍화 및 자연적 요인으
로 대부분 박락되거나 들떠 일어나 보기 흉한 상태였으며, 7단 상부는 당
간 속의 시멘트가 빗물에 녹아내려 표면이 하얗게 오염되어 있었다. 20단
의 정상부는 빗물이 내부로 들어가지 않게 Araldite HV427과 SV427 복원
제로 완전히 밀봉되어 있었고 피뢰침 밑은 피뢰침에서 나온 녹으로 오염
되어 있었다.

(2) Cleaning

총 3차로 나누어 처리하였다. 1차 Cleaning은 ethyl alcohol을 유물 표면
에 스프레이 하면서 솔·수세미 등으로 조심스럽게 먼지나 이물질을 물리
적으로 세척하였다. 2차 Cleaning은 1차 Cleaning에서 잘 제거되지 않았던
매연물질로 보이는 끈적끈적한 검은 물질을 제거하는데 주력하였다. 주로
11단 이하에서 이러한 현상이 나타났기 때문에 11단 이상은 acetone을 수

세미에 묻혀 닦아주었고, 11단 이하는 acetone에 tri-chloroetylene을 수회 반복 세척하여 검은 물질을 제거하였다. 3차 Cleaning은 ethyl alcohol을 스프레이 하면서 부드러운 솔과 수세미로 닦아주어 1·2차 Cleaning에서 제거되지 않은 먼지, 분진, 미세한 산화물 등을 제거하였다. 당기사이의 먹물로 보이는 검은 물질은 이번 Cleaning에서 지워지지 않아 그대로 두었다.

7단의 시멘트가 빗물에 녹아 하얗게 오염된 곳은 치과용 소도구로 긁어 제거하였고 균열을 메운 부분은 재복원을 위하여 구 복원제를 치과용 소도구와 motortool을 이용하여 제거하였다. 구 복원제가 제거된 후 균열이 발생된 부분은 건탁으로 현 상태를 확인 조사하였다.

(3) 복원 및 방수처리

Cleaning 후 표면이 건조된 뒤 K2(상품명 cleanseal-3000, 동남건설화학) 발수제를 주사기로 가급적 깊이 주사하여 물이 철통내부로 스며 들어가지 않도록 방수처리를 2회 하였다. 철당간 지대석 주변의 노출된 흙과 철당간 바닥이 들뜬 곳은 K2 발수제를 스프레이 하여 방수처리 하였다.

복원은 방수처리를 끝내고 발수제가 건조된 뒤 구 복원제와 동일한 Araldite HV427과 SV427을 1:1로 혼합하고 안료를 섞어 복원하였다. 복원제가 굳은 후 치과용 소도구와 motortool을 이용하여 성형하고 주변과 비슷하게 색맞춤하였다.

(4) Coating

Coating은 크게 표면 coating과 deep coating 두가지 방법이 있다. 표면 coating은 painting식 방법이고, deep coating 방법은 coating제에 열을 가하여 표면 깊이 침투되게 하는 방법이다. 용두사지 철당간의 coating은 후자의 방법인 deep coating을 이용하였다.

coating제는 deep coating이 가능한 MCC wax를 사용 하였다. MCC wax 는 carnauba wax(일명 brazil wax), bees wax, damar resin, turpentine oil, lavender oil을 혼합 제조한 것으로 청동에 비해 내구성은 떨어지지만 현재 야외철제유물 코팅제로 많이 사용되고 있다. 투명도가 좋고 acryl계 resin 보다 광택이 심하지 않으며, 유물에 대한 밀착성도 좋다. 그리고 일반 wax 보다 열에 강하고(MP 86℃) 내구성이 우수하며 표면경도가 높아 coating 후 먼지가 붙지 않는 좋은 특징이 있다.

MCC wax로 deep coating시 wax가 몰려 있거나 온도가 낮아 깊이 침투 되지 않은 부분은 붓으로 재 침투되게 하였다. coating후 유물온도가 내려 가면 광택용 솔로 문질러 coating면이 고르고 치밀하게 만들어 주었다.

1차 coating후에는 유물 표면 전체를 다시 확인하여 coating되지 않은 부 분은 재coating하였다. 피뢰침과 연결전선은 coating후 절연될 것을 우려하 여 coating처리하지 않았다.

(5) 마무리

지대석 주변으로 물이 고이는 부분은 빗물이 흘러내리게 시멘트를 제거

사진 10-9. 용두사지 철 당간(2)

하였으며, 주변정리와 처리후 사진 촬영을 하여 보존처리를 종결하였다.

2) 법주사 철확(鐵鑊) 보존처리

충북 보은군 내속리면 사내리 법
주사 경내에 전시(보관)되어 있는
철확은 통일신라시대 제작되어 전
해져 내려오는 것으로 높이 1.2m,
지름 2.7m, 둘레 10.8m, 두께 약
3~10㎝, 중량 약 20톤이나 되는
보기 드문 거대한 주조 철제 조형

사진 10-10. 철확 보호각 전경

구연 전 하면 침식상태

공식 부분

내면 공식 상태

전 부분 結露상태

사진 10-11. 법주사 철확 부식 상태

물(주물 솥)이다.

이 철확의 부식으로 인한 여러 손상 원인은 1) 수많은 관람객이 무심코 한 번씩 만져 보는 행위에서 손에서 나오는 염분에 의한 피해 2) 가까운 담장 넘어 자동차에서 내뿜는 배기가스에 의한 피해 3) 심한 일교차로 생기는 결로현상 등이 주된 원인으로 보여지며, 이로 인한 손상상태는 전체의 표면이 움푹움푹 파인 심한 공식(孔蝕)이 많이 발생되어 있다. 특히 구연부 전 하면(下面) 부분은 약 1~2㎜ 정도 부식마모(腐蝕磨耗, corrosive wear)로 인해 심하게 깎여 원래 표면이 손실된 상태에 있다.

철 조각품의 세척은 일반적으로 스펀지나 부드러운 솔을 사용해 수돗물과 중성세제로 잘 씻어 낸다. 중성세제 등 모든 불순물질들을 제거해 주기 위해 철저하게 마지막 헹굼이 필수적이다. 저압 물 분사, 증기세척은 먼지와 잡물을 제거하는데 이용되며, 고압분사는 현대 조각품 세척에 사용은 허용될 수 있으나 오래된 문화재에는 사용하지 않는 것이 좋다. 금속 모세관에 남아 있는 잔여 수분의 증발과 신속한 건조를 위해 알코올로 세척하여 마무리한다. 만약 금속표면에 낙서가 있는 경우에는 아세톤이나 유기용제로 제거해 준다. 건조처리는 계절에 따라 상황이 다르겠지만 무더운 여름을 제외하고는 보호막처리 전에 충분한 건조를 해 주어야 한다.

보호막(Coating)처리에 있어 가장 중요한 것은 현재 유지하고 있는 조각품을 동일한 외관으로 보존하는 것이다. 이를 위해 적용하고 있는 것은 투명코팅방법으로 통상 wax와 lacquer를 사용한다. 이외 oil계 코팅제가 있으나 기름은 시간이 지나면 경화로 인해 검게 변색되어 코팅 효과를 기대만큼 얻지 못한다. 그리고 다시 보존처리 할 때 기름을 제거하기 어렵고, 습기와 먼지를 흡수하는 결점을 가지고 있다.

야외 금속조각품의 코팅제로 wax와 lacquer가 많이 사용되고 있는데 코팅제로서의 적합성은 처리 후에 외관과 동일한 색조를 유지해야 하며, 내구성과 내열성이 우수한 코팅제를 선택해야 한다.

wax는 그 종류가 다양해 선택에 신중해야 한다. 야외 금속조각품은 사계절의 환경변화에 노출된 상태로 전시되어 있기 때문에 금속 표면온도 변화차이가 크다. 예를 들면 한 여름 태양의 복사열은 60℃ 이상이고 이때 저융점 bees wax를 사용한다면 높은 열에 의해 녹아 내려 코팅제로서 역할을 못하게 된다. Wax coating은 현지 기후조건에 맞게 만들어진 내구성이 좋은 코팅제를 선택해 사용해야 한다. 보통 야외 조각품 코팅제로 고 융점 Wax인 Microcrystalline wax, Polyethlene wax 또는 Carnaba wax 등을 용제로 혼합해 사용하기도 한다. Wax 코팅은 대개 열처리법으로 처리하는데 일정한 두께로 두껍지 않게 고루 고루 잘 발라주어야 한다. 코팅이 두껍게 발라지면 나중에 白化現狀이 일어날 수가 있다. 코팅도 기술적 테크닉이 필요하다.

lacquer 역시 그 종류가 다양하다. lacquer를 금속 표면에 발라 두면 적외선과 자외선의 영향으로 보호피막이 벗겨지는 현상이 일어나는 경우가 있다. lacqure를 사용할 때는 금속의 재질과 주변환경 그리고 처리자의 경험적 판단으로 결정한다.

재처리할 때는 오래 묵은 wax나 lacquer 코팅제는 반드시 깨끗하게 제거한 다음에 새로운 코팅제를 발라 주어야 한다. 그 예로 충청북도 청주시 상당구 남문로에 위치한 국보 제41호 용두사지 鐵幢竿은 1983년 국립문화재연구소 보존과학실에 의해 아크릴계 수지를 사용하여 보호막(Coating)처리를 했었다. 그러나 그 후 몇 년이 지나 보호막은 허물 벗겨지는 현상이 목격되고 재처리를 실시하였는데 먼저 깨끗하게 Cleaning을 한 다음 1999년 6월 Wax를 사용해 보호막 처리를 실시하였다.

사용된 Wax는 Carnaba wax, Bees wax, Damar resin 등 특수 제조된 Wax로 보호막처리를 하였다. 이 약품의 특징은 Wax의 가장 큰 단점인 먼지 흡착이 없고, 코팅처리 후 상태가 蜜蠟과 같이 끈적끈적하지 않고 아크릴계 수지 코팅과 유사하며, wax가 금속내부로 용이하게 침투되는 장점이 있다.

법주사 철확(鐵鑊)에도 용두사지 철 당간에 사용한 복합제조 Wax로 보호 Coating처리를 해 주었다.

제11장 부록

1. 용제

1) 아세톤 (Acetone, CH_3COCH_3)

무색투명의 저점성 액체로 자극적 냄새가 있다. 비중은 20℃에서 0.79055, 25℃에서 0.78798이고, 융점은 -94℃이다. 휘발성이 좋고 비점이 56.1~56.5℃, 인화점이 -17.8℃ (밀폐), -10℃ (개방)로 낮아 인화되기 쉽다. 일광에 접촉하면 분해되고 알코올, 고가알코올, 에스텔, 게톤, 탄화수소, 할로겐화수소 등 극성, 비극성 용제와 혼합하는 성질이 있다. 셀룰로오스계, 비닐계, 폴리에스텔계, 페놀계, 메타아크릭산계 등 많은 수지를 용해한다. 그러나 에폭시계 수지와 파라핀왁스는 거의 용해되지 않는 성질을 가진다.

아세톤은 흡입하게 되면 두통, 구토, 현기증 등이 일어날 수 있을 뿐만 아니라 고농도일 경우에는 마취작용으로 실명할 수도 있다. 그리고 눈, 코, 목구멍 점막에 반복 접촉하면 염증이 생길 수도 있으므로 사용할 때 주의해야 한다.

아세톤을 보관할 때에는 따뜻한 장소나 햇빛이 닿는 장소는 피하고, 아세톤으로 닦은 기구(비이커 등)는 헤어 드라이를 이용하거나 전기건조기에 넣어 건조하지 않는다. 또 과산화수소나 황산을 첨가하면 발화 위험이 있기에 주의한다. 만약 화재가 발생하면 물 분무나 탄산가스, 드라이 케미칼 등을 이용하여 소화한다.

2) 톨루엔 (Toluene, $C_6H_5CH_3$)

물에 녹지않는 저점성, 고휘발성, 가연성의 무색 투명액체로 벤젠과 같은 방향이 있다. 비중은 0.86694(20℃), 0.86230(25℃)이고, 융점은 -95℃, 비점은 110.6℃이다. 인화점은 4.4℃(밀폐), 7.2℃(개방)이며, 발화점은 552℃이다. 인화점이 낮고 가연성 액체이기 때문에 화기와 고온에 주의한다.

메탄올, 에탄올, 디에틸에테르, 아세톤, 산, 벤젠 등 유기용제와 쉽게 혼합되며, 아세톤과 동일한 용도로 사용된다. 비닐계수지, 셀룰로오스에텔, 아세틸셀룰로오스 등에는 용해되고 글리세린 등의 고가알콜에는 거의 용해되지 않는 성질을 가진다.

톨루엔은 비점이 높기 때문에 증기흡수 위험성은 적지만 증기를 흡입하면 급성 중독을 일으켜 깊은 마취상태로 빠지며, 심각할 경우 사망할 수도 있다. 저농도 톨루엔의 경우, 증기를 계속 흡입하게 되면 만성 중독되어 쉽게 피곤해지고 백혈구가 감소하여 빈혈이 일어나거나 식욕감퇴, 소화기 이상이 나타나기도 한다. 인체 흡입은 증기 흡입만이 아니고 액상에서 피부로도 흡수되므로 손으로 직접 접촉하는 것도 피한다.

3) 자이렌 (Xylene, $C_6H_4(CH_3)_2$)

물에 녹지 않는 저점성, 고휘발성, 자극성의 냄새가 있는 무색 투명의 액체로 통상은 올드 o, 메타 m, 바라 p, 이상체 혼합물이다. 비중은 0.86~0.88이고, 증기밀도는 공기를 1로 보았을 때 3.66이다. 융점은 -27℃, 비점은 144℃, 인화점은 17℃, 발화점은 482℃이다.

에탄올, 디에틸에텔, 탄화수소 등에 완전히 용해되며, 메탄올, 2-그로로에탄올, 그리콜류 등에는 일부만 용해된다.

일반적으로 아세톤과 동일한 용도로 사용되는데 목재의 보존처리(알콜, 자이렌, 수지법), 섬유소 도로용 용제, 아크릴수지 Paraloide B-72, 44 용제로도 사용된다.

자이렌의 인체 독성은 벤젠, 톨루엔보다 적지만 사망에까지 이를 수 있는 급성 및 만성 중독을 일으키므로 통풍이 잘 되는 곳에서 사용한다. 보관할 때는 공기보다 무거운 자일렌의 성질 때문에 용기 또는 탱크를 지하에 설치하는 것을 피하고, 운송할 때에는 화약류, 산화성물질, 유기과산화물질과 혼재하는 것이 금지되어 있다. 화재가 발생했을 때에는 분출력이 약한 산화탄소 소화기를 사용한다.

4) 솔벤트 나프타 (Solvent Naphtha)

무색 또는 엷은 황색, 엷은 갈색을 띠는 철제유물 함침용 수지(NAD-10, V-flon) 희석용 용제이다. 비중은 0.85~0.95(20℃), 비점은 120~20℃, 인화점은 35~38℃, 발화점은 480~510℃이다.

솔벤트나프타는 방향족 함유가 높아 다른 석유 유분에 비해 일반적으로 독을 갖고 있지만 취급상 위험할 정도는 아니다. 그러나 강한 탈지작용이 있으므로 가능한 직접 피부 접촉을 피하고, 증기를 흡입하지 않도록 주의한다. 화재가 발생했을 때에는 탄산가스, 분말이나 포말을 이용한다.

5) 에탄올 (Ethanol, CH_3CH_2OH)

특유의 방향을 가지고 마취성이 있는 무색투명의 액체로 용제, 연료, 각종 화학약품의 원료이다. 비중은 0.793(20℃)이고, 증기밀도는 1.59이다. 융점은 -114.5℃, 비점은 78.32℃, 인화점은 14℃(밀폐), 발화점은 390~430℃이다.

물과 임의비율로 섞이지만 혼합할 때에는 체적수축과 발열이 발생하고, 각종 유기화합물, 무기염, 유지, 알기로이트를 녹이기 때문에 금속유물의 크리닝, 탈염처리에 사용된다. 또 목제유물 탈수에 사용되기도 한다.

에탄올은 알코올성 음료로 소비되는 양이 많은데, 적당량 희석한 음료의 경우에는 위액 분비를 촉진해 음식물의 흡수를 돕지만 강한 알콜을 반복해 마시면 위 점막을 자극하고, 증기를 흡입할 경우에는 눈, 후두, 기관지 점막에 자극을 주어 두통과 구토가 일어난다. 공업적으로 비교적 무해용제로 알려져 있으나 높은 도수로 이용할 경우에는 호흡마비, 특히 신경계에 유해하다.

에탄올에 의한 화재가 발생했을 때, 물을 대량 이용하면 처음은 효과가 있지만 비중이 물보다 낮아 도리어 연소를 가중시키는 위험이 있으므로 분말, 이산화탄소 등을 이용하여 소화한다.

6) 메탄올 (Mathanol, CH_3OH)

물과 에텔, 벤젠에 잘 녹으며 특유의 향과 탄 맛이 있는 고휘발성 무색투명 액체로 비중은 0.7913(20℃), 0.8005 (10℃), 증기밀도는 1.11이다. 융점은 −96℃, 비점은 64.65℃, 인화점은 16℃(밀폐), 12℃(개방), 발화점은 470℃이다. 수산화리튬법 탈염처리와 목재유물 PEG처리 후 표면처리에 사용된다.

메탄올은 인화점이 낮고, 액온이 인화점 이상되면 폭발성 혼합기체가 생겨 인화 폭발할 수 있으므로 마개로 단단히 막아 보관한다. 연소될 때는 불꽃의 색깔이 희미해 알 수 없으므로 주의를 요한다. 그리고 메탄올 증기를 흡입한 경우에는 눈 신경 및 강막이 손상되는데, 에탄올과 다르게 배출이 늦어 체내에 연속해서 들어가게 되면 작용이 지속되므로 주의하여야 한다.

7) 이소프로필알코올(Isopropyl alcohol, Isopropanol, $CH_3CH(OH)CH_3$)

에탄올과 유사한 냄새가 나는 무색투명의 알콜로 비중은 0.7863 (20℃), 융점은 −89.5℃이다. 비점은 82.4℃, 인화점은 11.7℃(밀폐), 발화점은 460

℃이다.

1-Propanol과 유사한 반응이 일어나는 동시에 제2알콜의 성질을 나타내는 저급 제2알콜로 에탄올에 자유롭게 혼합된다. 주로 메틸알코올, 에틸알코올과 함께 혼합하여 수산화리튬법 탈염처리액으로 사용된다.

이소프로필알코올은 400ppm에서 눈, 코, 목을 자극하고 고농도의 증기는 마취성이 있으므로 취급에 주의한다.

8) 제3급부틸알코올 (Tert-Butyl Alcohol, $(CH_3)_2COH$)

알코올, 에텔 등 다수의 유기용제와 물에 잘 녹는 무색투명의 액체로 비중은 0.7867 (20℃), 융점은 25.66℃, 비점은 82.45℃, 인화점은 8.9℃, 발화점은 400~500℃이다.

공업용세제의 용제로 살충제, 왁스제로 이용되거나 목재유물의 진공동결건조 처리전에 사용된다.

제3급부틸알코올의 취급에 대한 특별한 주의사항은 없지만 화기를 피하고 냉암소에서 보관해야 한다. 화재시에는 에탄올과 동일하게 분말, 이산화탄소 등의 소화기를 사용한다.

9) 트리크로로에틸렌 (Trichoroethylene, $CHClCCl_2$)

choroform과 같은 단맛 냄새가 나는 불연성의 무색투명한 액체로 비중은 1.4649 (20℃), 융점은 -86℃, 비점은 87℃, 인화점은 없으며, 발화점은 425℃이다. 증기는 실온에서 연소성, 폭발성이 없고 실온에서 인화되지 않은 불연성용제로 사용이 가능하다.

알코올, 디에칠에텔, 아세톤, 벤젠, 초산에스텔, 지방족 염소화탄화수소, 개소린 등 유기용제와 완전히 혼합하며, 유지류, 그리스, 왁스, 고급지방산, 천연수지, 염화비닐 등을 용해한다. 그러나 물이나 불소수지, 페놀수지 등에는 거의 용해되지 않는다.

고무, 유지, 수지, 도료에 좋은 용제로 일반용제, 추출제, 도료 신나, 냉매, 알콜의 탈수증류 각종 모노마의 중합도 조정에 이용된다. 그리고 목재 유물의 PEG흑화 제거나 금속의 탈지세척, 건조 및 인산염 피막화 처리에 사용된다.

트리크로로에틸렌을 흡입하거나 피부 또는 점막과 접촉하면 체내에 흡수되어 중추신경계, 폐, 피부 또는 점막, 소화기계, 간장, 신장에 장해를 일으키는데, 초기증상으로는 눈, 코, 목에 자극증상을 느끼며 다음은 두통, 현기증, 혼미, 구토가 일어나며 술에 취한 것과 같은 증상이 나타나고 심할 경우 의식을 상실할 수도 있다.

2. 약품사용에 있어서의 중량(重量) · 용량(容量) · 계측(計測)

고체 중에는 용액이라는 형태로 액체에 녹는 것이 있다. 액체에 존재하는 고체의 농도를 표시하는 방법에는 몇 가지가 있다. 농도를 계산하는 것에 의해 이를 통해 정확히 새로운 용액을 제작하거나 혹은 농도를 낮추는 것이 가능하게 되며, 동시에 구입한 용액의 농도를 알 수 있게 된다.

여러 용액의 농도는 백분율이나 몰이라 불리는 단위로 기록이 가능하다. 몰 농도의 정의는 녹아 있는 물질의 몰 중량에 관련 있기에 백분율에 비해 약간 복잡하다. 이에, 대부분의 용액은 백분율로 기술되어 있다. 이에, 여기서는 몰 농도에 대해서는 설명하지 않는다. 만일, 몰 용액을 보게 된다면, 보존담당자의 설명을 듣기 바란다. 백분율 농도를 표현하는 방법에는 몇 가지가 있는데 상세한 것은 아래에 서술한다.

1) 용량/질량용액 (W/V)

이 방법은 용액의 전 중량에 대하여 녹아 있는 고체 중량을 비교하는 것이다. 액체에 고체가 녹아 있는 때에 그 농도를 표시하는데 사용되어지고 있다. W/V용액 제작은 다음과 같다.

· 중량을 알 수 있는 고체를 준비한다.
· 필요한 전 용량보다 적은 액체에 녹인다(눈금이 있는 용기를 이용하고, 모든 용액을 최종적으로 넣을 수 있는 것을 사용할 것).
· W/V비율의 용액을 얻기 위해서는 다음의 식을 사용하여 사용된 용액의 고체 중량을 최종적인 용액의 전 용량과 비교한다.
고체의 중량(g)/녹아 있는 고체를 포함한 용액의 용량(㎖) × 100%
(이때 계측단위로는 g과 ㎖를 사용하는 것이 중요하다.)

용액에 고체를 넣을 때에는 잘 섞어 녹인다. 선택한 용액에 고체가 녹지 않는 경우에는 액체의 양을 늘리면 녹는 경우도 있다.

고체에는 용해 한계를 가지는 것이 있으므로 주의한다. 또한 합성 폴리머 중 특히 Paraloid B-72와 폴리비닐아세테이트 수지는 녹이는 것이 매우 어렵기 때문에 특별한 용해 기술을 필요로 하는 것도 있다.

수지는 폴리에스테르나 면으로 된 그물 팩에 넣은 상태로 용제 안에 걸쳐 넣고 규칙적으로 섞는다. 모든 수지가 녹기에는 2~3일 정도가 걸릴 수도 있으므로 그 동안 용제의 증발을 막기 위해서 용기에 덮개를 만들어 준다. 이러한 작업을 행할 때에는 안전규정을 참조하고 COSHH 위험양식을 자세히 기록하며, 보존담당자에게 조언을 구한다.

2) 용량/용량용액 (V/V)

액체의 농도가 다른 액체에 의해 엷게 되어진 경우, 이로 인해 얻어진 용액의 농도는 두 액체의 용량을 비교하는 것에 의해 계산하는 것이 가능하다. 즉, 용액 A에 용액 B를 첨가한 경우, 용액 중의 용액 A의 농도를 구하는 경우에는 다음의 식을 이용한다.

용액 A의 용량(㎖)/용액 B의 용량+용액 A의 용량(㎖) × 100%

(위험물질을 녹이는 경우는 COSHH와 다른 안정규정을 참조할 것.)

만일 W/V 용액이 다른 용액 V/V에 녹여진 경우는 특별한 계산식을 필요로 한다.

3) 용량/용량 용액, 또는 혼합액 (W/W)

중량을 알 수 있는 고체를 중량이 판명된 액체에 넣는다든지, 중량을 알 수 있는 액체를 중량을 알 수 있는 다른 액체에 넣는 경우, 농도 백분율은 아래의 식으로 계산한다.

$$\frac{\text{용액 또는 고체 A의 중량(㎖ 또는 g)}}{\text{용액 또는 고체 A의 중량(㎖ 또는 g) + 액체 B의 중량(㎖)}} \times 100\%$$

4) 용액을 녹임 (W/V)

폴리머 중에는 이미 W/V용액으로 구입하는 것이 있는데 이것을 사용하기 전에 농도를 낮출 필요가 있을 수도 있다. 이때는 용량/중량용액으로 하여 취급하는 것이 중요한데 예를 들어 아세톤에 35% 농도의 폴리비닐아세테이트 용액을 50㎖ 첨가하여 용액 농도를 10% 낮추고자 한다면 어느 정도의 아세톤을 넣으면 되는가에 대해 생각해 보자. 먼저 필요로 하는 농도 용액으로 하기 위해서는 필요로 하는 아세톤의 양을 조사한다.

- · 용액농도에 녹아 있는 용량을 곱한다 (35%×50㎖=1750).
- · 위에서 얻어진 수치를 요구 되는 최종 농도로 만들기 위해 %(이 예에서 는 10%)로 나눈다 (1750÷10=175).
- · 녹이는데 필요한 용액의 양을 알기위해 위의 수치에서 원래의 용량(이 경우에는 50㎖)을 뺀다 (175-50=125㎖).

이상의 결과로, 35% 농도의 폴리비닐아세테이트 용액 50㎖에 125㎖의 아세톤을 더하면 10%의 폴리비닐아세테이트 용액을 제작할 수 있다.

여기서 사용한 계산식은 중량/용량용액을 녹이는데 필요한 액체의 양을 결정하는데 사용가능하다.

5) 용기의 용량

장방형의 용기의 용량계산은 각각의 측정치를 같은 단위로 하여 그 길이, 폭, 깊이를 곱하여 구한다.

3. 보존처리 기록의 중요 항목

1) 유물의 기본정보 조사 → 유물명칭, 출토지, 소유자, 참고문헌 등
2) 유물의 가치(고고학, 미술사 등) 조사→ 형상(形狀), 크기 등
3) 노화(老化)상태조사 → 부식 및 손상상태 → X-선 촬영조사, X-선 회절분석, 등

4) 유물의 재질조사 →제작재료(물성)조사, 형광 X-선 분석 등

5) 유물의 제작기법 조사 → 제작공정, 현미경관찰, X-선 촬영조사 등

6) 유물의 구조조사 → 현미경관찰, X-선 촬영 등

7) 보존처리 사용재료 기록

8) 보존처리 후 유물의 상태기록

9) 보존처리 담당자(처리자)

10) 보존처리 기간

11) 보존처리 장소

12) 보존처리 전, 중, 후 사진기록

참고문헌

제1장

문화재청, 2007, 『문화재관계법령집』.

제2장

야나기 무네요시(柳宗悅), 이길진 옮김, 1994, 『조선과 그 예술』, 신구문화
    사.

문화재관리국 문화재연구소, 1990, 『石窟庵의 科學的 保存』(資料篇).

김대식, 2007, 「일제강점기 경주지역 문화재의 수리복원사례」, '慶州 新羅
    유적의 어제와 오늘 −석굴암 · 불국사 · 남산−」, 성균관대학교 박물관.

요시이 히데오(吉井秀夫), 2007, 「일제강점기 석굴암 조사 및 해체수리와 사
    진촬영에 대해서」, 『慶州 新羅유적의 어제와 오늘 −석굴암 · 불국사 · 남
    산−』, 성균관대학교 박물관.

高鍾健 · 咸仁英, 1963, 「放射線 透過法에 依한 古美術品의 調査(一)」, 『美術
    資料』 第8號, 國立博物館.

고종건 · 함인영, 1964, 「放射線 透過法에 依한 古美術品의 調査(二)」, 『美術
    資料』 제9호, 국립박물관.

文化公報部 文化財管理局, 1973, 『武零王陵』.

文化公報部 文化財管理局, 1974, 『天馬塚』.

文化財管理局 文化財研究所, 1984, 『皇南大塚 南墳發掘調查報告書』.

文化財管理局 文化財研究所, 1985, 『皇南大塚 北墳發掘調査報告書』.

과학기술처, 1968, 『文化財의 科學的 保存管理에 關한 調査 研究』.

馬淵久夫 외 편집, 2003, 『文化財科學の事典』, 朝倉書店.

제3장

李泰寧, 1993, 「文化財의 保存哲學과 補修의 倫理規範」, 『문화재 과학적 보존 -문화재 보존과학 연수교육교재-』, 문화재연구소.

강대일·이수정, 2003, 「文化財 保存의 槪念과 理論」, 『전통문화논총』, 한국전통문화학교.

Casare Brandi, 『Teoria del Restauro』, 小佐野重利·池上英洋·大竹秀実 訳, 2005, 『修復の理論』, 三元社.

木村 勉·金出ミチル, 2001, 『修復』, 理工學社.

제4장

유재은, 1999, 「발굴현장 수급유물 보존처리」, 『보존과학연구』 20, 국립문화재연구소.

李午熙, 2000, 「埋藏文化財의 應急處理와 收拾」, 『湖巖美術館 研究論文集』 5號.

위광철, 2006, 「나주 장산리 도로유구의 이전복원」, 『季刊 한국의 고고학』, 주류성출판사.

魏光徹·李午熙, 2007, 「유전이구의 방법론 및 재료적 특성 연구」, 『2007 동아시아 문화유산 보존 국제심포지엄』, 2007 동아시아 문화유산 보존 국제심포지엄 준비위원회.

David Leight, David Watkinson and Virginia Neal, 1998, 『FIRST AID FOR FINDS』, United Kingdom Institute for Conservation of Historic & Artistic

Works.

David Leigh and others, 1978, 『First Aid for Finds』, THE DEPARTMENT OF ARCHAEOLOGY, UNIVERSITY OF SOUTHAMPTON.

澤田正昭, 1997, 「遺構の保存處理」, 『文化財保存科學ノート』, 近未來社.

岡田文男, 平成14 「その他の遺物と遺構」, 『保存科學入門』, 京都造形大學編, 角川書店.

제5장

이철·강형태, 「중성자방사화분석에 의한 고고학적 유물의 특성화연구」, 『대한학회지연구』 31.

김규호, 2002, 「한국에서 출토된 고대유리의 고고학적 연구」, 중앙대학교 대학원 박사학위 논문.

김규호, 2004, 「경상북도 상주 성동리고분 출토 유리구슬의 고고화적 연구」, 『보존과학회지』, 한국문화재보존과학회.

김규호, 2006, 「비파괴분석법에 의한 무령왕릉 도자기의 특성고찰」, 연구보고 제18집 『무령왕릉 -출토 유물 분석보고서(Ⅱ)』, 국립공주박물관.

유혜선, 2005, 「채색 및 감장 안료 분석」, 『武零王陵 -출토 유물 분석 보고서(Ⅰ)-』, 국립공주박물관.

유혜선, 2006, 「국보 제123호 왕궁리 5층석탑 출토 사리기 성분분석연구」, 한국문화재보존과학회 제23회 학술대회, 한국문화재보존과학회.

유혜선, 2006, 『국립중앙박물관 소장 한글금속활자의 과학적 분석』, 국립중앙박물관 소장 역사자료 총서(Ⅳ), 국립중앙박물관.

田口 勇·齊藤 努, 平成7, 『考古資料分析法』, ニュー·サイエンス社.

三浦定俊, 2001, 『古美術を科學する』, 廣濟堂出版.

Z. Goffer, 1980, 『Archaeological Chemistry』, John Wiley & Sons, New York.

E. Ciligerto, 2000, 『Modern Analytical Methods in Art and Archaeology』, Wiley-Interscience, New York.

제6장

H. J. PLENDERLEITH and A. E. A. WERNER, 1971, 『THE CONSERVATION OF ANTIQUITIES AND WORK OF ART』, Oxford University Press.

N. A. North and C. Pearson, 1978, 『METHODS FOR TREATING MARIN IRON』, ICOM Committee for Conservation 5th Triennial Meeting Zagreb, 1978.

Proceeding of the Symposium Edinburgh, 1979, 『The Conservation & Restoration of METALS』, Scottish Society for Conservation & Restoration University of Edinburgh Extra Mural Department.

Lyndsie Selwyn, 2004, 『Metals and Corrosion : a hand book for the conservation professional』, Canadian Conservation Institute.

NATIONAL MARITIME MUSEUM, 1982, 『CONSERVATION OF IRON』, Maritime Monographs and Reports No.53-1982.

David A. Scott, 2002, 『Copper and Bronze in Art』, Getty Publication.

潮見 浩, 昭和57, 『東アジアの初期鐵器文化』, 吉川弘文館 刊行.

澤田正昭, 1997, 「金屬製遺物の保存」, 『文化財保存科學ノート』, 近未來社.

村上 隆, 平成14, 「金屬」, 『保存科學入門』, 京都造形大學編, 角川書店.

增澤文武・渡辺智惠美, 平成14, 「철・금속」, 『保存科學入門』, 京都造形大學 編, 角川書店.

內田俊秀, 平成14, 「銅」, 『保存科學入門』, 京都造形大學 編, 角川書店.

江本義理, 1993, 『文化財をまもる』, アグネ技術センター.

井上 勝也, 1994, 『錆をめぐる話題』, 裳華房.

李午熙, 1981, 「高靈 池山洞 第32~35號 古墳出土 金屬遺物의 保存復原處理」, 『高靈池山洞古墳群』, 啓明大學校博物館.

李午熙, 1986, 「林堂洞 古墳出土 金銅冠의 保存處理」, 『保存科學硏究』第7輯, 文化財管理局 文化財硏究所.

李午熙, 1988, 「古墳出土 鐵製遺物의 象嵌表出方法과 保存處理」, 『保存科學硏究』第9輯, 文化財管理局 文化財硏究所.

李午熙, 金壽起, 梁泌承, 鄭起正, 1989, 「玉田古墳群 出土 環頭大刀의 科學的 保存復元」, 『保存科學硏究』第10輯, 文化財管理局 文化財硏究所.

李午熙, 1996, 「古代鐵製의 象嵌技法 및 材質에 대한 科學的 연구」, 『湖巖美術館 硏究論文集』1號, 三星文化財團.

西山要一, 山口誠治, 李午熙, 1997, 「日韓古代象嵌遺物の基礎的硏究(二)」, 『靑丘學術論文集』第10集, 財團法人 韓國文化硏究振興財團.

金壽起, 姜昌求, 李午熙, 1989, 「金銅大塔(國寶 第213號)의 製作技術과 保存」, 『湖巖美術館硏究論文集』3號, 三星文化財團.

鄭光龍, 2002, 「三國時代 鐵器遺物의 製作技術 硏究」, 『文化財』第35號, 국립문화재연구소.

정광용, 2006, 「경주 건천 용명리 제철유적 제철로 연구」, 『전통문화논총』 4집, 한국전통문화학교.

김수기, 2006, 「금속기법에 따른 보존처리 방법」, 『단호문화재연구』 제10호, 용인대학교 박물관.

金壽起, 2006, 「非金屬 介在物의 韓國 古代鐵器 素材 硏究」, 『東アジア文化財保存會議』, アジア문화재보존수복학회.

손운택, 1981, 『金屬腐蝕學』, 南榮文化社.

제7장

金炳虎, 鄭亨均, 1984, 「雁鴨池 出土木船의 保存處理」, 『保存科學研究』第5集, 文化財管理局 文化財研究所.

崔光南, 1984, 「新安沈沒船의 構造的 特徵과 科學的 保存處理」, 『保存科學研究』第5集, 文化財管理局 文化財研究所.

金鏞漢, 1984, 「沈沒船의 保存」, 『保存科學研究』第5集, 文化財管理局 文化財研究所.

李容熹, 1999, 「水浸木材의 凍結乾燥 실험보고」, 『박물관보존과학』창간호, 國立中央博物館.

李容熹, 2000, 「水浸木材의 保存을 위한 PEG, Sucrose, Lactitol 處理 및 濕度조건에 따른 狀態變化 실험」, 『박물관보존과학』, 國立中央博物館.

김익주, 1994, 「진주통나무배의 재질특성과 보존처리」, 『한 · 일 보존과학연구』, 문화재연구소.

김익주, 2004, 「우리나리 수침고선박의 보존」, 신안선 보존 · 복원 20년사 -개관10주년 기념 국제학술대회, 국립해양유물전시관.

Kim Ik Joo, 「the Conservation of shinan shipwreck」, International congress on archaeological science, Nara, Japan.

金潤受 · 金奎赫 · 金榮淑, 2004, 『木材保存科學』, 全南大學校 出版部.

辛東韶, 安世喜, 1996, 『木材保存科學』, 서울대학교 출판부.

澤田正昭, 1997, 「木製遺物의 保存處理」, 『문화재보존과학 ノート』, 近未來社.

高妻洋成, 平成14, 「木材」, 『保存科學入門』, 京都造形藝術大學 編.

今津節生, 1994, 『水浸有機遺物と關する保存科學的研究』, 明新印刷株式會社.

B.B. Christensen, 「Developments in the treatment of waterlogged wood in the National Museum of Denmark」, 1962-1969, Conference stone and wooden Objects, New York(1970), 2nd IIC, London(1971).

Barkman.L, 1965, 「The Preservation of the Wasa」, Wasa studier 5, Statens Sjohistoriska Museum, Stockholm.

Barkman.L, 1975, 「Preservation of the Warship WASA」, Problems of the Conservation of the Waterlogged wood, Maritime Monographs and Report NO 16, National Maritime Museum, Greenwich,(1975)65-106.

W. Ambrose, 1970, 「Freeze-drying of Swamp-degraded Wood」, Conservation of Stone and Wooden Objects, pp. 55, IIC, New York.

P. Hoffmann, 1981, 「Chemical wood analysis as a means of characterizing archaeological wood」, Proceeding of the ICOM waterlogged Wood Working Group Conference Ottawa, (1981)73-83.

李弼宇・朴相珍・李華珩・李元用・金洙昌・鄭希錫・洪秉和・金鍾萬・玄正仁・鄭大成, 2003, 『木材工學』, 鄕文社.

제8장

이상수, 1978, 「騎馬人物像 土器의 保存處理」, 『美術資料』, 第二二號, 國立中央博物館.

梁泌承, 2002, 「土器의 保存處理 實態와 處理方向」, 『博物館誌』 제3권, 漢陽大學校 博物館.

양필승, 2007, 「도・토기 유물의 보존처리」, 『보존과학기초연수교재』, 국립문화재연구소.

內藤匡, 昭和44, 『新訂古陶磁の科學』, 雄山閣出版株式會社.

Susan Buys and Victoria Oakley, 1993, 『The Conservation and Restoration of Ceramics』, Butterworth-Heinnemann Ltd, Oxford.

JUDITH LARNEY, 1978, 『Restoring Ceramics』, Barrie & Jenkins.

Muriel White, 1981, 『Restoring FINE CHINA』, B.T. Batsford Ltd.

제9장

Garry Thomson, 1981, 『The Museum Environment』, Butterworth Co Ltd.

ギャリー・トムソン 著・東京藝術大學美術學部保存科學敎室 譯, 昭和63, 『博物館の環境管理・The Museum Environment』, 雄山閣.

L.A.ザイコルマン・J.R.シュロック, 1991, 『博物館の防蟲對策手引き, A GUIDE TO MUSEUM PEST CONTROL』, 淡交社.

□ 보존과학 단행본

H.J. PLENDERLEITH and A.E.A. WERNER, 1971, 『THE CONSERVATION OF ANTIQUITIES AND WORK OF ART』, Oxford University Press.

Lyndsie Selwyn, 2004, 『Metals and Corrosion : a hand book for the conservation professional』, Canadian Conservation Institute.

NATIONAL MARITIME MUSEUM, 1982, 『CONSERVATION OF IRON』, Maritime Monographs and Reports No.53-1982.

David A. Scott, 2002, 『Copper and Bronze in Art』, Getty Publication.

Graham Weaver・Jonathan Ashley・Ashok Roy・Sarah Staniforth・Also Harold Barker, 1982, 『An Introduction to MATERIALS Book 1』, Crafts council.

Anne Moncrieff・Graham Weaver, 1983, 『CLEANING Book 2』, Crafts Council.

Charles Newey・Ruth Boff・Vincent Daniels・Michael Pascoe・Norman Tennent, 1983, 『ADHESIVES and COATING』, Crafts Council.

澤田正昭, 1997, 『文化財保存科學ノート』, 近未來社.

岡田文男, 平成17, 『文化財のための保存科學入門』, 京都造形藝術大學, 角川

書店.

チェーザレ・プランディ(Cesare Brandi), 2005, 『修復の理論(Teoria del restauro)』, 三元社.

木村 勉・金出ミチル, 2001, 『修復』, 理工學社.

히라오 요시미치(平尾良光), 2001, 『문화재를 연구하는 과학의 눈』, 학연문화사.

崔光南, 1991, 『文化財의 科學的 保存』, 대원사.

內藤 匡, 『新訂 古陶磁の科學』, 雄山閣.

馬淵久夫・杉下龍一郎・三輪嘉六・澤田正昭・三浦定俊, 2003, 『文化財科學の事典』, 朝倉書店.

L.A.ザイコルマン・J.R.シュロック, 1991, 『博物館の防蟲對策手引き, A GUIDE TO MUSEUM PEST CONTROL』, 淡交社.

本間紀男, 昭和62, 『X線による木心乾漆像の研究』, 美術出版社.

국립문화재연구소, 1995-2007, 『보존과학기초연수교육』, 국립문화재연구소.

埋藏文化財センター・保存修復科學研究室, 2006, 『保存科學(I・Ⅱ)』, 獨立行政法人 文化財研究所 奈良文化財研究所.

강대일, 2007, 『文化財保存環境槪論』, 도서출판 가삼.

색 인